통상임금논쟁의 허와 실

권 혁

法 文 社

머 리 말

통상임금에 관한 논쟁이 치열하다. 통상임금의 개념을 두고도 다양한 견해가 오가고 있다. 근로와 임금간의 관계를 염두에 둔다면, 통상임금은 통상근로의 대가이다. 특정업무 종사 근로자의 통상근로를 금전으로 환산한 것이 통상임금이다. 근로의 가치를 금전으로 환산해 놓은 것이다. 이 근로의 가치환산액을 기준으로 하여 비통상근로, 그러니까 야간근로나 휴일근로, 연장근로 등이 이루어진 데 대한 할증 임금을 지급하게 된다. 이렇듯 근로기준법 상 통상임금은 가산임금 지급을 위한 기준으로서 활용하기 위해 창안된 개념으로서, 근로의 가치를 나타내는 것이다.

하지만 통상임금의 제도적 기능을 이러한 미시적 영역에 국한하여 바라보는 것은 잘못이다. 통상임금에 관한 논쟁은 단순히 임금을 더 받아내거나 덜 받아내는 차원의 문제는 아니다. 고용의 기회를 공유하는 문제, 그리고 근로자의 인간다운 삶을 지향하는 문제와 맞닿아 있다고 보는 것이 통상임금논쟁을 바라보는 옳은 관점이다. 우리 노동현장에서 야간근로나 휴일근로가 너무나 일상적으로 이루어져 왔다. 하지만 가산임금지급의 대상이 되는 비통상근로는 말그대로 예외적인 것이어야 한다. 그렇다면 지금 이 시점에서의 통상임금논쟁은, 이제 우리나라도 근로자의 삶과 복지적 관점에서 고용확대를 이야기하자는 의미로 받아들여져야 한다. 임금제도의 선진화를 위한 체계구축에 나서도록 하는 계기로 삼는다면, 통상임금논쟁은 오히려 시대의 요구 같은 것이었는지도 모른다.

다만 필자는 최근 일련의 통상임금분쟁으로 인해 다음과 같은 두 가지 결과가 초래되지 않기를 바란다.

첫 번째는 통상임금분쟁이 노사 간 말을 바꿈으로써 상호 신뢰를 본질적으로 훼손하는 결과를 가져와서는 안 된다. 정당한 근로의 대가로서 받았어야 했던 임금을 뒤늦게 받아내는 것이라면 이는 정당한 것으로서 이를 두고 왈가왈부할 수는 없다. 그런데 임금결정을 위한 단체협약에서 가산임금

산정에 관한 부분까지를 고려하여 노사 합의로 각종 수당을 창설하거나 수당의 지급금액을 조절하였던 것인데, 새삼 통상임금계산이 잘못되었으니 가산임금을 추가로 더 지급해 달라고 요구하는 분쟁이 되는 것은 바람직하지 않아 보인다. 이 때문에 통상임금분쟁은 외견상 돈을 지급받고, 지급하는 것이 전부는 아니다. 분쟁과정에서 자칫 노사 간 신뢰를 깨뜨리게 되지 않을까 하는 걱정이 있다. 근로관계란, 신뢰를 바탕으로 하여 지속되어야 할 인격적 관계이기 때문에 한번 훼손되면 회복하기도 쉽지 않다.

두 번째, 통상임금논쟁으로 인해 근로자들 간의 소외와 갈등이 심화되지 않기를 바란다. 통상임금 오계산에 따른 임금추가지급문제는 주로 경영상태가 좋은 기업에서 치열하다. 하지만 기업의 경영상태가 좋지 못한 경우는 통상임금분쟁이 그다지 큰 의미가 없다. 통상임금에 관한 오계산이 있었다 하더라도 차마 근로자 측이 추가지급을 요구하지 못하는 경우일 수 있기 때문이다. 그렇잖아도 근로자의 계층화에 따른 소외와 갈등이 문제되고 있는 상황에서 통상임금논쟁이 이를 심화시키지 않을까 하는 걱정이 있다.

연구를 시작할 무렵 필자는 통상임금논쟁해결의 단초를 제도의 논리성에서 찾아야 한다고 보았었다. 하지만 연구를 진행해가면서 이러한 생각은 조금씩 바뀌어 갔다. 통상임금의 문제는 결국 노와 사 양측이 스스로 해결할 수 있고 또 해결되어야 하는 문제라는 생각이 들었다. 개별적인 수당들이 왜 지급되게 되었는지를 노사 스스로가 누구보다 잘 알고 있기 때문이다. 그런데도 통상임금논쟁을 보면, 법원 혼자 북치고, 장구치고 춤까지 추는 형국이다. 주인공은 노와 사인데, 정작 신이 난 건 오로지 변호사뿐인 것 같아 안타깝다.

2013년 9월

권 혁

차 례

제1장 통상임금논쟁과 출구전략

제2장 '임금'과 '근로자', 그리고 '노동법'

제3장 임금의 법적 본질과 상여금

제4장 '통상근로'의 대가로서 '통상임금'

제5장 통상임금에 관한 개별 쟁점 재검토

제6장 임금결정메커니즘과 통상임금결정메커니즘

제7장 통상임금제도에 관한 입법정책론적 제언

제8장 결 론

제 1 장
통상임금논쟁과 출구전략

Ⅰ. 임금체계의 복잡성과 모호성

종래 우리나라의 임금제도가 체계적인 일관성과 명확성이 없다는 지적은 이미 오래 전부터 있어 왔다. 하지만 다른 노동현안에 가려져서 제대로 개선이 이루어지지 못했다. 임금문제에 손을 대는 것 자체가 노사정 모두에게 부담스러운 일이었기 때문이다.

그 동안 지속되어 온 임금지급관행에 의존하여 왔을 뿐, 임금제도의 체계화에 대한 노력은 게을리해 왔다. 그러다 보니 그때그때마다 필요와 요구에 따라 각종 수당들이 생겨났다. 그러한 수당들이 어떠한 이유와 근거로 지급되는 것인지, 그리고 그 수당의 산정방식이나 본질에 대하여는 아무런 문제의식을 갖지 못했다. 지급되는 수많은 명칭의 금원들이 어떠한 법적 본질을 가진 것인가를 판단하기 조차 모호해져 버렸고, 그 유형도 다양하게 되면서, 우리나라 임금체계의 복잡성은 걷잡을 수 없을 정도로 심화되어 갔다.

오늘날 선진산업국가치고 우리나라만큼이나 수당명목의 금원이 많은 나라는 거의 없을 것이다. 그리고 그 많은 수당들이 사실상 근로자의 명목상 임금에 비해 더 큰 경우도 있고, 더 크지는 않더라도 상당히 큰 비중을 차지하고 있는 것이 엄연한 우리의 현실이다.

이러한 상황에서, 임금의 법적 성격과 유형을 따져본다는 것은 보통 번거롭고 어려운 일이 아니다. 그런데 이제 임금의 법적 성격과 유형을 따져 보아야 하는 상황이 되고 말았다. 통상임금에 관한 대법원의 판결을 계기로, 노동현장에서 관련 통상임금소송이 잇따르고 있기 때문이다.

통상임금에 관한 논쟁은 '통상임금' 그 자체에 국한된 것이 아니다. 오히려 임금체계 전반을 그 논쟁의 대상으로 한다고 보는 것이 옳다. 통상임금이란, 각종 가산임금 산정의 기준이고, 따라서 통상임금 범위를 잘못 파악하면, 결과적으로 제반 수당의 지급에 있어 오류를 유발하게 되기 때문이다.

임금제도는 노동관계법제도에서 가장 관행에 의존하여 왔던 영역이다. 이러한 임금영역을 이제 법제도의 관점에서 재평가할 수밖에 없게 되었다. 여러 가지 설명할 수 없는 부분이 존재하는 것에 대하여 법논리만을 가지고 설명하는 것은 결코 간단한 일이 될 수 없다. 그렇기 때문에 이러한 현재의 상황은, 그 어떤 방식으로 문제해결을 시도하더라도 뭔가 어색한 부분이 남을 수밖에 없는 상황이라고 보는 것이 옳다. 그렇다면 가장 바람직한 해결은, 노사 당사자의 합의라고 할 수 있다. 임금제도를 복잡하게 만든 것도 노사 당사자이기 때문이다. 만약 이러한 방식이 사실상 어렵다면, 법적 해결방안을 모색할 수밖에 없을 것이다. 이때 법적 해결방안은 과거의 문제만이 아니라, 미래의 입법방향을 제시할 수 있는 것이어야 한다. 우리에게 놓여진 과제는 과거 문제를 해결하는 데 국한되는 것이 아니기 때문이다. 어차피 미래의 제도개선을 위한 노력이 병행되어야 한다. 지금이라도 임금 전반에 관한 문제들을 처음부터 하나하나 되짚어 보는 일은 중요하다고 생각된다. 특히 통상임금의 문제는 잇따른 대법원의 판결로 말미암아 더는 미룰 수 없는 숙제가 되었다.

Ⅱ. 임금제도 하에서의 '도구개념'

1. 도구개념론

우리 법제는 대륙법의 '개념법학'(Begriffsrechtslehre) 체계에 해당한다. 개념법학으로 대별되는 대륙법 체계에서 법개념의 명확한 범위획정과 유형화는 필요불가결한 사항이다.[1)] 법규정에서 명시되어 있는 개념 하나하나에는 그 나름의 기능과 의미를 내포하고 있다. 따라서 법 규정의 용어가 담고 있는 고유한 개념 하나하나가 그 규정 해석과 적용에 있어 매우 중요하다. 개념들 가운데에는 기존에 놓여져 있는 현상을 법적으로 포섭하여 개념적으로 형상화해 놓은 것도 있다. 반면 하나의 개념을 구체화하는 과정에서 필요에 따라 인위적으로 창출해낸 개념이 있을 수 있다. 이때 '인위적'이라는 것은, 예컨대 입법자가 산정대상 기간을 3개월로 정해 놓았다면, 3개월인 것이고, 굳이 3개월이어야 하는 당위성은 없다는 의미다. 다만 그 도구를 창출해 냄에 있어 목적이 되는 제도의 취지와 의의를 충분히 살릴 수 있

1) 권혁, 고용유연화와 해고보호법, 2010, 15면 이하.

어야 한다.

근로자와 사용자는 근로계약으로 묶여져 있다(Bindung). 근로계약의 당사자로서 노사는 각자 근로의 제공과 임금의 지급이라는 급부 및 반대급부 지급의무를 부담한다. 임금을 지급함에 있어, 일정한 수당들의 경우는 특별한 산정기준이 필요한 경우가 있다. 그 산정기준은, 지급되는 임금의 속성을 감안하여, 도구차원에서 새롭게 창출하게 된다. 이렇게 창출된 개념은 본래 지급되어야 할 수당의 목적과 의미를 충분히 살릴 수 있어야 한다. 임금제도에서 도구개념으로 등장하는 것이 바로 '평균임금'과 '통상임금'이다.

2. '임금개념의 다양성'과 '임금지급체계에 있어 도구개념'

(1) 사전적 고정임금과 사후적 가산임금

통상임금에 관한 법적 분쟁은, (i) 과거 관행적 임금지급에 있어 통상임금 산정의 오류문제와 (ii) 향후 통상임금체계를 어떻게 단순화하고 명료화함으로써 임금체계를 개선해나갈 것인가의 문제로 대별할 수 있을 것이다. 문제의 소재는 이렇듯 명확하지만, 정작 그러한 문제를 해결하기 위한 방안을 찾는 것은 쉽지 않아 보인다. 도대체 무엇을, 그리고 어떻게 풀어나가야 할지도 쉽게 판단이 서지 않는다. 가장 본질적인 문제는 통상임금에 대한 입법적 흠결과 개념적 불명료성이라고 할 수 있다.

근로기준법 상에는 통상임금을 기준으로 하여 산정, 지급하여야 할 많은 수당들이 명시되어 있지만, 정작 통상임금 그 자체에 대하여는 아무런 개념규정이 없다. 이는 지금도 마찬가지이다. 통상임금에 관한 논의의 대부분이 법원의 판례에 의존하고 있는 이유도 이 때문이다.

판례에서 통상임금의 개념이 본격적으로 형성되기 시작한 것은 1970년대 후반부터이다.[2] 당시 판례에 따르면 "통상임금이란, 평균임금의 산정과는 달라서 실제 근무일수나 실제 수령한 임금에 구애됨이 없이 고정적이고 평균적인 '일반임금', 즉 기본임금과 이에 준하는 고정적으로 지급되는 수당의 1일 평균치를 말한다"[3]고 하였다. 이러한 판례의 설시내용에 비추어 보

2) 하갑래, 근로기준법, 2013, 404면.
3) 대판 1978. 10. 10, 78다1372.

면, 법원은 (i) 이미 실제 근로를 수행함에 따라 지급받게 되는 임금의 개념과 (ii) 실제 사후적으로 수령한 임금개념과는 별개로, 노사 당사자가 미리 고정해 놓은 사전적 임금개념을 구별하고 있음을 알 수 있다.

(2) 평균임금

1) 실제 근로의 대가성과 근로자의 생활수준 반영기능

실제로 제공한 근로에 대한 대가로서 근로자가 지급받은 임금의 양을 측정하는 것은, 해당 근로자의 생활수준을 가늠하게 한다. 근로를 통해 얻은 소득(임금)이 높으면 높을수록 해당 근로자의 생활수준도 높을 것이기 때문이다. 이에 착안하여, 입법자는 근로자의 실질적인 생활수준에 비례하여 산정, 지급되어야 할 필요가 있는 노동법 상의 각종 수당들에 대하여는 평균임금을 기준으로 하여 산정하도록 하였다. 퇴직금의 경우, 그 금원의 지급목적이 해당 근로자의 최종적인 생활수준을 퇴직한 이후에도 유지할 수 있도록 해 주는 데 있기 때문에, 퇴직금의 산정에서, 해당 근로자의 생활수준을 반영할 수 있도록 하는 도구로서 계산공식을 만들어야 했다. 이에 따라 평균임금개념이 형성되었다. 즉, 평균임금은, 최종 3개월 동안 해당 근로자의 실근로에 따른 총임금을 산정대상으로 한다.

2) 평균임금의 도구개념성

여기에서 "왜 하필 최종 3개월이어야 하는가"에 대한 의문에 답할 필요는 없다. 입법자는 최종 3개월의 총임금을 산정대상으로 하면 근로자의 실제 생활수준을 효과적으로 반영할 수 있다고 기술적으로 판단한 것이기 때문이다. 최종 3개월이어야 하는 제도적 당위성에 바탕한 것은 아니다.

흥미로운 사실은 현행 근로기준법 제2조 제1항 제6호 상의 평균임금 개념정의 규정이다. 이에 따르면, ""평균임금"이란 이를 산정하여야 할 사유가 발생한 날 이전 3개월 동안에 그 근로자에게 지급된 임금의 총액을 그 기간의 총일수로 나눈 금액을 말한다. 근로자가 취업한 후 3개월 미만인 경우도 이에 준한다."고 규정하고 있다. 평균임금의 제도적 의의를 설명하는 방식이 아니라, 계산방식을 제시하는 방식으로 개념을 규정하고 있다. 이는 평균임금의 도구개념성을 분명히 보여주는 대목이다.[4)]

요약하면, 평균임금은 (i) 실제 지급받은 '사후적인 임금'개념을 기반으로 한 것이며, (ii) 각종 법정 수당의 산정 기준으로 활용하기 위해 창안된 '도구개념'이다. 계산공식과도 같은 것이다. 그리고 (iii) 해당 근로자의 생활수준을 가늠하여야 할 필요가 있는 경우에 산정기준으로 활용토록 하는 것이 평균임금개념의 의의다.

(3) 통상임금

1) 근로의 가치평가액과 사전임금성

다른 한편 사전적으로 미리 획정되어야 하는 임금 개념도 있다. 이러한 사전적 임금은 향후 근로계약관계에서 이루어질 '통상 근로'의 대가를 미리 책정해 둔 것이다. 구직자에게 제시되는 근로계약에 있어 청약의 의사표시는 바로 통상근로의 내용과 그에 대한 대가(사전적 임금)를 주된 내용으로 하게 될 것이다. 이러한 내용의 청약에 대하여 근로자는 근로계약을 체결할 것인가 여부를 결정하게 된다.

통상의 근로에 대하여 지급하기로 한 사전적 임금은 해당 업무종사 근로자의 근로가치(Arbeitswert)를 금액으로 환산한 것이라 할 수 있다.[5] 예컨대 A사 사용자는 1일 8시간, 주 40시간 근로하는 등 노동법 내에서의 통상적인 근로조건 하에서 A사의 경비업무 종사 근로자에게 지급하기로 약정한 임금이 월 200만원일 수 있다. 그렇다면 이때 200만원은 A사 경비업무 종사 근로자의 근로가치를 월단위로 환산한 것이라 할 수 있다.

같은 업무내용을 가지더라도 사업장마다 근로의 가치 평가액은 다를 수 있음은 물론이다. A사 경비원과 B사 경비원이 임금이 다를 수 있는 것은 당연하기 때문이다. 나아가 같은 사업장 내에서도 종사 '업무'에 따라 근로의 가치 평가액은 얼마든지 달리 나타날 수 있다. 예컨대 사무행정직에 종사하는 근로자들의 경우와 고열작업을 담당하게 되는 근로자들의 근로가치를 달리 평가하여 두는 경우는 얼마든지 있을 수 있다. 사용자는 고열작업

4) 이후에 다시 설명되겠지만, 통상임금 역시 가산임금을 지급하기 위한 도구개념이므로, 만약 통상임금이 근로기준법에 제정된다면, 이 역시 제도적 의의를 설명하기 보다는 간명한 계산방식을 제시하는 형태가 되어야 한다고 본다.
5) BAG 28.10.1970 AP Nr. 34 zu §§22, 23 BAT.

을 담당하게 되는 근로자들이 경우, 근로여건 상의 열악함을 고려하여 사무행정직 근로자와 달리 별도로 고열작업수당을 미리 책정해 둘 수 있기 때문이다.[6)] 고열작업을 하게 되는 업무부서 종사 근로자들에게 있어 고열작업수당은 기본급은 아니지만, 근로의 가치를 평가하여 미리 예정하여 둔 사전적인 임금에 해당한다. 독일의 경우도 임금의 지급 체계가 업무그룹별로 나뉘어져 있다. 해당 근로자의 업무내용에 따라 임금지급체계 군에 포섭, 적용한다. 이른바 호봉이라고 불리우는 이러한 임금지급체계 군은 추상적 개념의 근로가치(Arbeitswert)를 구분해 놓은 것이다.[7)]

2) 사전적 근로가치 환산의 제도적 필요성

통상의 근로에 대한 근로가치를 금액으로 환산하여 두는 이유는 무엇일까? 그 이유는 비통상적인 근로에 대한 대가지급을 합리적으로 하기 위해서이다.

근로계약은 지속적 계약관계이므로, 근로계약체결 당시에 통상적인 근로형태만이 아니라 불가피하게 연장, 야간근로 등 비통상적인 근로제공이 이루어질 수 있다. 이때 비통상적 근로란, 미리 사전에 예정된 대로의 근로가 아니라, 야간근로나 연장근로 등이 이루어지게 되는 경우를 말한다. 가산임금의 대상이 되는 비통상적 근로로는, 연장근로와 야간근로, 휴일근로 등이 법적으로 열거되어 있다.

비통상적인 근로가 이루어지게 되면, 근로의 대가로서 임금을 지급되어야 하는데, 문제는 비통상적인 만큼 근로자의 부담이 가중되는 데 대한 추가적인 고려가 필요할 수 있다는 데 있다. 비통상적 근로의 경우에 그 대가로서

---

6) 이때 반드시 고열수당을 책정하여야 하는 것은 아니다. 노사 당사자의 합의에 따르면 된다. 사실 특정 업무 종사 근로자의 근로가치를 사전에 평가하고, 책정하는 것은 임금협상의 가장 본질적 부분이기 때문이다. 입법자가 혹은 법원이 해당 업무 종사자에게는 얼마의 임금을 지급하는 것이 정당하다고 판단할 수 있는 것이 아니다. 통상임금 관련한 사법적 분쟁에서 법원이 마치 해당 업무종사 근로자의 사전적 근로가치평가액은 얼마여야 한다는 식의 판결을 내려서는 안 된다. 임금은 - 최저임금제도에 저촉되지 아니하는 한 - 노사 당사자의 합의(협약)를 통해 결정되는 것이기 때문이다. 이러한 점에서 통상임금에 관련한 노사 간 별도합의가 존재하는 경우 그 합의의 효력을 부인하는 판례의 입장은 의문이 아닐 수 없다. 사실 이것이 현재 통상임금 분쟁에서 매우 중요한 쟁점이라 판단된다. 이후에 자세히 설명하기로 한다.

7) BAG NZA-RR 2000, 164.

임금의 지급에는 소위 할증임금 또는 가산임금의 문제가 발생하게 된다.

할증 또는 가산임금은 그 기준이 되는 임금에다가 할증률을 곱함으로써 가산지급하는 것을 말한다. 따라서 기준이 되는 임금을 미리 산정해 둘 필요가 있다. 이때 기준이 되는 임금이란, 통상의 근로가 이루어진 경우에 미리 책정해 놓은 근로의 가치평가액을 말한다. 결국 평소대로 통상의 근로를 제공할 경우 시간당 2만원의 근로가치평가액(사전임금)이 책정되어 있다면, 야간에 근로를 할 경우에는 그 근로가치평가액 2만원에다가 할증률(예컨대 50%)을 가산하는 방식으로 가산임금을 지급하게 된다. 예컨대 열작업을 해야 하는 근로자가 정시에 퇴근을 하지 못하고, 추가로 3시간 근로를 더 하였다면('연장근로'), 이에 대한 대가는 '열작업' 근로에 대한 사용자의 당초 가치평가액을 기준으로 하여 계산하여 주는 것이 타당하다. 고열작업을 하는 근로자가 3시간 더 일을 한 경우와, 사무직 행정 근로자가 3시간 더 일을 한 경우, 전자의 경우가 '열작업수당만큼' 근로자에게 더 큰 부담이 가해졌을 것으로 보아야 하기 때문이다.

근로계약을 체결하거나 단체협약을 체결하면서 임금에 관하여 정하게 되는 것은, 통상적 근로가 이루어진 경우에 지급하게 될 사전적 임금과, 비통상적 근로가 이루어진 경우에 지급될 가산임금의 할증률이 될 것이다. 비통상적 근로는 미리 예정된 것이 아니라 수시로 이루어지는 것이므로, 사전에 확정할 수 있는 것은 아니기 때문에 그 할증률만 정해 놓으면 된다.

통상임금에 관한 개념논쟁이 분분하지만, 그 해법을 찾아가는 실마리는 통상임금의 제도적 의의에서 찾아야 한다고 본다. 요컨대 통상임금은 통상근로의 대가이다. 그렇다면 통상임금과 평균임금은 그 제도적 의의나 개념영역이 전혀 다른 것이므로, 상호 혼재될 수 없는 것임은 의문이 있을 수 없다. 노동법 상 여러 가지 가산수당을 지급하는 데 그 기준이 해당 근로자의 생활수준이 될 수는 없기 때문이다. 통상임금에 관한 시행령이 제정되기 이전부터 이미 법원이 통상임금과 평균임금의 개념을 구별하고자 하였던 이유도 바로 여기에 있다.[8)]

---

8) 통상임금은 '평균임금의 산정과는 달라서' 실제 근무일수나 실제 수령한 임금에 구애됨이 없이 고정적이고 평균적인 일반임금이라는 것이 법원의 입장이었다(대판 1978. 10. 10, 78다1372).

문제는 여전히 남아 있다. 구체적인 사례에서 특정 금원을 통상적 근로에 대한 대가로 책정해 둔 것인지를 확정하는 일이 결코 간단치 않기 때문이다. 여기에서 중요한 입법정책적 방향을 가늠해 볼 수 있다. 요컨대 통상임금이나 평균임금은 모두 도구개념이다. 그렇다면 통상임금의 산정범위와 방식은 매우 간명하게 제시될 수 있어야 한다. 그렇지 아니하면 회계담당근로자는 수시로 산정되어야 할 가산임금지급과 관련하여, 일일이 그 범위에 관한 통상임금분쟁을 감수해야 하기 때문이다. 그럼에도 불구하고 여전히 남는 문제는 통상임금에 관한 과거의 오지급 여부에 관한 것이다.

Ⅲ. 통상임금논쟁과 그 사회적 의미

1. 통상임금의 개념 요소에 대한 법관법의 형성

통상임금은 모법인 근로기준법에 그 개념이 명시되어 있지 않다. 단지 근로기준법 시행령에 규정되어 있을 따름이다. 시행령이 마련되기 이전에는 판례를 통한 개념설명이 있어 왔고, 실제로 그것이 근로기준법 시행령 상의 개념에 그대로 반영되었다. 시행령이 마련되기 이전 초기 판례는 통상임금을 '기본급에 고정수당을 합한 금액의 일급액'으로 해석하였다. 즉, 실제 근무일수나 실제 수령한 임금에 구애됨이 없이 지급되는 기본임금과 이에 준하여 고정적으로 지급되는 수당의 1일 평균치를 통상임금으로 보았다. 이러한 법원의 해석론은 시행령 제정으로 이어졌다. 1982년 근기법 시행령 개정(대통령령 제10898호, 1982. 8. 13, 일부 개정)을 통해 "법과 이 영에서 '통상임금'이라 함은 근로자에게 정기적 · 일률적으로 소정근로 또는 총 근로에 대하여 지급하기로 정하여진 시간급 금액 · 일급 금액 · 주급 금액 · 월급 금액 또는 도급 금액을 말한다"는 조항이 신설되었다. 이러한 시행령의 제정으로 통상임금의 해석론은 어느 정도 안정적인 틀을 가지게 되었다.

다만 이와 같은 시행령 규정이 마련된 이후 판례는 정기성과 일률성 요소 외에 고정성 요소를 제시하고 해석원리로 채택하였다. 즉, "소정근로 또는 총 근로의 대상으로 근로자에게 지급되는 금품으로서 그것이 정기적 ·

일률적으로 지급되는 것이면 원칙적으로 모두 통상임금에 속하는 임금"이라고 하면서, 여기에 더하여 "근기법의 입법 취지와 통상임금의 기능 및 필요성에 비추어 볼 때 어떤 임금이 통상임금에 해당하려면 그것이 정기적 · 일률적으로 지급되는 고정적인 임금에 속하여야 하므로, 정기적 · 일률적으로 지급되는 것이 아니거나 실제의 근무성적에 따라 지급 여부 및 지급액이 달라지는 것과 같이 고정적인 임금이 아닌 것은 통상임금에 해당하지 아니한다"[9]라는 입장을 법관법으로 견지해오고 있다.

고정성에 관한 법원의 입장은 새삼스러운 것으로 보기는 어렵다. 근로기준법 시행령 상에 통상임금 규정이 마련되기 이전부터 이미 법원은 이러한 고정성 요소를 제시하여 오고 있었기 때문이다.[10] 요약하면 통상임금의 개념 요소로는 '정기성', '일률성' 이외에 '고정성'을 들 수 있다.

2. 금아리무진 사건 판결과 그 이후

비록 통상임금의 개념은 근로자의 소정근로 또는 총 근로의 대상으로서 지급된 금품 중, 정기적 · 일률적으로 지급하기로 정해진 '고정적' 임금으로 개념화되어 있지만,[11] 정작 구체적 분쟁 사례에서의 적용은 쉽지 않다. 그래서 판례가 나올 때마다 노동현장에서는 많은 혼란이 초래될 수밖에 없다. 한 달에도 몇 번이나 가산임금을 산정하여 지급하여야 하는 회계 담당자로서는 난감한 일이 아닐 수 없다. 그나마 관행에 묻혀오던 통상임금문제가 노동법 상 뜨거운 논쟁거리로 대두하게 된 결정적인 계기는 바로 '금아리무진 사건'에 관한 대법원 판결이었다.[12] 결론만 간단히 하면, '정기상여금'도

9) 대판 1991. 6. 28, 90다카14758; 대판 1994. 10. 28, 94다26615; 대판 2002. 7. 23, 2000다29370; 대판 2003. 4. 22, 2003다10650.
10) 대판 1978. 10. 10, 78다1372.
11) 대판 2012. 3. 29, 2010다91046.
12) 이 사건의 전말은 간단히 살펴보면 다음과 같다. 대구 버스회사인 금아리무진의 사측이 기본시급을 기준으로 수당을 산정하고 지급하자, 소속 운전사 19명이 기본시급 외에 근속 수당과 상여금을 포함해 통상임금을 산정하고 이를 기초로 수당을 지급해야 한다며 소송을 제기한 사건이었다. 이에 대해 1심은 근속수당과 상여금 모두 통상임금에 포함된다고 판시했으나, 2심은 근속수당만 이에 포함되고, 상여금은 통상임금에 포함되지 않는다고 판단하였다. 그리고 이 사건 상고심(2010다91046)에서 대법원은, 상여금도 통상임금에 포함될 수 있다고 판시하였다. 대법원이 판단근거로 삼은 사실은, 금아리무진과 노조가 맺은 단체협약 제27조에 '상여금 지급은 매 분기 말까지 재

통상임금에 포함되도록 하여야 한다는 취지인데,[13] 정기상여금의 비중이 대단히 큰 우리나라 노동현실에서 이러한 판결은 매우 큰 반향을 일으킬 수밖에 없다.

통상임금의 산정이 잘못된 것이라면, 이는 근로기준법 상의 각종 연장 또는 야간근로수당의 지급이 잘못되었다고 말할 수 있다. 각종 연장 또는 야간근로수당의 지급이 잘못되었다면 그것은 결과적으로 '평균임금'의 산정도 잘못되었다는 것을 의미한다. 급기야 평균임금 산정이 잘못되었다면 이는 퇴직금 등 평균임금을 산정기초로 하는 제반 금품 지급도 결과적으로 오계산하여 지급된 셈이 된다. 결국 통상임금의 산정이 잘못되었다는 것은, 노동법 상의 제반 수당이나 기타 금품지급에 있어 대단히 연쇄적이고 복잡다단한 문제를 연쇄적으로 초래하게 됨을 알 수 있다. 특히나 노동현실에서 3개월 또는 반년에 한 번씩 지급하는 정기상여금이 총임금에서 차지하는 비중이 상당히 크다는 것을 염두에 둔다면, 통상임금 산정에 정기상여금을 포함시켜야 한다는 판단 그 자체는 매우 심각한 문제가 아닐 수 없다.[14]

직한 자로 한다'고 규정하면서도 '퇴직자에 대해서는 월별로 계산, 지급한다'라고 한 것은 상여금 지급 대상에서 중도퇴직자를 제외한 것으로 볼 수 없으며, 나아가 상여금 지급대상에 관한 규정의 의미가 기본급 등과 마찬가지로 비록 근로자가 상여금 지급대상 기간 중에 퇴직하더라도 재직기간에 비례해 상여금을 지급하겠다는 것이라면 상여금은 그 지급여부 및 지급액이 근로자의 실제 근무성적 등에 따라 좌우되는 것이라고 할 수 없다는 데 있었다. 즉, 그러한 상여금이라면 오히려 그 금액이 확정된 것이어서 정기적 · 일률적으로 지급되는 고정적인 통상임금에 해당한다고 볼 여지가 있다고 본 것이다.

13) 이 판결 이후 통상임금에 관한 학문적 논의가 심화되었는데, 김영문, "금원의 통상임금 해당성 판단 기준의 비판적 고찰", 노동법학 제43호, 2012; 유성재, "상여금의 통상임금성 - 대상판결: 대판 2012. 3. 29, 2010다91046", 노동법이론실무학회 제19회 정기학술대회 자료집, 2012; 이정, "통상임금에 대한 판례법리의 재검토", 노동법학 제43호, 2012; 박지순, "통상임금에 관한 최근 대법원 판결의 의미와 쟁점", 노동리뷰, 2012. 11 등이 있다.

14) 여기서 간과해서는 안 되는 사실이 있다. 우리 법원의 입장에 대해, 정기상여금을 통상임금에 포함시켜야 한다는 취지로만 단정해서는 안 된다. 오히려 '어떠한 정기상여금이기 때문에' 통상임금에 포함되어야 한다는 것인지를 면밀하게 살펴보아야 했다. 이 사건 판결을 두고 언론이 호들갑을 떠는 것은 그래서 지나쳐 보인다.

Ⅳ. 통상임금논쟁에 대한 출구전략과 연구 대상 범위

1. 기존 판례의 해석론에 대한 문제점

금아리무진 사건 대법원 판결에서 드러난 판례의 입장은 다음 네 가지 점에서 여전히 의문이 있으며 해명되어야 할 것으로 보인다.

(i) 첫 번째로 통상임금에 관한 해석론을 전개하면서, 과연 통상임금 개념의 본래적 의의를 염두에 두고 있었는가 하는 점이다. 통상임금의 제도적 의의와 기능에 비추어 해당 금원이 근로자의 통상적 근로에 대한 가치 평가에 해당하는 것인가를 면밀히 살펴보았어야 했는데, 혹 정기성이나 일률성, 고정성이라는 개념 요소 해당성 여부만을 형식적으로 검토하고 있는 것은 아닌지 의문이 있다. "정기성과 고정성 그리고 일률성을 갖추었기 때문에 통상임금이라는 것이 아니라", "(근로의 가치를 사전에 금액으로 평가해 둔) 통상임금이기 때문에 정기성과 고정성, 일률성이 있는 것이다" 라고 표현하는 것이 옳다.

(ii) 두 번째로는 정기성과 1임금지급기 간의 관계에 대한 의문이 있다. 이와 관련하여 대법원의 입장이 변화된 것인지에 대한 논란이 학계에서 제시되고 있는 바, 이러한 논란에서 대법원의 입장이 정확히 어떤 것인지에 대한 해명이 필요해 보인다. 다만 여기에서 노동관련법제에서 임금의 정기성을 두고 과연 1임금지급기라고 하는 개념이 갖는 필요성에 대하여 재검토할 필요가 있다.

(iii) 세 번째는 판례가 시행령 상의 정의 내용과는 별도로 '고정성'요건을 제시하고 있는데, 이러한 고정성 요소를 해석, 적용함에 있어 논리적 정합성에 지나치게 충실한 나머지 현실적인 구체적 정합성을 간과하고 있지 않은가 하는 점이 지적될 수 있다.

(iv) 네 번째로는 과연 노사가 합의로써 통상임금의 범위를 정하여 두었다면, 이러한 합의를 당연히 무효로 보아 그 효력을 부인하는 것이 과연 타당한 것인지에 대한 의문이 있다. 단순히 근로기준법 시행령의 강행규정성만을 근거로 내세우기에는 충분하지 않아 보인다. 특히 통상임금의 개념이

모법인 근로기준법 상에 명시되어 있지 않은 상황이기 때문에 더욱 그렇다. 과연 모법에 위임됨이 없는 상황에서, 노사 당사자의 합의(협약)를 당연히 배제할 수 있다고 보는 것이 옳은 것인지는 의문이 아닐 수 없다.

2. 입법정책론적 과제와 향후 제도 개선 방향

통상임금의 관련 논의를 그저 통상임금제도 그 자체에 국한시키는 것은 바람직하지 않다. 오히려 통상임금논쟁을 임금제도 전반에 관한 새로운 제도정립을 모색하는 계기로 삼을 필요가 있다고 본다. 통상임금에 관한 세부적인 논쟁을 분석하고, 평가하는 데 그치지 않고 궁극적으로 바람직한 임금체계의 재정립과 이를 구현할 수 있도록 하는 입법정책론적 대안을 모색하는 것이 무엇보다 필요한 일이라 하겠다.

(i) 이를 위해 우선 임금의 체계를 단순화하는 노력이 필요하다. 그리고 종래 혼란의 대상이 되어 온 임금관련 개념들을 명확히 하는 일을 서둘러야 한다. 실제로 근로자에게 지급되는 금원은, 근로의 대가로서 지급되는 금품으로서의 '임금'과 '비용전보적 금품' 그리고 사용자의 격려 차원에서 지급되는 '상여금'으로 삼분화될 수 있는 것인데도 우리 노동현실의 모습은 전혀 그렇지 않기 때문이다.

(ii) 나아가 통상임금에 관한 명문의 규정을 근로기준법에 두도록 해야 한다. 그리고 기왕이면 계산공식처럼 기계적이면서 간명하게 규정되는 것이 옳다. 가산임금지급 기준으로서 도구개념인 통상임금의 본질을 염두에 둘 때 그 산정에 있어 법적 명확성을 확보해 주는 것이 노사 당사자는 물론 사회적으로도 바람직하기 때문이다.

(iii) 다만 가산임금 산정에 있어, 노사 간 자율적인 합의의 여지를 열어 두는 것이 옳다. 모법의 근거도 없이 단지 시행령에 터잡아, 노사 당사자 간의 자율적 협의체계를 부인하는 것은 협약자치질서에 부합한다고 보기 어렵다. 이는 일본이나 독일의 기본적인 입장이기도 하며, 동시에 글로벌 스탠더드에도 부합하는 것이다.

이러한 문제의식과 방향성을 기초로 하여, 각각의 장에서 논의를 풀어가기로 한다.

제 2 장
'임금'과 '근로자', 그리고 '노동법'

제1절 임금의 생계유지 수단성

오늘날 근로를 제공할 수 있는 기회 즉, 직장을 갖는다는 것은 임금만이 아니라 근로자 자신의 인격실현을 위한 기회를 의미하는 것이기도 하다.[1] 임금을 받는 것만으로 충분하지 않고, 근로자는 자신의 인격실현을 위한 기회를 가질 정당한 권리가 있다. 이러한 판례의 입장은, 근로의 기회가 인간의 존엄성과 인격 실현에의 본질적인 요구이며, 따라서 이러한 기회의 봉쇄가 단지 임금을 지급하고 있다는 사실만으로 정당화될 수 없다는 것을 지적[2]한 것이다. 이는 직장의 개념을 현대적으로 재해석한 것이라고 할 수 있다. 말 그대로 현대적 의미에서의 직장은 근로자의 생계유지 수단성 이외에 인격실현의 장이라는 또다른 노동법적 의미를 내포하고 있음을 분명히 하고 있다.[3]

그럼에도 불구하고 근로계약관계에서 임금은 가장 본질적인 부분임을 부인하기 어렵다. 근로자는 임금을 목적으로 근로를 제공하는 자이기 때문이다(근기법 제2조). 따라서 임금이라는 요소 없이는 처음부터 근로계약이라는 개념도, 근로자라는 개념도 있을 수 없다.[4]

---

1) 종래 우리 판례는 근로제공이 갖는 인격실현 수단으로서의 의미를 강조해 오고 있다. 즉, 판례는 근로계약에 따른 근로자의 근로제공은 단순히 임금획득만을 목적으로 하는 것은 아니고 근로자는 근로를 통하여 자아를 실현하는 것이라고 평가한다. 그리하여 그러한 근로제공을 통해 근로자는 기술을 습득하고 능력을 유지 · 향상시키며 원만한 인간관계를 형성하게 된다는 것이다. 이러한 제반 내용을 통해 근로자는 결국 근로제공을 통하여 참다운 인격의 발전을 도모하게 되고, 이로써 자신의 인격을 실현시키게 된다고 본다(대판 1996. 4. 23, 95다6823).

2) BAG 10. 11. 1955, AP Nr.2 zu §611 BGB Beschäftigungspflicht.

3) 권혁, 권오봉, “고령자고용촉진제도의 사회법적 의미”, 법학연구(부산대), 2011. 11, 4면 이하.

4) 이러한 관점에서 생각해 보면, 직장을 얻고자 하는 구직자가 사용자에게 자신은 임금을 받지 않겠다고 하고, 그러한 의사가 진정한 것이었다면, 그러한 구직자를 근로자로 보기 어렵다는 추론도 가능하다. 그리고 그들 관계를 근로계약관계로 파악할 수 없을 것이다. 이미 임금이 필요 없다면, 그는 사회적 약자로서 근로자로 보기 어렵기 때문이기도 하겠지만, 임금이 필요 없는 상황에서, 그들 관계가 ‘종속적인 지위관계’를 형성한 것으로 볼 수는 없기 때문이다. 요컨대 타인으로 하여금 자신의 인격적 구속과 지배를 가능하도록 할 만큼 그 대가로서 임금이 중요한 의미를 가지는 경우에 비로소

한걸음 더 나아가 흔히 노동법상 가장 중요하다고 하는 근로자의 고용안정이라는 것도, 실은 임금을 '안정적'이면서 '장기간' 획득할 수 있도록 하여야 한다는 요구다. 예컨대 사회보장제도가 충실한 덴마크나 스웨덴 등 북구유럽 국가의 경우, 해고보호제도가 사실상 존재하지 않는다. 해고가 자유라는 의미이다. 그래도 상관이 없는 게, 모든 사람은 사회부조의 대상이 되기 때문이다. 생계유지가 국가의 지원에 의해 담보되는 상황이므로, 해고보호원리는 한걸음 뒤에 물러나 있어도 되는 것이다. 그러한 특수한 경우를 제외하고는 대다수의 나라에서 임금은 생계유지를 위한 기본적 요구이고, 근로자의 주된 관심사이면서, 근로활동의 주된 목적이라고 할 수 있다.[5)]

제2절 임금근로자의 탄생과 노동법적 의미

Ⅰ. 산업화와 임금근로자

1. 공장제 산업화와 임금근로자의 등장

오늘날 현대인의 대다수는 임금으로 생계를 유지하면서 살아간다.[6)] 현대인의 대다수가 근로자라는 의미이기도 하고, 동시에 현대인의 대다수가 노동법의 보호를 받고 있음을 뜻하는 것이기도 하다. 이러한 점에서 보면 오늘날 노동법관련 분쟁이 민사분쟁의 상당부분을 차지하게 된 것도 전혀 이상할 것이 없다.

근로를 제공함으로써 얻게 되는 임금으로 살아가는 자가 근로자인데, 이러한 근로자의 개념은 그리 오래된 것이 아니다. 사실 서구사회가 산업혁명을 경험하면서, 임금근로자가 등장하였고, 이들에 대한 특별한 보호필요성에 응답하기 위해 체계화된 것이 바로 노동법이다. 산업화를 통한 공장제

사회적 요보호자로서 근로자의 지위가 부여될 수 있는 것이다. 이처럼 계약의 속성을 파악하는 데 있어 그 계약의 목적과 그에 수반하는 당사자 간의 의사를 확인하는 것은 매우 중요하다고 할 수 있다.

5) 김형배, 노동법, 2013, 354면.

6) 임종률, 노동법, 2012, 390면 이하.

생산방식이 도입되기 이전에는, 주로 도급계약을 통한 수급장인들에 의해 생산물이 공급되었다. 하지만 도급계약을 통한 공급은 기술전문가를 통해 소규모로 이루어졌으므로, 실은 산업화 이전까지 인류의 생산방식은 자급자족형이었다고 할 수 있다.

섬유방직 산업이 발달하면서, 농업 등에 종사하던 사람들이 도시로 몰리고, 이들의 노동력을 활용한 공장제 산업이 발전하면서 비로소 임금근로자가 보편화되기 시작하였다. 과거 자급자족 시대에서 벗어나 공장제 생산방식이 자리 잡으면서, 자기소유의 농토나 기술을 기반으로 한 자기생산방식에서 벗어나, 단순노동력의 투입을 통한 대가수입으로 살아가게 되는 소위 '임금근로자'가 등장하였기 때문이다.

그런데 이들이 종래 도급계약을 통한 생산주체와 구별되는 점은, 아무런 기술이나 장비를 가지지 아니하였다는 점이다. 그들은 오로지 단순한 노동력만을 보유한 자들이었다.[7] 이러한 노동력을 사용자가 획일적이며 종속적으로 활용하는 것 즉, 노동력에 대한 '사용'이 이루어졌다. 실제로 1810년대 이후 유럽 사회에서 섬유방직산업이나 기타 제조산업에 종사하는 근로자들의 경우 주로 미숙련근로자들 위주였다고 한다.[8]

임금은 생계유지의 수단이고, 이러한 임금은 근로의 대가로서 지불되는 것이었으므로, 근로가 지속적으로 이루어질 수 없다면, 이들은 생계유지의 수단을 상실하게 되고 만다. 해고보호라는 전형적인 노동법적 테마가 등장하게 된 것도 바로 이러한 임금근로자의 속성에 기반한 것이다. 결국 임금은 산업사회로의 변화에서 근로자 개념의 형성과 맞닿아 있다는 점에서 중요한 상징적인 의미를 내포하고 있다.

2. 우리나라에서의 임금근로자 등장

우리나라의 경우, 공장제 산업화의 개시가 늦었으므로, 그 만큼 임금근로자의 등장은 늦어졌다고 할 수 있다. 17-18세기의 사료에 나타난 바에 따

---

7) 고경심, 황상익, "독일보건제도의 변천: 19세가 산업화초기부터 바이마르공화국까지", 의사학 제5권 제2호, 1996, 129면.

8) 이에 관한 자세히는 Böhmert V, Arbeitsverhältnisse und Fabrileinrichtungen der Schweiz, Bd. I, 1987.

르면, 당시 조선에서도 고공(雇工),[9] 임용사공(賃用私工),[10] 용민(傭民), 점민(店民), 장공(匠工)과 같은 전 자본주의적 생산체제하의 맹아적 임금노동형태가 존재한 것으로 보인다는 평가가 있으나,[11] 이들에 대하여 임금근로자로 평가하기는 어렵다고 본다. 왜냐하면 이들은 자신의 노동력을 타인에게 대가를 받기로 하고 제공하는 관계라기 보다는 신분적 예속관계 하에서 자신의 노동력이 처분된 경우이기 때문이다.[12] 19세기 말 광산에서 일을 하던 광부들을 덕대(德大)라 하는데, 이들 중 일부는 농지를 잃고, 오로지 생계유지를 위해 보수를 받기로 하고 광부일을 하였다고 한다.[13] 특히 19세기 초엽의 광산에서 일을 하는 근로자들은 약간의 식료나 돈을 얻기 위해 일시 계절적으로 몰려 온 농민들이 많았다고 한다.[14] 아마도 우리나라 초기 임금근로자의 모습은 여기에서 찾아야 할 것으로 보인다. 하지만 본격적인 임금근로자의 등장은, 일본식민지시대부터라고 할 수 있을 것이다. 그러나 아직 '계약' 개념이 보편화되어 있지 않았다고 한다. 우리나라에서 시급형태의 근로자가 등장하게 된 것은, 1950년 6 · 25 이후 미군 진주 지역에 한국인 노무자들이 취업을 하면서 부터이고, 1960년대에 들어서면서 사무관리직을 중심으로 한 월급제가 보편화되기 시작하였다.

---

9) 전 자본주의 시대인 정조 5년(1781년) 박지원에 의하여 편찬된 추관지(秋官志)에 기록된 바로는 "민가에서 일시 품팔이 하는 자를 고공(雇工)이라 하는데, 이들은 이에 식사를 제공받는 것으로써 그 집에 노역(勞役)해 준다"라는 구절이 있으며, 또 "무릇 유리(流離 즉 흘러 다니면서)하여 의탁할 데가 없는 사람이 가축을 몰고 다니며 복역(服役)해 주었으니 이들을 통틀어 고공(雇工)이라 한다" 라고 하였다(김윤환, "한국임금노동의 원시축적과정", 『민족문화연구』, 고려대학교 민족문화연구소, 1971, 31면 이하).

10) 관영수공업에서는 사공(私工)을 임용(賃用: 임금을 주고 사람을 썼다)했다는 기록이 있으며, 이와 같이 고공이나 임용사공은 농촌과 과점사이를 왔다 갔다 하며 일시적으로 노동력을 제공하고 식생활을 해결하는 정도였다.

11) 김윤환, "한국임금노동의 원시축적과정", 『민족문화연구』, 고려대학교 민족문화연구소, 1971, 29면 이하.

12) 김윤환, "한국임금노동의 원시축적과정", 『민족문화연구』, 고려대학교 민족문화연구소, 1971, 29면 이하.

13) 김윤환, "한국임금노동의 원시축적과정", 『민족문화연구』, 고려대학교 민족문화연구소, 1971, 36면 이하 참조.

14) 김윤환, "한국임금노동의 원시축적과정", 『민족문화연구』, 고려대학교 민족문화연구소, 1971, 36면 이하 참조.

Ⅱ. 임금근로자의 등장이 갖는 노동법적 의미

1. 근로계약의 전형계약화

산업화와 더불어 근로자개념이 등장하였다고 본다. 본래 농민계층으로서, 농지를 일구면서 생계를 유지하여 오던 사람들이 인클로져 운동에 이르러, 생계기반인 농토에서 쫓겨났다. 그리고 생계를 위해 산업초기 도시(city)에 몰렸다. 그리고 이들은 공장에서 일을 함으로써 그 대가를 받아 생계를 유지하게 되었다.

이때 공장에서의 '일'은, 여러모로 농작물을 경작하는 일과 달랐다. 사용자의 종속적 지시에 복종하는 것을 주된 내용으로 하였다. 사용자의 손과 발이 되어, 그들이 지시에 따라 업무를 수행해야 했던 것이다. 그 대가로서 지급되는 임금이 생계의 유지기반이 되었다.

이러한 종속적 지시관계와 그 대가로서 임금을 받아 생활하는 관계를 내용으로 하는 계약관계는 전통적인 민사계약유형과는 확연하게 구별되는 것이었다. 특히 지시종속적 관계 하에서의 노동력제공을 타인(시민)에게 요구할 수 있다는 것이 구체적인 급부내용으로 되는 것은, 이례적인 것이었다. 산업화는 바로 이러한 근로계약관계라는 계약형태를 전형화하였다. 그리고 그 결과 임금근로자라는 개념을 낳았다.

2. 노동법의 규제 필요성

임금근로자는 근로의 대가로서 받게 되는 임금으로 생활을 유지하는 자이다. 이들은 사회적 약자의 지위에 놓이게 되었다. 사용자가 근로제공을 허락할 것인가 여부를 결정하게 되는 데, 이는 곧 해당 근로자는 물론 그 가족의 생활유지수단인 임금을 얻어낼 수 있는가 여부를 정하는 것이기 때문이다. 더군다나 특별한 기술을 요하지 않는 단순 노동력 위주였던 초기 산업시대 도시에 존재한 공장에서는 수많은 구직자들로 넘쳐났다. 적어도 수요 공급의 원칙만에 따른다면 근로자들의 근로조건은 더욱 열악해 질 수 밖에 없었다.

Ⅲ. 소 결

임금근로자의 탄생은 노동법적 체계의 탄생을 의미하는 것이다. 기술을 가지거나, 토지를 가지고 생산에 참여하고 이를 통해 생계를 유지하던 시대를 벗어나 공장제 산업시대는 단순한 노동력 제공만으로 생산에 참여할 수 있도록 하였다. 이에 참여한 수많은 노동력 제공자의 지위는 열악할 수밖에 없었다. 이러한 비대칭적 노동력 제공 계약관계는 비로소 '근로계약'이라는 고유한 전형계약으로 형상화되었고, 이러한 근로계약의 당사자인 '근로자' 지위를 등장시켰으며, 이들에 대한 적극적인 보호법률로서 노동법을 탄생시켰다. 임금은 다른 이윤창출의 수단을 갖지 아니한 자가 오로지 자신의 노동력을 타인에게 맡김으로써 얻게 되는 수입을 말한다. 임금은 고용안정만큼이나 근로조건의 본질적인 부분이고, 근로계약의 구성요소이다.

제3절 임금체계의 복잡성 심화 과정과 내용

Ⅰ. 개 요

1960년 이후 본격적으로 월급제 근로자가 생겨나게 되었는데, 이때 사무직 근로자에 대하여는 상여금이 지급되고, 생산직 근로자에게는 일반적으로 지급되지 아니하였다고 한다. 이 같은 관행이 해방 후로부터 60년대 개발경제 기간 동안도 계속되다가 70년대 중반에 이르러 자츰 변화를 보이기 시작하였고, 이후 1980년대 후반부터 불어 닥친 민주화열풍으로 인해 생산직에게도 보너스를 지급하는 방향으로 임금제도가 진화되었다고 한다.[15) 하지만 정작 임금의 구성항목, 그러니까 임금의 어느 부분이 왜, 무슨 명분으로 지급되었는지를 명확히 하여야 하는데, 종래 우리나라 노동현실은, 근

15) 김수곤 외, 우리나라 임금제도의 변천과 정책적 함의, 고용노동부(정책연구과제), 2005, 9면 이하.

로자에게 지급되는 금원 그 자체의 다과만이 주된 관심사로 될 뿐, 임금의 항목에 대하여는 관심이 없었다. 문제는 여기에 있었던 것이다.[16] 임금항목 등에 관한 사항은 명확히 하지 않고, 오로지 총액임금을 생활급으로 주어야 한다는 당위성에 입각해서 각종 명목을 형식적으로 나열하면서 추가적인 수당형태로 지급해 왔다는 사실이다. 이 때문에 수당이 남발되는 상황에 이르렀던 것이다.[17] 그 원인으로는 과거 임금정책을 주도해 온 정부로부터의 통제가 직 · 간접적으로 임금상승을 억제하면서, 기업은 노동조합과의 사이에서 협상한 인상률 범위 내에서 직접임금보다는 각종수당을 신설 또는 증액시키는 방법, 즉 편법적으로 임금관리를 해왔던 것을 들 수 있다. 이러한 관행은 결국 우리나라 기업의 임금체계를 복잡하게 만들고 말았다. 예컨대 1970년대 광공업이나 제조업에서의 임금체계를 살펴보면 그러한 실태가 분명히 드러난다.

〈자료[18]〉

구 분	기본급	생활 보조급	장려급	초과노 무수당	기타 수당	복리 후생비	상여금	계
광 공 업	59.0	1.7	2.6	10.3	13.8	3.5	9.1	100
광 업	43.1	1.4	7.7	24.0	7.2	6.9	9.7	100
제 조 업	67.1	2.0	1.2	11.8	11.4	2.6	3.9	100

Ⅱ. 각종 부가적 급여의 형태와 지급 유래

1. 고정상여금

우리나라 임금체계를 복잡하게 만든 가장 주된 금원은 바로 고정상여금

16) 이한일, "연공급과 직무급에 관한 연구-우리나라 임금체계의 현황과 앞으로의 방향", 명대논문집(인문 · 사회과학편), 1982, 437면 이하.
17) 이한일, "연공급과 직무급에 관한 연구-우리나라 임금체계의 현황과 앞으로의 방향", 명대논문집(인문 · 사회과학편), 1982, 437면 이하.
18) 한국생산성본부, 『한국의 임금수준 및 임금구조의 실태에 관한 조사연구』, 1970, 92~93면.

이다. 사실 고정상여금이라는 용어는 개념적으로 볼 때 매우 이례적인 것이다. 상여금이란 본래 그 지급 여부가 고정적일 수 없고, 가변적인 계기를 가지로 지급되는 것이기 때문이다. 그러나 우리나라 임금체계에서는 상여금이 고정적으로 지급되었고, 이러한 고정상여금 제도는 우리나라에서 특이한 임금체계로 자리 잡고, 관행화되었다. 이로써 임금체계는 매우 복잡하게 되고 말았다. 더불어 고정상여금이 임금에서 차지하는 비중도 점점 늘어났다. 오늘날 통상임금논쟁에서 주로 문제되는 부분이 바로 이 고정상여금이다.

2. 중식 제공

회사에서 근로자에게 중식을 제공하거나, 중식제공에 갈음하는 금원 또는 쿠폰을 지급하는 것도 우리나라에서 발견되는 이례적인 것이다. 이러한 중식제공이 회사측으로부터 시작된 것은, 1960년대 거슬러 올라간다.

당시 만성적 실업자가 넘쳐나는 상황이었으므로, 근로자들로서는 근로조건을 향상시켜달라는 요구를 하기는 어려웠다.[19] 중식제공은 사용자의 은혜적인 것으로 시작되었다. 6 · 25 동란 이후 거의 모든 사람들이 점심은 굶는 것이 보통이었고, 회사 문 앞에는 옥수수 삶은 것을 파는 아낙네가 많았다. 허기를 면치 못하는 공장 근로자들은 이것을 사다가 물과 함께 거르는 점심을 대신했다고 한다. 이러고 보니 노동자들이 화장실에 내왕하는 빈도가 높아서 생산에 차질이 오게 되어 사용자 측에서 능률제고의 한 방법으로 시작된 것이 바로 점심제공이었다고 한다.[20]

흥미로운 점은, 이후 사용자에 의해 제공되는 중식제공 비용을 두고, 손비처리 할 것이냐 여부가 세무당국과 문제되었다는 것이다. 이 과정에서 세무당국은 이 비용을 임금에 산정해서 근로소득세 부과 대상으로 하자는 데 반해서 사용자는 총액임금의 상승효과를 두려워한 나머지 이를 반대했다고

19) 1960년대 초 산업화 초기에는 만성적 실업자가 많았던 고로 "일은 시키는 대로, 임금은 주는 대로"라는 말이 통했다고 한다(김윤환, "한국임금노동의 원시축적과정", 『민족문화연구』, 고려대학교 민족문화연구소, 1971, 36면 이하 참조).

20) 김윤환, "한국임금노동의 원시축적과정", 『민족문화연구』, 고려대학교 민족문화연구소, 1971, 36면 이하 참조.

한다.[21] 이외에도 작업복 제공 등 다양한 실물보상적 또는 은혜적이면서도 동시에 기업생산효율을 도모하기 위한 각종 수당 등이 제공되었지만, 이 역시 그 법적 성격이 애매하게 처리됨으로 인해 우리나라 임금체계의 복잡성이 가중되기 시작했다.[22]

3. 교통비

1970년대 후반에 보편화된 교통비 지급은 원래 원거리에서 통근하는 근로자들을 위한 배려로 시작되었다.[23] 하지만 이러한 조치는 사업장 인근에 거주하는 근로자들로 하여금 공평성 결여라는 비판을 받았고, 이에 따라 인근거주 근로자들은 사용자에게 교통비 지급을 요구하였다. 이것이 관행화되어 교통비의 지급이 이루어져 왔다.[24] 통근하는 근로자에 대한 교통비를 실비로 변상하기 위한 목적으로 지급이 시작된 것이라면, 이러한 교통비를 두고 근로의 대가로서 임금으로 평가하기는 어렵다고 볼 것이다. 그런데 통근하지 아니하는 근로자들의 불만을 잠재우기 위해 교통비를 사용자가 지급하였다면, 그 교통비의 법적 성격을 규정하는 것은 매우 어렵게 되었다. 적어도 법이론적으로만 보면, 통근하지 아니하는 근로자에 대하여 지급하는 교통비는 근로와는 아무런 상관없이 - 오로지 근로자의 불만을 막기 위하여 지급되는 - 증여금이라고 볼 수 있다. 그런데 이것이 관행화되어, 오늘날과 같이 교통비가 일반적으로 지급되는 상황을 두고, 통상임금에 포함시킬 것인지가 문제된다면, 이를 해명하기란 매우 어려운 일이 되고 말았다.

실제로 현재 운수사업을 하는 회사에도 이러한 경우가 여전히 남아 있다고 한다. 예컨대 버스 운전기사직을 수행하는 근로자들은 아침 출발 지점이 달라, 그 출발지역으로 이동하는 것이 필요했다. 이를 위해 회사 측이 교통비를 지급하였는데, 이에 대한 사무직 근로자들의 불만 때문에 사무직 근로

---

21) 김윤환, "한국임금노동의 원시축적과정", 『민족문화연구』, 고려대학교 민족문화연구소, 1971, 36면 이하 참조.

22) 김윤환, "한국임금노동의 원시축적과정", 『민족문화연구』, 고려대학교 민족문화연구소, 1971, 36면 이하 참조.

23) 김수곤 외, 우리나라 임금제도의 변천과 정책적 함의, 고용노동부(정책연구과제), 2005, 9면 이하.

24) 김수곤 외, 우리나라 임금제도의 변천과 정책적 함의, 고용노동부(정책연구과제), 2005, 9면 이하.

자에게도 교통비를 책정하여 지급하여 온 경우가 있다고 한다.[25] 만약 사무직 근로자의 통상임금을 계산할 때 이 교통비를 포함시키는 것이 옳은 것일까? 이에 답하는 것은 결코 간단한 일이 아니라고 본다.[26]

Ⅲ. 소 결

우리나라의 경우 산업화의 과정이 급속도로 짧은 시기에 이루어 졌고, 특히 그 과정에서 고도 성장을 통한 경제발전을 실현해야 했던 관계로 임금체계는 매우 복잡한 양상을 띄게 되었음을 살펴보았다. 저렴한 인건비를 바탕으로 하여 상품의 가격경쟁력을 높여야만 했던 당시의 상황은, 임금제도의 복잡화를 초래하였던 것이다. 그러나 그 본질을 찾아가는 데 있어 가장 중요한 요소는 바로 해당 사업장 노사다. 해당 금품의 명칭과 상관없이 그 금품이 호의적인 금품인지, 근로의 대가로서 지급된 임금인지, 그리고 미리 통상적 근로의 대가로서 평가해 놓은 금액인지 등에 대하여 해당 사업장 노사는 가장 명확히 알 수 있다. 따라서 임금제도를 논하면서, 단순히 외부 시각에서 바라보는 것은 자칫 그 실체를 오해하는 결과를 가져올 위험이 있음을 염두에 두어야 한다.

우리나라의 임금체계가 대단히 복잡한 것은 이미 오래 전부터 문제점으로 지적되어 온 바가 있다.[27] 우리나라 임금체계에서 기본급이라는 명칭에 속하는 것은 봉급, 기본급여, 고정급, 통상임금, 기준봉급, 기준 임금 등으로 다양하게 표현되고 있지만, 그것이 과연 어떠한 본질을 지니는 것인가에 대한 명확한 규격화는 아직 이루어지고 있지 않은 것이 엄연한 현실이다. 통상임금에 관한 논쟁이 불거지면서, 임금지급 항목에 관한 노사 양측의 주장이 엇갈리는 것도 임금체계의 제도화를 미룬 결과다.

---

25) 부산 지역 버스운송조합 직원과의 인터뷰 조사에서 언급된 바임.

26) 개인적으로 필자는 아직도 그러한 사무직에 대한 교통비 지급이 불만을 무마하기 위한 것으로서의 속성을 가지고 있다면, 통상임금에 포함될 수 없다고 본다. 소정근로의 대가로서 책정해 놓은 금원으로 보기는 어렵기 때문이다.

27) 이한일, "연공급과 직무급에 관한 연구-우리나라 임금체계의 현황과 앞으로의 방향", 명대논문집(인문 · 사회과학편), 1982, 437면 이하.

흥미로운 사실은, - 앞서 중식비나 교통비 지급 사례의 연혁에서 보듯이 - 그 지급 이유와 이후 지급관행을 두고, 명확하게 임금 또는 통상임금 여부를 판단하기가 매우 어렵게 되었다는 점이다. 해당 금원을 바라보는 노동법학자나 법률실무가 뿐만 아니라 직접 그 금원을 지급하고 지급받는 사용자와 근로자 자신에게도 모호하기는 마찬가지인 것 같다. 이러한 상황에서 통상임금논쟁을 단숨에 해소하겠다는 것은 처음부터 불가능한 것인지도 모른다.

궁극적으로 임금의 유형은 가능한 한 단순하게 정리되는 것이 바람직할 것이다. 즉, 임금과 상여금 그리고 비용보전금 정도면 충분할 것이라 판단된다. 다양한 입법적 개선노력이 필요하겠지만, 무엇보다 이를 위해서는 임금의 법적 속성을 되짚어 보고, 이에 대한 개념을 보다 명료하게 해 두는 노력이 선행되어야 한다고 본다.

제 4 절 임금: 인격적 종속 근로의 대가성

Ⅰ. 급부 목적으로서 '근로의 제공'

1. 근로계약과 근로

현행 근로기준법 제2조 제1항 제4호에서 '근로계약'에 대하여 정의내리고 있다. 이에 따르면 근로계약이란, 근로자가 사용자에게 근로를 제공하고 사용자는 이에 대하여 임금을 지급하는 것을 목적으로 체결된 계약을 말한다. 즉, 근로계약은 '근로'를 제공하고, 그 '대가'로서 임금을 제공받는 것을 내용으로 하는 쌍무계약이다.

'근로'란, 종속적 지위 하에서 노동력을 제공하는 것을 말한다. 임금은 그러한 '근로'의 대가이다. 계약의 당사자라는 관점에서 보면, 근로자는 근로계약을 체결한 자로서, 근로를 제공하여야 할 의무를 주된 급부의무로서 부담하게 되는 자이고, 사용자는 근로를 수령할 '권리'를 가지는 자이면서 동

시에 대가로서 임금을 지급할 '의무'를 부담하는 자를 말한다.[28]

2. 근로의 제공

근로의 제공이란, 결국 사용자로 하여금 근로자가 자신의 노동력을 처분 가능한 상태에 두는 것을 말한다.[29] 따라서 실제로 사용자가 해당 근로자의 노동력을 특정한 업무에 투입하여 활용하였는가 여부는 중요하지 않다. 근로의 제공이 있었는가를 판단하는 데 있어 중요한 것은, 노동력을 사용자가 활용할 수 있도록 '대기'한 상태로 사용자의 처분범위 내에 두었는가 여부이다. 만약 근로자가 사용자의 지배력 범위를 넘어서서 행동하였다면, 그 기간 동안은 근로관계가 지속된 기간에서 배제되는 것으로 봄이 옳다.[30)]

다만 근로자는 일정한 경우에 근로의 제공을 거부할 수 있다. 즉, (i) 사용자의 지시권 행사 내용이 법률로 금지된 것이거나, 선량한 풍속 기타 사회질서에 반하는 경우나 (ii) 그 근로의 제공이 근로자에게 예견할 수 없었던 양심의 가책을 주는 경우 (iii) 노동보호법규에 위반한 근로의 제공이 근로자에게 직접 생명이나 건강 상의 위험을 초래할 수 있는 경우가 이에 해당된다(산업안전보건법 제26조 제2항 참고).[31] 그 밖에 근로계약 상 미리 약정된 위험업무인 경우라도 만약 통상적인 업무수행 위험범위를 넘어서서 그 위험의 정도가 사회통념상 수인한계를 넘어서는 경우에는 사용자의 지시를

---

28) 독일의 경우, 사용자는 협약에서 정해진 보수의 지급의무를 부담한다는 규정이 독일 민법에 규정되어 있다(독일민법 제611조). 근로계약관계에서 사용자와 근로자는 모두 계약에 따른 급부의무를 부담하게 된다. 노동법 규정의 내용은 이러한 계약원리에서 예외적으로 벗어난 것을 규정해 놓은 것이다. 적어도 임금지급의무와 근로제공의무 간의 상호 대립적 급부 및 대가 관계(Gegenseitigkeitsverhältnis)는 노동법 상 고유한 것이 아니라 민사계약법 체계에서 도출된 것이다. 그러므로 임금지급의무나 근로제공의무에 대하여 민법에 규정해 놓은 독일 입법자의 태도는 대단히 논리적인 것이라 할 수 있다.

29) MünchArbR/Reichold, Bd. I, §36 Rn.4.

30) 이러한 논란은 흔히 산업재해여부를 판단하는 데 자주 언급된다(BSG 28. 6. 1979 NJW 1960, S.1135). 근로자가 사업주의 지시에 따라 급여 외에 일정한 대가를 받고 자신의 승용차에 동료 직원을 태워 통상적인 경로에 따라 출근하다가 발생한 교통사고로 상해를 입은 사안에서, 근로자의 출·퇴근 과정이 사업주의 지배·관리 하에 있다고 보아 구 산업재해보상보험법 제4조 제1호에 정한 '업무상 재해'에 해당한다고 한 판례(대판 2008. 5. 29, 2008두1191)가 대표적인 예다.

31) 김형배, 노동법, 2013, 309면.

따르지 않고 노무 급부를 정당하게 거절할 수 있다고 보아야 한다.[32)]

한편 사용자는 제공된 근로자의 노동력 그 자체를 구체적으로 지배하여, 사용하게 된다. 근로계약관계가 지속되는 과정에서 소위 사용자의 지시권 행사를 통해 구체적으로 정해지게 된다.[33)] 이때 사용자의 지시권은 근로의 구체적 내용과 장소, 실현방법을 확정하는 권한이다.[34)] 이러한 지시권은 근로계약관계에서만 찾아 볼 수 있는 매우 독특한 것이다. 이른바 근로계약의 종속성은 이러한 지시권 행사를 상징하는 것이라고도 할 수 있다.

Ⅱ. 인간의 노동력과 인격관련성

1. 노동급부의 전속성

근로계약은 인간의 노동력을 계약의 급부목적으로 삼는다. 이러한 계약목적의 특수성 때문에 근로계약은 또다른 특징을 갖는다. 바로 '전속성'이 그것이다. 전속성이란, 계약 체결의 당사자에게만 인적으로 귀속되는 급부관계성을 의미한다. 제3자에게 함부로 양도되거나 이전될 수 없는 관계라는 것이다.

근로관계에 있어 전속성이란, 결국 근로계약관계로부터 부여되는 근로제공의무는 오로지 근로계약의 체결당사자 간에만 전속된다는 것을 뜻한다. 인간의 노동력이 계약의 목적이 되는 계약에서 전속성이 요구되는 이유는 무엇일까? 인간의 노동력은 '인격' 그 자체이므로,[35)] 타인에 의해 함부로

---

32) 김형배, 노동법, 2013, 309면. 예컨대 동일본대지진 사건이 발생하였을 당시, 원자력발전소에 대한 추가적인 방사능노출위험을 막기 위해 몇몇 근로자들이 방사능 피폭위험을 무릅쓰고 안전업무를 수행하였던 사례가 있다. 이때 사용자가 원자력 발전소 근로자들에게 그러한 업무에의 투입을 지시한 경우라도, 근로자들은 이를 거절할 수 있었을 것이며, 이러한 거절은 정당한 근로제공거부로 볼 수 있을 것이다.

33) 이것이 도급계약과 본질적으로 구별되는 부분이다. 근로계약은 근로자의 노동력 그 자체를 지배하는 것인 반면, 도급계약은 일정한 결과(물)를 계약을 목적으로 삼는 것이다. 다만 그 결과물을 산출해 내는 과정에서 수급인(또는 수급인의 이행보조자)의 노동력이 투입되는 것 뿐이다.

34) 김형배, 노동법, 2013, 309면.

35) 인간의 노동력은 인간의 인격체로서의 본질과 따로 분리해서 바라볼 수 없다. 인간의 노동력을 지배함으로써 생산을 구현하는 관계에서는 불가피하게 근로자라는 인격체

거래의 대상이 될 수 없어야 하기 때문이다. 이러한 전속성 개념을 도외시할 경우, 인간의 노동력이 타인에게 판매되거나 임대될 수도 있게 된다. 매매나 임대의 대상이 될 수 있다는 것은, 인간의 노동력을 하나의 물건과 다름없이 취급하는 셈이다. 그러나 인간의 노동력은 물건으로 취급되어서는 안 된다는 점은 이미 오래 전부터 Sinzheimer[36] 와 Lotmar[37]에 의해 경고된 바가 있었다. 소위 '인간의 상품화' 위험이 바로 그것이다.

2. 인간의 노동력에 대한 양도 및 임대의 금지

현행 민법 제657조는 고용계약에 관한 전속성을 명시적으로 규정하고 있다. 고용계약도 인간의 노동력을 계약 목적으로 하는 것이라는 점에서 근로계약과 동일하다. 다만 근로계약은 여기에 더 나아가 종속적 지배관계를 내용으로 한다. 이점에서 고용계약과는 구별된다. 하지만 인간의 노동력을 급부대상으로 삼은 이상, 전속성은 긍정되어야 한다. 인간의 노동력은 상품이 아니기 때문이다. 민법 제657조 제1항에 따르면, "사용자는 노무자의 동의 없이 그 권리를 제삼자에게 양도하지 못한다"고 규정하고 있다. 또한 동조 제2항에서는 "노무자는 사용자의 동의 없이 제삼자로 하여금 자기에 갈음하여 노무를 제공하게 하지 못한다."고 규정하고 있다. 동조 제3항에서는 "당사자 일방이 전2항의 규정에 위반한 때에는 상대방은 계약을 해지할 수 있다."고 규정하고 있다.

노동력의 제공을 계약의 목적으로 하는 고용계약관계는, 그 권리의무관계가 오로지 그 계약의 당사자 간에 전속되어 있어야 하고, 따라서 제3자에게 그 노동력의 제공의무관계를 양도하거나 제3자로 하여금 이를 대신 담당하도록 할 수는 없다.

에 대한 종속적 지배 상황을 수반하게 된다. 근로관계를 지속하고 있는 근로자들에게 있어, 그 업무수행의 난해성보다 더 큰 스트레스를 가져오는 것이 바로 회사에서의 인간적 갈등관계라는 사실도 이러한 점을 보여준다.

36) Sinzheimer, Das Wesen des Arbeitsrechts, in: Arbeitsrecht und Rechtssoziologie, 1976, S.111.

37) Lotmar, Der Arbeitsvertrag, 1945, S.10ff. 같은 취지로는 Dorndorf, Festschr. Gnade, 1992, S.39ff.

Ⅲ. 직접고용의 원칙

결과적으로 근로계약을 체결하였다는 것은, '특정'상대방(사용자)에게는 자신의 인격적 지배관계를 수인하겠다는 것을 합의한 것이라 할 수 있다. 적어도 특정 사용자에 대하여는 근로자가 자신의 인격적 부담을 감수하면서 노동력을 그에게 제공하겠다는 합의가 바로 근로계약인 것이다.[38] 직접고용의 원칙[39]도 이러한 전속성에 깊이 관련되어 있는 개념이다. 오늘날 노동법 상 근로계약관계에서 직접고용을 원칙으로 하고, 소위 중간착취를 금하고 있는 이유도 전속성 때문이다.[40]

Ⅳ. 종속적 근로제공의 대가로서 '임금'

1. 임금의 개념

근로의 제공에 따른 대가로서 사용자는 근로자에게 임금을 지급하여야 할 의무를 부담한다.[41] 계약법적 관점에서 보면, 임금이란, 근로계약에 따

---

38) Sinzheimer, Das Wesen des Arbeitsrechts, in: Arbeitsrecht und Rechtssoziologie, 1976, S.112ff.

39) 조경배, 고용보장의 노동법적 원리와 구조에 관한 연구, 박사논문(서울대), 1997 참고.

40) 근로기준법 제9조에서는 "누구든지 법률에 따르지 아니하고는 영리로 다른 사람의 취업에 개입하거나 중간인으로서 이익을 취득하지 못한다"고 규정하고 있다. 이 규정을 소위 중간착취금지규정이라고 하는데, 이는 근기법 상의 중요한 원칙규정에 해당한다. 다시 말하면 근로제공과 임금지급의 주체 간에 개입하여, 이들 사이에서 이익을 취하는 것은 노동법상 허용되지 않도록 한 것이다. 다만 직업소개업에 대하여는, 소위 직업안정법에서 규정하고 있는데, 동법 제33조 제1항에 의거, "누구든지 고용노동부 장관의 허가를 받지 아니하고는 근로자공급사업을 행하지 못한다"고 규정함으로써, 엄격한 국가적 통제 하에 놓아 두고 있다. 이러한 국가허가주의 원칙에 따라 동법 시행령 제33조 제2항에서는 국내 근로자 공급사업을 행할 수 있는 자를 노동조합에 한정하고 있다. 이 규정에 위반하여 근로자공급사업을 행하는 자에 대하여는 5년 이하의 징역 또는 2000만원 이하의 벌금에 처하도록 하고 있다. 오늘날 간접고용으로서 유일하게 허용되는 것은 바로 근로자파견관계이다. 파견근로관계는 자칫 인간의 노동력을 상품으로 취급할 위험이 높기 때문에 다양한 규제가 가해진다. 현행 우리나라의 노동법제에서는 근로자파견에 관하여, 근로자파견사업에 대하여 이를 허가제로 하고, 파견기간이나 파견업종의 제한을 두는 등 여러 가지 요건을 충족하지 아니하면 파견근로자를 사용할 수 없도록 하고 있다.

라, 수행한 근로에 대한 반대급부(Gegenleistung)를 말한다고 할 수 있다.

현행 근로기준법 제1조 제5호에 의하면, "임금이란, 사용자가 근로의 대상으로 근로자에게 임금, 봉급 기타 여하한 명칭으로든지 지급하는 일체의 금품을 말한다."고 규정하고 있다. 즉, 임금이란 사용자가 근로의 대상으로 지급하는 일체의 금품을 말한다. 이때 금품의 지급의무 발생이 근로제공과 직접적으로 또는 그와 밀접하게 관련되어 발생되는 경우에 노무제공에 대한 대가, 즉, '보수(Vergütung)'는 '노무의 제공(Arbeitsleistung)'에 대한 반대급부(Gegenleistung)로서의 속성이 긍정된다. 그 외에도 근로관계에서 근로자는 근로관계의 전개과정에서 다양한 원인에 기하여 사용자에게 다양한 종류의 급부청구권을 갖는다.[42] 그 중에는 좁은 의미의 근로의 대가인 임금청구권을 비롯하여 각종 비용에 대한 상환청구권, 각종 보상에 대한 청구권, 복리후생에 관한 청구권, 그 밖의 사유로 사용자가 지급하기로 한 금전에 대한 청구권 등이 포함된다. 이들은 모두 근로관계에서 발생한 청구권이기는 하지만 모두 근로기준법 등 노동보호법에 의하여 보호되는 것은 아니다.[43]

2. 근로계약의 필요적 요소로서 '임금지급합의'

반대급부로서 임금의 지급이 전제되지 아니하는 근로계약(Entgeltlose Arbeitsverträge)은 처음부터 있을 수 없다. 만약 노사 당사자가 진심으로 임금지급 또는 임금수령의 의사가 없다고 한다면, 이때 근로의 제공관계는 노동법적 보호의 대상인 근로계약관계로 볼 수 없다.

만약 사용자가 임금을 지급하지 않는 경우, 우선 근로자는 동시이행의 항변권(die Einrede des nicht erfüllten Vertrags)을 획득한다.[44] 따라서 임금수령이 없는 한, 근로자는 자신의 근로를 제공할 필요도 없다. 또한 근로자에게 있어 임금은 때로 손해배상(Entschädigung)의 형태로 청구될 수 있다. 근로의 제공이 사용자의 귀책사유로 인해 이루어질 수 없게 된 경우, 그에

41) 대판 2011. 6. 10, 2010두19461; 대판 2005. 9. 9, 2004다41217.
42) 박지순/이상익, 통상임금의 이해, 2013, 25면.
43) 박지순/이상익, 통상임금의 이해, 2013, 25면.
44) 독일 민법 제320조.

따른 근로자 측의 손해가 사용자에 의해 배상되어야 하기 때문이다. 하지만 근로와 임금 간의 보수관계에서 도출되는 것이므로 여전히 임금으로서의 속성을 가진다고 보아야 한다.

현장에서 예를 들어 회사소유주의 아들이 자신과 친분이 있는 회사에 수련목적으로 입사하여 근로를 제공하는 경우가 있을 수 있는데, 이러한 경우는 전형적인 근로계약관계로 보기 어렵다. 오히려 이러한 경우에는 직업교육적 차원에서의 실습관계(Praktikantenverhältnis)로 파악하는 것이 타당하다. 따라서 임금의 지급이 '없는' 근로계약관계란 처음부터 존재할 수 없다고 보는 것이 옳다.

제 3 장
임금의 법적 본질과 상여금

제1절 임금의 개념 요소와 법적 본질

Ⅰ. 임금의 명칭 및 개념 요소

1. 임금의 다양한 명칭

우리나라에서는 '임금'에 대하여, 사용자가 '근로의 대가로' 근로자에게 임금, 봉급, 그 밖에 어떠한 명칭으로든지 지급하는 일체의 금품을 말한다(근기법 제2조 제1항 제5호)고 규정하고 있다. 근로관계 하에서 사용자가 근로자에게 지급한 금품이 임금에 해당하는지 여부는 해당 금품의 외형상·형식상의 명칭과는 무관하게 동 금품이 근로의 대가로서 지급된 것인지 여부에 따라 판단하여야 한다.[1] 실제로 임금은 봉급이나 급료 등 다양한 명칭으로 불리어지고 있다. 이는 독일의 경우도 마찬가지이다. 독일에서는 전통적으로 근로자(Arbeiter)의 보수는 임금(Lohn), 직원(Angestellte)의 보수는 봉급(Gehalt), 그리고 예술인(Künstler)의 보수는 수당(Gage)라고 불린다. 법은 선원의 보수를 급료(Heuer)라고 일컫는다(§§30ff.; 78 I SeemG). 그러나 근로보수에 대해서는 명칭도 수입(Bezüge), 급여(Entgelt), 사례(Honorar) 등 등으로 발견된다.[2]

2. 임금의 개념 요소

(1) '보수성'(Vergütung)

임금은 근로제공이라는 급부에 대한 반대급부로서, 이에 상응하는 '보수(=대가)로서의 속성'을 그 본질적 개념 요소로 하는 금원이라고 할 수 있다. 그 실질이 근로의 대가로서 임금으로 평가할 수 있는지를 검토하고, 근로의

---

1) 이른바 계약형식강제의 법리가 적용된다(대판 2011. 3. 10, 2010다19461; 대판 2003. 2. 11, 2002다50828).
2) 예를 들어 §5Ⅲ 2 ArbGG, §16Ⅱ Nr. 2 BetrAVG, im Lohnsteuerrecht §2 LStDV, im Betriebsverfassungsrecht §87 I Nr. 10 BetrVG

대가로서 속성이 인정된다면 명칭과 관계없이 임금으로 평가할 수 있다. 따라서 그 명칭이 근로의 제공과 무관하고 사용자의 임의적이거나 호의적 지급 금품에 해당하더라도 그 명칭만을 근거로 하여 당연히 임금에서 제외되는 것이 아니다. 예컨대 복리후생비 내지 여비 등의 명칭으로 지급되었다고 하여 임금에 해당하지 아니하는 것으로 판단할 수는 없다. 계약 당사자의 의사 등 제반 사정을 살펴보아 그것이 근로제공에 대한 직접의 반대급부로서 지급된 것이라면 임금으로 보아야 하기 때문이다.

교육훈련생에게 지급되는 금원의 법적 성격이 문제될 수 있다. 이에 대해 독일에서는 직업교육관계에서 지급되는 보수에 대하여는 반대급부로서의 속성을 가진다고 보지 않는다. 오히려 전문 인력 양성을 위해, 교육생에게 요구되는 최저한도의 생계 유지를 위한 부양의무(Unterhaltsfunktion)가 부수적 의무(Nebenpflicht) 차원에서 인정됨으로 인해 지급되는 금품이라고 한다.[3] 또한 근로자의 금융대출(Arbeitnehmerdarlehen)을 근거로 지불될 수 있는 이자는 근로의 대가가 아니므로 임금으로 보기 어렵다는 것이 독일의 일반적 견해다.[4]

(2) 지급주체의 특정성

'사용자'가 근로자에게 지급하는 것이라야 임금이다.[5] 따라서 산재보험 · 건강보험 · 국민연금 · 고용보험 등 각종 사회보험제도에 따라 사용자가 부담하는 보험료 및 근로자가 받는 보험급여는 임금이 아니다.[6] 근로자 부담의 보험료나 근로소득세 등은 사용자가 원천징수를 한 것에 불과하므로 임금에 포함된다.[7] 고객이 종업원에게 주는 사례비도 이 점에서 임금이 아니지만, 종업원이 사례비만으로 생활하는 경우에는 임금으로 인정될 수 있다.[8] 택시회사가 운전기사에게 실제 근로일수에 따라 일정액을 지급하면서

---

3) BAG 10.2.1981 AP Nr. 25 zu §5 BetrVG 1972; 8.12.1982 AP Nr. 1 zu §29 BBiG; 10.4.1991 AP Nr. 3 zu §10 BBiG = NZA 91, 773; 25.7.2002 AP Nr. 11 zu §10 BBiG; 15.12.2005 AP Nr. 15 zu §10 BBiG; s. auch §174 Rn. 60ff.
4) ErfK/*Preis* §611 BGB Rn. 427.
5) 임종률, 노동법, 2013, 385면 이하.
6) 대판 1994. 7. 29, 92다30801
7) 임종률, 노동법, 2012, 386면 이하.
8) 임종률, 노동법, 2012, 386면 이하.

운송수입금 중 일정액의 사납금 초과부분을 운전기사의 수입으로 인정하는 경우에 그 초과부분은 임금에 해당된다.[9)]

근로자가 고객으로부터 봉사료(tip)를 받았다면 원칙적으로 임금으로 보기 어렵다. 그러나 고객으로부터 사용자가 봉사료를 받아서 당일 근무자에게 분배하는 형식을 취하는 경우에는 달리 볼 수 있다. 이러한 경우에는 이것은 사용자가 지급하는 것으로서 입금에 해당될 수 있다고 보아야 한다.[10)] 또한 교직원이 학교에서 받는 월급 이외에 육성회로부터 받는 보조수당은 그 지급사무를 학교가 담당한다 하더라도 임금으로 인정되지 않는다.[11)]

(3) '계속성'과 '정기성'

1) 내용

임금은 계속성과 정기성을 지닌다. 근로계약관계는 계속적 계약관계에 해당한다. 계속적 계약관계는 채권채무의 내용을 이루는 급부가 일정한 기간 동안 계속해서 행하여진다는 점에서 일정 시점에서 급부가 이루어지는 일회적 계약관계와는 구별된다.[12)] 우리 민법상 전형계약 중 소비대차, 사용대차 등 대차관계나 고용, 위임 조합 등이 이에 해당된다.[13)] 급부의 실현이 반복적이고 장기간 지속된다면, 그 반대급부 역시 지속적인 특성을 가질 수 밖에 없다. 따라서 임금의 지속, 반복성에 어쩌면 당연한 속성이라 할 수 있다.

다른 한편 임금에 대하여 정기성을 부여해 놓은 것은, 근로자에게 근로의 대가를 안심하고 받아내도록 하기 위한 것이라는 측면도 있다. 임금은 근로자의 생활 유지의 기반이 되므로, 이를 정기적으로 수령하지 아니하면, 생활 유지를 위한 계획이 어렵기 때문이다.[14)]

---

9) 대판 1993. 12. 24, 91다36192.
10) 1985. 11. 14, 근기 01254-20594; 대판 1992. 4. 28, 91누8104.
11) 대판 1973. 11. 27, 73다498.
12) 곽윤직, 채권각론, 1994, 47면.
13) 곽윤직, 채권각론, 1994, 167면.
14) 이후에 다시 설명하겠지만, 노동법 상 임금과 관련한 정기성은 1임금지급기, 즉, 최대 1개월 이내의 정기성을 의미한다고 볼 수 있다. 이는 임금이 본래 근로자의 생계 및 생활 유지 기반으로서의 속성에 기인한 것으로서, 적어도 1개월 단위에서 생활유지금품을 지급하도록 함으로써 계획적이면서도 '안정적으로' 근로자의 생활이 가능하게 되기 때문이다. 이때 '안정적'이라는 것은 근로자의 생계유지를 위한 안정성을 말한다.

2) 정기성 및 지속성과 통상임금과의 관계

다만 이와 관련하여 유의할 점이 있다. 임금의 정기성 요건은 반드시 요구되는 절대적 요건이라고 볼 수는 없다. 임금이 반드시 계속적 · 정기적으로 지급되어야만 하는 것은 아니기 때문이다. '비정기적'으로 지급되거나 '일회적'으로 지급되었다고 하더라도 그것이 근로제공의 대가로서 지급된 것이면 임금으로 평가하는 것이 옳다. 비정기적 급여가 언제나 근로제공과의 대가관계에 놓이지 않은 것이라 단정하는 것은 잘못이다.[15)]

그 반대의 경우도 있다. 어느 금원이 계속적 · 정기적으로 지급되는 것이라 하더라도 근로의 제공과 관련 없이 지급되는 것이라면 그 금품의 지급이 단체협약, 취업규칙, 근로계약 등에 의하여 지급의무가 발생한 것이라 하더라도 임금에 포함시킬 수 없다.[16)] 근로의 대가가 아니기 때문이다.

최근에 문제되고 있는 통상임금의 개념에서 정기성이나 지속성은 매우 중요하게 취급된다. 그런데 정기성과 지속성이라는 요소를 가진 금원과 통상임금의 개념과의 관계를 해명할 필요가 있다. 사실 이 두 가지 요소는 다분히 논란거리를 내포하고 있다.

예컨대 정기적이고 지속적으로 지급되는 금원이 근로의 대가에 대한 보수로서의 성격을 가지지 아니하여도, 통상임금에 포섭하는 것이 옳을까? 정기적이고 지속적으로 지급되는 금원은 근로자에게 있어 해당 업무에 종사하는 경우에 지급되기로 예정된 금원이라고 볼 수 있다. 더 나아가 해당 업무에 종사하는 근로자의 근로가치를 평가한 것으로도 볼 여지가 없지 않기 때문이다. 예컨대 순수한 호의적 상여금이 2개월에 1회 정기적이고 지속적으로 지급된 경우가 흔히 그런 예에 해당한다.

판단컨대 정기적이고 지속적으로 지급된 금원이라도 그것이 근로의 대가로서 보수에 해당하지 아니하면 통상임금에도 산입되어서는 안 된다고 본

만약 일시금으로 1년치 급여를 한꺼번에 지급하게 되면, 근로자가 자칫 투자를 잘못하거나 다른 이유로 한꺼번에 소진하게 될 위험이 있는 바, 이렇게 되면 근로자의 생계는 위험에 놓이게 된다. 그래서 안전하게 매월 단위로 급여를 나누어 지급하도록 하게 되면, 안정적인 생활유지가 가능하게 된다. 임금의 정기성은 바로 (i) '생활계획의 가능성 보장'과 (ii) '생활자금의 안정적 지급'이라는 두 가지 의미를 동시에 내포하고 있음을 염두에 두어야 한다.

15) 대판 2006. 8. 24, 2004다35052.

16) 대판 1996. 5. 14, 95다19256.

다. 그 이유는 현행 판례와 시행령에서 통상임금에 대하여 '소정근로의 대가'임을 하나의 개념 요소로 하고 있기 때문이다. 따라서 근로의 대가로서 임금성을 전제로 하지 않는 한 통상임금의 산정에서 고려될 수 없다고 보는 것이 옳다.[17)]

(4) 금전적 가치로서의 속성

임금은 기본적으로 금전으로 환산될 수 있는 물질적 이익이어야 한다.[18)] 특히 현행 근로기준법 제43조 제1항에 따라, 통화불의 원칙을 견지하고 있다. 임금은 통화로 지급해야 하며, 다만 법령 또는 단체협약[19)]에 특별한 규정이 있는 경우에는 통화 이외의 것으로 지급할 수 있다.

이때 '통화'란 우리나라에서 강제통용력 있는 화폐를 말하는 것으로서 외국통화는 포함되지 않는다.[20)] 통화지급의 원칙은 근로자가 임금을 안전하게 수령하여 편리하게 처분할 수 있도록 하려는 데 그 취지가 있다.[21)] 현물(특히 과잉 생산된 제품)로 지급하면 대체로 이를 매각해야 하는데, 가격이

---

17) 다만 이러한 판단은 시행령 상의 통상임금 개념정의에 기반한 것이다. 그러나 통상임금의 제도적 의의는 해당 업무 종사 근로자의 근로가치를 판단하는 가늠자로서 기능하는 데 있다. 따라서 그러한 차원에서 입법자가 다른 방식으로 규정해 놓으면 또 그 규정해 놓은 바대로 통상임금 산정범위가 정해질 수 있다고 보아야 한다. 즉, 왜 통상임금은 소정근로의 대가로서 임금성을 전제로 하여야만 하는가에 대한 법이론적 당위성은 없다. 도구개념이기 때문이다.

18) ArbHdb S.645ff.

19) 근로기준법은 임금의 통화지급의 원칙에 대하여 '단체협약'에 따른 예외를 규정하고 있다. 그러나 노동조합이 없거나 있더라도 근로자 다수를 대표하지 못할 수도 있는 점, 근로시간 · 휴가 등에 대한 다른 예회 규정(51-52조, 57조, 59조, 62조)과의 균형 등을 고려하면 통화지급 원칙에 대한 예외도 단체협약이 아니라 '근로자대표와의 서면합의'에 따르도록 개정함이 바람직하다는 견해도 있다(임종률, 노동법, 2013, 390면 이하). 사실 근로기준법 몇몇 규정에서 매우 중요한 역할을 수행하도록 예정되어 있는 근로자대표제도는 본질적으로 노동조합과 구별되어야 하는 것이다. 그런데 현재 우리나라의 노동법상 전체 근로자를 대표하는 근로자대표의 선출방식이나 임기 등에 대하여 아무런 규정이 없다. 이는 시급히 시정되어야 한다. 판단컨대 전체 근로자의 대표로서 민주적 정당성을 담보한다면, 근로자대표의 적극적인 역할을 제도적으로 보장하는 방안을 고려해 볼 만하다. 노동조합 조합원만이 아니라 전체 근로자의 의사를 반영할 수 있도록 하는 실질적인 장치가 보장되어야하기 때문이다. 필자는 이를 '사업장민주주의'라고 칭하고, 향후 이러한 사업장민주주의가 노동법 체계에서 매우 중요한 부분으로 자리매김하게 될 것으로 생각한다.

20) 김형배, 노동법, 2013, 368면.

21) 임종률, 노동법, 2012, 385면 이하.

불확실하고 매각에 불편이 따르기 때문에 통화지급의 원칙은 현물급여(truck system)를 금지하는 데 1차적 의의가 있다.[22] 또 상품교환권 · 식권 · 승차권 · 주식으로 지급하는 것은 물론, 어음이나 수표로 지급하는 것도 근로자에게 불편과 위험을 주므로 허용되지 않는다. 다만 은행발행 자기앞수표(보증수표)는 불편이 거의 없고 거래상 거의 현금과 같이 통용되므로 근로자의 동의를 받은 경우에는 허용된다고 보아야 할 것이다.[23]

그러나 통화 이외의 다른 급부가 언제나 임금에 포함될 수 없다는 것을 의미하는 것은 아니다.[24] 반드시 금품이 아니라, 물품이나 그 밖의 경제적 이익이라도 근로계약상 미리 화폐임금이 아닌 것으로 지급하도록 되어 있거나 소정의 화폐임금에 대신하여 지급되는 것(그것을 지급받지 않는 자에게 동등 가치의 화폐임금이 지급되는 것)은 임금으로 인정될 여지가 있다. 식사 · 지하철승차권 · 사택 · 자사주식 등을 무상으로 제공하는 경우가 그 예다.[25]

Ⅱ. 임금 산정방식

1. 현 황

임금의 지급체계는 크게 호봉급제(Zeitlvergütung)와 직능급제, 그리고 직무급제 형태로 나뉠 수 있다. 호봉급제는 소위 호봉표에 따라 근속이 증가하면 기본급이 상승하는 임금체계(근속급 또는 호봉급)를 말한다. 직능급제는 직무수행능력에 따라 기본급을 차등하는 임금체계를 말한다. 예컨대 변호사 자격증을 소지한 근로자의 경우에, 변호사자격수당을 지급하게 되는데, 이러한 속성의 금원지급은 직능급제에 따른 것이라고 할 수 있다. 그리고 직무급제라 함은, 직무가치에 따라 기본급을 차등하는 임금체계를 말한다. 업무내용의 속성 상 근로 환경이나 업무의 난이도에 따라 그 직무가치를 분별할 수 있고, 또 분별되어야 하는 경우에, 해당 업무의 직무가치에 따라

22) 하경효, 임금법제론, 2013, 168면.
23) 김형배, 노동법, 2013, 368면 이하.
24) 사법연수원, 해고와 임금, 2010, 99면.
25) 임종률, 노동법, 2013, 385면 이하.

지급하는 임금체계가 바로 직무급제라고 할 수 있다.

현실적으로 노동시장에서 이루어지는 임금책정방식을 살펴보면, 호봉급제와 직능급제 그리고 직무급제가 혼재되어 있음을 알 수 있다. 예컨대 기본급에 대하여는 근속연수에 비례하여 호봉 승급방식으로 임금을 상향 책정하도록 하고, 해당 근로자의 자격증 소지 여부에 따라 관련 수당을 추가로 지급하며, 열작업 등 열악한 작업환경이나 고도의 기업 생산 비밀을 다루는 업무 종사자에게는 위험수당이나 비밀유지수당 등 직무급적 속성의 임금을 책정해 두기도 한다.

2. 비교법적 검토: 독일의 임금지급체계

(1) 직무급적 임금카테고리

독일의 경우도 임금체계의 확정에 다양한 요소가 고려되는 것은 우리의 경우와 마찬가지이다. 다만 임금체계를 근로자의 업무수행영역에 따라 그룹별로 먼저 나누고(Vergütungsgruppe), 이후 근속연수 등에 따라 체계적 승급이 이루어지도록 하는 경우가 대부분이다. 일차적인 임금카테고리의 분류 기준인 업무수행영역은, 이른바 추상적 의미에서의 노동가치(Arbeitswert)를 나타내는 것이다. 따라서 근로자의 수행업무가 변경되면서, 결과적으로 해당 근로자의 업무수행에 따른 노동가치가 상승하였다고 평가되는 경우에는 임금체계 카테고리의 변경을 가져오게 된다. 이러한 예로 해당 근로자에게 고도의 기술적 가치 업무가 할당된 경우를 들 수 있다.[26] 이러한 경우 해당 근로자는 임금지급체계군(임금체계 카테고리)에서 한 단계 승급하게 된다. 세부적인 쟁점이기도 하지만, 독일에서는 이러한 임금체계가 단체협약이 별도로 존재하지 않거나, 단체협약이 적용되지 아니하는 근로자의 경우에도 마찬가지로 적용된다. 이는 독일이 특히 임금에 있어 차별을 금지하고, 엄격한 동등대우원칙을 견지하고 있는 데에서 기인된 것이다. 단체협약의 적용 여부와 상관없이 근로자에게 지속적으로 고도 가치업무가 부여된

26) BAG 28.10.1970 AP Nr. 34 zu §§22, 23 BAT; 10.3.1982 AP Nr. 7 zu §75 BPersVG; 26.3.1997 AP Nr. 223 zu §§22, 23 BAT; 5.5.1999 AP Nr. 268 zu §§22, 23 BAT; = NZA-RR 2000, 164.

다면, 높은 임금이 지급되어야 하고, 만약 업무가치에 걸맞는 임금이 지급되지 아니하면, 근로자는 독일민법(BGB) 제612조 제1항에 기해 임금지급청구권을 행사할 수 있다고 본다.[27]

(2) 시간급(Zeitlohn)

독일에서는 근로시간을 기준으로 하여 임금을 책정, 지급하는 경우가 있다. 이러한 경우 임금의 구체적 책정은, 해당 근로자의 근로의 질(Arbeitsqualität)에 영향을 받지 않는다. 오로지 근로시간이 기준이 될 뿐이다.[28] 따라서 시간급 형태로 임금이 책정된 경우에는 사용자가 근로자의 불완전한 업무수행결과에 대하여 문제제기할 수 없다. 기본적으로 불완전 내지 부족한 이행(Schlecht- oder Minderleistung)의 경우에도 사용자는 근로자에게 당초 합의된 바에 따른 임금을 지급할 의무를 진다. 나아가 업무수행의 흠(Leistungsmängel)을 이유로 하여 근로관계의 종료 후 지급된 임금 일부를 되돌려 받는다거나(Rückzahlung), 아니면 당초 합의된 바에 따른 임금을 지급하지 않고, 삭감된 임금을 지급하는 일은 있을 수 없다.[29]

(3) 성과급(Akkordvergütung)

독일에서도 이른바 성과급체계를 취하는 경우가 있다. 독일에서 성과급은 단체협약에서는 성과급으로 근무하는 근로자들에게 근로시간에 비례하는 최소한도의 임금만을 확정해 주고 그 이상에 대하여는 성과를 평가하여 그에 걸맞은 임금이 지급되도록 한다.[30]

그러나 기본적으로 독일은 성과급적 임금지급체계에 대하여 매우 소극적인 입장을 취한다. 그 이유는 성과급체계가 근로의 결과물에 대한 평가를 통해 임금이 정해지는 것이기 때문에, 근로자의 보호에 매우 취약하기 때문이다. 즉, 성과급은 오로지 결과물로서 산출된 실질적인 성과의 양만을 임금책정의 기준으로 삼기 때문에, 해당 근로자가 얼마나 많은 근로를 수행하였는

---

27) BAG 16.2.1978 AP Nr. 31 zu §612 BGB; s. auch §66 Rn. 23.

28) ErfK/*Preis* §611 BGB Rn. 390.

29) BAG 6.6.1972 AP Nr. 71 zu §611 BGB Haftung des Arbeitnehmers.

30) BAG 2.10.1973 AP Nr. 23 zu §611 BGB Akkordlohn; vgl. BAG 5.9.1995 AP Nr. 18 zu §1 TVG Tarifverträge: Textilindustrie = NZA 96, 434.

지 여부와는 아무런 관련성을 갖지 못한다. 이것은 근로자에게 업무의 성과를 효과적으로 창출해내기 어려운 열악한 상황의 근로자일수록 열악한 임금지급체계 안에 놓이게 되는 결과가 되어, 근로자의 보호라는 관점에 조화되기 어렵다. 이에 따라 근로자보호라는 관점에서 특정한 근로자그룹인 임산부(Schwangere)(§4Ⅲ MuSchG), 산모(stillende Mütter)(§6Ⅲ MuSchG), 청소년(Jugendliche)(§23 JArbSchG), 그리고 승무원(Fahrpersonal)(§3 FahrpersonalG)인 근로자들에게는 성과급제도를 적용할 수 없도록 하고 있다.

3. 임금체계에 있어 독일식 근로자 참여제도

독일 임금체계와 관련하여 중요한 역할을 수행하는 것은, 종업원평의회다. 독일 종업원평의회(Betreibsrat)는 구체적으로 해당 사업장 내의 근로자들에 대하여 임금 지급체계 군에 해당 근로자를 임금지급카테고리에 배치(Eingruppierung)하는 것만이 아니라 임금체계단위 승급이나 이를 결정하는데 '참여'하고 그 결정에 영향을 미칠 권리를 가진다. 이에 따라 어떠한 구체적 업무에 대하여 어느 정도의 노동가치로 평가할 것인지[31]와 그에 따라 구체적으로 어떤 기준에 따라 임금지급카테고리(Vergütungsgruppe)를 편성할 것인지를 결정하는 데 참여하게 된다.[32]

적어도 독일의 경우, 그러한 임금체계 카테고리에 근로자들을 배치하거나 승급시키는 등의 인사조치를 취함에 있어 종업원평의회의 참여가 필요적이다. 따라서 종업원평의회의 관여가 없이 그러한 인사조치가 이루어지면, 이는 처음부터 무효가 된다. 물론 무효인 경우라도, 실제 해당 근로자의 업무수행사실이 기왕에 존재한다면, 업무의 실제적인 수행기간 동안은 그에 상응하는 보수에 대한 청구권이 존재함은 물론이다.

또한 독일에서 종업원평의회는 성과급 형태를 취하는 경우에 그 성과에 대한 구체적인 평가기준을 설정하는 데 일정할 역할도 수행한다. 즉, 성과

---

31) BAG 14.7.1965 AP Nr. 5 zu §1 TVG Tarifverträge: BAVAV; 16.2.1966 AP Nr. 6 zu §1 TVG Tarifverträge: BAVAV; 1.7.1970 AP Nr. 11 zu §71 PersVG; 14.6.1972 AP Nr. 54 zu §§22, 23 BAT; 10.3.1982 AP Nr. 7 zu §75 BPersVG; 22.5.1985 AP Nr. 7 zu §1 TVG Tarifverträge: Bundesbahn = NZA 86, 166; 28.1.1992 AP Nr. 36 zu §75 BPersVG = NZA 92, 805.

32) LAG Berlin 18.6.1996 NZA-RR 97, 56..

급제는 성과에 대한 평가를 통해 임금이 책정되도록 하는 것이므로, 성과를 어떻게 평가할 것인가가 대단히 중요하다. 성과에 대한 평가기준의 설정은 일반적으로 단체협약, 취업규칙 또는 개별계약에서 결정된다. 하지만 성과기준의 협약상 확정 및 그 산출방식이 존재하지 않는다면, 종업원평의회가 급여지급원칙(Entlohnungsgrundsätze)의 확정 시에 강제적인 공동결정권(erzwingbares Mitbestimmungsrecht)을 가지도록 하고 있다(§87 I Nr. 10, 11 BetrVG; §235 Rn. 89ff.).[33] 다만 결과적으로 공동결정에 따른 합의가 도출되지 아니하는 경우에는, 사용자는 독일민법(BGB) 제315조에 의거하여 일방적인 확정권(Festsetzungsrecht)을 가질 수 있다고 본다.

Ⅲ. 임금의 법적 본질에 관한 논쟁

1. 의 의

과연 임금의 법적 본질은 무엇인가를 두고 종래 다양한 견해가 제시되어 왔다. 임금의 법적 성질을 두고, 소위 노동의 대가인지, 아니면 노동력 그 자체에 대한 대가인지 혹은 아예 근로의 대가이면서 동시에 사회보장적 속성의 것인지(임금이분설)와 같은 다양한 견해들이 학설과 판례에서 제기되어 온 것이다. 임금본질에 관한 이와 같은 논쟁은 근로자에게 지급된 급여로서 상여금이나 성과금 등이 과연 임금으로서의 속성을 가지는 것인지에 대한 의문을 해명하는 데 그 의의가 있다.[34] 왜냐하면 일정한 금원이 임금으로 평가되면, 노동법상 특별한 취급이 가해지기 때문이다. 다른 채권에 비해 우선변제되어야 하는 임금채권의 속성 이외에도 그 지급에 있어 노동법적 규제가 있고, 나아가 최저임금에 대한 제한도 존재하게 된다.

구체적으로는 퇴직금 등을 지급하기 위해 평균임금을 산정해 내야 하는데, 이때에도 해당 금원이 근로의 대가 즉, 근로라는 급부이행에 대응하는 '보수'로서의 임금속성을 가지는 것인가 여부가 중요하다. 임금으로서의 속성을 가지면, 평균임금 산정 대상이 되며, 따라서 퇴직금이 높게 책정되기

33) BAG 16.4.2002 AP Nr. 9 zu §87 BetrVG 1972 Akkord.
34) 같은 취지로 하경효, 임금법제도론, 2013, 11면.

때문이다.

현행 근로기준법 제2조 제5항 상에 명시된 임금의 법적 개념에 의하면, 임금은 근로의 대가일 뿐이다. 근로의 대가성을 판단하기 위해 법원은 주로 지급주체가 사용자인지, 정기성을 가지는 것인지, 계속적으로 지급되어 온 것인지 등을 고려한다. 하지만 이러한 판단방식이 완결적인 것은 아니다. 판례가 파악하는 임금 판단 방법이 과연 임금의 법적 개념과 본질에 충분히 부합하는 것인가에 대하여는 여전히 논의가 필요하다.

2. 종래의 논의[35]

(1) 노동대가설

먼저 임금에 대하여, 근로자에 의하여 행하여진 노동, 그러니까 근로가 제공된 사실 그 자체에 대한 대가로 파악하는 견해가 있다. 바로 노동대가설이다. 이러한 견해는, 비록 근로계약이 민법의 고용계약이 수정된 것이지만, 유상 쌍무계약으로서의 기본적인 틀은 동일하다는 점에 착안한 것이다. 따라서 이 견해에 따르면, 근로의 제공에 대한 보수로서 임금이 지급되는 것이므로, 근로의 구체적인 제공이 이루어진 이후에야 비로소 임금지급의무가 발생하게 된다. 요컨대 임금은 구체적 근로제공에 대한 대가인 셈이다.

그러나 노동대가설은 임금의 개념범위를 지나치게 축소시킨다는 문제점이 있다.[36] 결과적으로 근로제공이 없음에도 불구하고 지급되는 각종 수당, 그러니까 예컨대 유급주휴수당이나 휴업수당 등에 대하여는 임금이라고 평가할 수 없게 된다. 왜냐하면 노동대가설은, 구체적으로 제공된 근로에 대한 대가로서 임금 개념이 제한되는데 그러한 수당은 근로자의 근로제공을 전제로 하지 않기 때문이다.[37]

---

35) 이 논의는 본래 일본에서 파업참가 근로자에 대한 파업기간 중 임금 지급 여부 문제와 관련되어 나온 것이다. 이하에 대하여 자세히는 문무기, 이철수, 박은정, 윤문희, 임금제도개편을 위한 노동법적 과제, 한국노동연구원, 2006, 34면 이하 참고.

36) 하경효, 임금법제도론, 2013, 12면.

37) 하경효, 임금법제도론, 2013, 12면.

(2) 노동력대가설

다른 한편 임금의 본질에 관한 유력한 견해로서, 소위 '노동력대가설'이 있다. 노동력대가설은, 근로자가 노동력을 사용자의 처분에 맡긴 것에 대한 대가가 바로 임금이라고 보는 견해이다. 그러므로 이 견해에 따를 경우, 근로자가 근로계약에 따라 자신의 노동력을 처분 가능한 상태로 두었다면, 실제로 구체적인 근로의 제공이 없었다 하더라도 임금지급의무가 발생한다고 보게 된다. 왜냐하면 사용자가 이를 사용하지 않았거나 사용할 수 없어서 실제로 근로의 제공이 이루어지지 아니하였던 경우라도 이미 근로자의 노동력은 사용자의 처분에 맡겨졌기 때문이다. 일본의 다수설이기도 한 이 견해는, 앞서 언급한 노동대가설이 임금의 범위를 지나치게 협소하게 보는 문제점을 극복하고, 예컨대 휴업수당이나 가족 수당, 물가 수당 등 구체적인 근로제공과 관련이 없는 각종 급부까지도 임금에 포섭하게 되는 장점이 있다. 나아가 대기시간을 근로시간에 포함하여 임금청구권을 인정하는 것 역시도 노동력대가설에 따를 경우, 비로소 가능하게 된다.

노동력대가설은, 인간의 노동력을 구체적인 거래의 대상으로 직접 삼고 있다는 점에서 비판의 여지가 있는 것이 사실이다. 그리고 현실적으로 임금 판단이 어려워질 수 있다는 비판도 있다. 왜냐하면 오늘날 원격근무나 재택근무 등 다양한 근로형태가 존재하는 상황에서 해당 근로자의 노동력이 사용자의 처분하에 놓인 것인지를 판단하기가 쉽지 않기 때문이다. 요컨대 노동력대가설은 그 판단이 명쾌하지 않고, 현대적인 근로형태에 대한 적응력이 떨어지는 문제점을 안고 있다.[38)]

(3) 임금이분설

임금의 본질과 관련하여 종래 우리나라 대법원의 판례[39)]로부터 처음 제안된 임금이분설도 있다. 임금이분설이란, 임금은 구체적 근로에 대한 교환적 임금 부문도 있고, 구체적 근로와 상관없이 근로자의 생활보장적 측면에서 지급되는 부분(가족수당, 정근수당, 교육수당 등)도 있다는 입장을 말한다.

---

38) 하경효, 임금법제도론, 2013, 13면.
39) 대판 1992. 3. 27, 91다36307; 대판 1992. 6. 23, 92다11466.

그리고 근로자의 생활보장적 임금부분은 근로제공의 여부와 상관없이 근로자가 종업원으로서의 지위를 유지하는 한 지급되어야 하는 것으로 본다. 이 견해는 파업기간 중 근로자에 대한 무노동무임금 원칙의 문제점을 극복하기 위하여 제시된 것이라 할 수 있다. 즉, 파업 중이라 하더라도 생활보장적 임금부분에 대하여는 지불되어야 한다는 논리적 결론이 도출될 수 있기 때문이다. 그리하여 판례는 한때 쟁의행위 기간 동안의 임금지급청구권 행사의 당부를 판단하면서, "쟁의행위로 인하여 사용자에게 근로자를 제공하지 아니한 근로자는 일반적으로 근로의 대가인 임금을 청구할 수 없다 할 것이지만, 구체적으로 지급청구권을 갖지 못하는 임금의 범위는 임금 중 사실상 근로를 제공한 데 대하여 받는 교환적 부분과 근로자로서의 지위에 기하여 받는 생활보장적 부분 중에서 전자에 국한된다."고 판시한 바 있었다.[40)]

하지만 임금이분설은 근로계약의 쌍무계약성에 본질적으로 반한다는 치명적인 약점을 안고 있다. 근로계약에 있어 주된 급부는 근로의 제공이고, 그 반대급부가 바로 임금이다. 그런데 생활보장적 임금부분은 이러한 임금의 반대급부로서의 속성을 설명할 수 없다. 이러한 점 때문에 이후 대법원은 전원합의체 판결을 통해 임금이분설의 입장을 폐기하기에 이른다.[41)] 즉, "현행 실정법 하에서는 모든 임금은 근로의 대가로서 근로자가 사용자의 지휘를 받으며 근로를 제공하는 것에 대한 보수를 의미하므로, 현실의 근로제공을 전제로 하지 않고 단순히 근로자로서의 지위에 기하여 발행한다는 이른바 생활보장적 임금이란 있을 수 없고, 또한 우리 현행법상 임금을 사실상 근로를 제공한 데 대하여 지급받는 교환적 부분과 근로자로서의 지위에 기하여 받는 생활보장적 부분으로 이분할 아무런 법적 근거도 없다"는 것이 현재 대법원의 입장이다.[42)]

(4) 근로관계보상설

근로자는 사용자와의 근로계약에 기하여 노무제공의무를 부담하게 되고,

---

40) 대판 1992. 3. 27, 91다36307.
41) 대판(전합) 1995. 12. 21, 94다26721.
42) 대판(전합) 1995. 12. 21, 94다26721.

임금은 이러한 의무를 부담하는 관계를 유지하는 데 대한 보상으로서 지급되는 것이 임금이라는 견해도 있다(근로관계보상설).[43] 이 견해는 최근 사용자의 급부 종류와 내용에 비추어 근로의 대가라고 보기 어려운 성질의 급부가 적지 않는데, 이들 급부를 모두 임금에 포섭시킬 수 있다는 장점이 있다.[44]

다른 한편 이 견해는 사용자가 제공하는 모든 금품을 임금의 개념범위에 포섭하게 되는 위험도 내포하고 있다. 즉, 임금의 개념범위가 지나치게 넓혀져서, 근로계약관계에서 이루어지는 모든 형태의 급여가 임금으로 파악되는 문제점을 안고 있다.[45] 예컨대 사용자가 마침 기업의 호황으로 초래된 이윤 중 일부를 근로자에게 상여금으로 지급한 경우, 그러한 상여금 역시도 근로관계 '유지'에 대한 보상으로서의 속성을 가진 것으로 보아 임금이라고 보게 된다. 하지만 이러한 상여금은 처음부터 사용자에게 지급 의무가 계약상 부여된 것이 아니며 나아가 이를 지급하도록 요구할 수 있는 권리가 근로자에게 존재하지 않는 점에서, 임금의 개념에 포섭하기는 어렵다. 임금이라면, 그 지급에 관하여, 사용자가 - 단체협약, 취업규칙, 급여규정, 근로계약, 노동관행 등에 따라 - 계약 상 지급'의무'를 부담하는 것이기 때문이다.[46]

이러한 점을 감안할 때 근로관계보상설은 임금의 개념 유연화를 지향하고 있다는 장점은 있지만, 오히려 임금의 개념 틀을 처음부터 모호하게 만드는 문제점을 내포하고 있다.[47]

3. 평 가

(1) 노동력대가설에 대한 재평가

임금의 본질에 관한 의문은 기본적으로 근로계약의 틀 내에서 해명되어야 한다. 임금은 계약상대방과의 관계를 전제로 한 개념이기 때문이다. 따

43) 이선신, "임금유연성제고에 관한 법리 연구", 박사학위논문(고려대), 2010, 32면 이하.
44) 하경효, 임금법제도론, 2013, 14면 이하.
45) 하경효, 임금법제도론, 2013, 14면 이하.
46) 대판 2010. 5. 20, 2007다90760.
47) 같은 취지로 하경효, 임금법제도론, 2013, 15면.

라서 임금 그 자체를 개념화할 수는 없고, 그 상대방과의 관계성 하에서 개념설명이 가능하다. 요컨대 임금은 근로계약에서 예정하고 있는 반대급부로서 근로의 제공에 대한 대가다. 그래서 현행 근로기준법 제2조 제1항 제5호도 "임금이란, 사용자가 근로의 대가로 근로자에게 임금, 봉급, 그 밖에 어떠한 명칭으로든지 지급하는 일체의 금품을 말한다."고 규정하고 있다. 그리고 법원도, "임금은 사용자가 근로의 대가로 근로자에게 지급하는 일체의 금원으로서 근로자에게 계속적, 정기적으로 지급하고 그 지급에 관하여 사용자가 단체협약, 취업규칙, 급여규정, 근로계약, 노동관행 등에 따라 지급의무를 부담하는 것을 의미한다."고 판시한 바가 있다.[48]

그렇다면 '근로의 제공'이란 무엇을 뜻하는 것일까? 근로란, 정신 노동과 육체 노동을 포함하는 것이고(근로기준법 제2조 제3호), 이때 '노동'은 종속적 지휘 하에서 자신의 노동력을 타인에게 맡기는 것을 말한다. 정신노동과 육체노동은, 사용자의 지시권 행사를 통해 처분이 이루어지고, 또 처분이 이루어질 수 있는 한, 임금이 지급되어야 한다. 해당 근로자의 노동력을 사용하는 것 이외에 사용하지 않는 것도 사용자의 고유한 판단에 맡겨진다. 예컨대 근로자가 실수를 많이 하는 사람이어서 사용자가 일단 그 근로자에게 일부러 아무런 업무수행을 부여하지 않는 것이나, 업무 상 실수에 대한 반성을 독려하기 위해 의도적으로 업무에 투입하지 않는 경우도 있다. 이러한 경우 해당 근로자의 노동력을 활용하지 않는 것 그 자체가 이미 노동이며, 그러한 노동에 따른 이익이 사용자에게 귀속된 것으로 보아야 한다. 따라서 사용자는 임금을 지급해야 한다. 따라서 '근로의 제공'이란, 구체적으로 근로를 제공한 것뿐만 아니라 근로의 제공을 위해 대기하고 있는 경우도 포함되는 것이다.

이러한 점을 고려할 때 임금의 법적 본질이 무엇인가에 대하여 필자는 노동력대가설이 타당하다고 본다. 원격근무나 재택근무의 경우 등에 있어서, 근로자가 자신의 노동력을 사용자의 처분 가능한 상태로 둔 것으로 볼 수 있을 것인지 의문이라는 비판적 견해도 있다. 그러나 이는 여전히 해명될 수 있다고 본다. 즉, 원격근무나 재택근무라 하더라도 사용자는 언제라

48) 대판 2010. 5. 20, 2007다90760.

도 해당 근로자에 대한 지시권의 행사를 단행할 수 있고, 필요에 따라서는 – 근로계약 당시 합의한 바에 따라 – 업무 평가가 가능할 수 있다. 그렇다면 이러한 근로형태 하에서도 사용자가 근로자의 노동력을 지배한 것으로 볼 수 있다.

요컨대 사용자가 재택근무를 할 수 있도록 하거나, 원격근무 형태를 허용한 것은, 이 역시 업무의 특성이나 효율성을 감안한 사용자의 노동력 처분조치에 해당한다. 그러므로 노동력대가설이 타당하다.

(2) 세부 쟁점 재평가: 근로계약의 무효와 부당이득반환 문제

무효인 근로계약관계의 사후적 청산문제도 임금의 본질에 관하여 되짚어 볼 수 있는 논쟁영역이다.

현행 근로기준법에 따르면, 15세 미만자(아동근로)와의 근로계약 체결은 금지된다. 따라서 15세 미만인 아동과 근로계약을 체결하면 원칙상 그 근로계약은 무효이고 이에 따른 근로기준법 상의 벌칙도 가해지게 된다.

문제는 이러한 연령을 인식하지 못하고 사용자와 15세 미만자가 근로계약을 체결한 경우에 발생한다. 무효인 아동근로계약의 체결 이후, 실제로 해당 아동 근로자가 – 그 근로계약에 기초하여 업무를 수행한 바가 있든, 아니면 그러한 업무를 수행하지 못했든 – 상당기간 그 근로계약이 지속되는 경우가 얼마든지 있을 수 있다. 그리고 그 과정에서 15세 미만 아동근로자가 과연 임금청구권을 행사할 수 있는지, 혹은 기왕에 사용자로부터 임금조로 지급된 금품에 대하여 무효인 근로계약에 기초한 금품임을 주장하면서 사용자가 아동근로자 측을 상대로 하여 부당이득반환청구를 할 수 있을지 여부가 논의된 바 있다.

나아가 미성년자인 근로자(18, 19세 근로자)가 법정대리인의 동의 없이 근로계약을 체결하는 경우도 마찬가지 문제가 발생한다. 이들 사이에 근로계약이 체결 이후 뒤늦게 이러한 사실을 미성년자의 법정대리인이나 사용자가 알게 되면, 당초 자신의 의사표시를 취소할 수 있다. 그럼에도 불구하고 여전히 남는 문제는 기왕에 진행되어 온 근로계약관계 상의 법적 효력 특히 기왕에 지급된 임금 등에 대한 청산이다. 원칙상 의사표시의 취소는 소급적으로 법률행위의 무효를 초래하게 되기 때문이다.

우선 소년근로자의 임금청구권에 대하여, 비록 근로계약을 체결할 수 없는 아동이라 할 지라도 근로계약관계가 일단 형성되었다면, '하자있는 근로계약관계'이다. 하지만 기왕의 근로관계 그 자체는 유효한 것으로 보아 소년근로자는 임금청구권을 행사할 수 있다고 보는 견해가 있다.[49] 한편 미성년자의 근로계약 취소의 경우, 종래 다수의 견해는 근로계약관계의 경우 의사표시의 하자를 이유로 한 취소에 대하여 '소급효는 제한된다'고 파악하여 왔다. 이 경우 사용자는 종래 지급된 임금 등을 부당이득으로 반환받을 수 없도록 하고 있다. 기왕에 진행되어 온 근로계약관계는 유효한 것으로 보도록 수정할 필요가 있다고 보는 것이다. 이는 독일학계의 지배적인 견해에 해당되기도 하다.[50]

이에 대하여 다음과 같은 평가가 가능하다. 근로계약이 무효인데, 근로관계가 형성될 수 있다는 것을 인정하는 것은 근로계약의 성립과 관련한 계약설의 입장과 배치된다. 애당초 15세 미만자와의 근로계약 형성 그 자체가 강행규정에 의해 무효로서 근로관계 형성 그 자체가 금지되므로, 근로관계 형성 자체를 부인하는 것이 타당하다. 하지만 소년근로자는 사용자에 대해 기왕의 부당이득을 반환하라고 요구할 수 있을 것으로 생각된다. 소년근로자는 이미 근로계약의 체결 이후에 비록 계약은 무효이지만, 사실상 아동은 사용자의 지휘 감독 및 종속적 지위 하에 놓여 있었으므로, 그에 따른 사용자의 이익은 존재하는 것으로 보아야 하기 때문이다.

다만 이때 '부당이득'이란, 사용자가 특정 노무인력을 자신의 지휘 하에 둠으로써 얻게 되는 이익을 말한다. 이에 따른 이익의 평가는 정형화된 노무사용에 대한 대가로서 임금체계를 통해 계량화될 수 있을 것이다. 이때 어느 정도의 양과 품질의 노무를 제공하였는가는 중요하지 않고, 단지 소년근로자가 대기상태에 놓이면 임금에 상응하는 이익반환을 사용자는 하여야 한다.

요컨대 하자있는 의사표시에 기한 근로계약관계의 소급적 무효를 인정하

49) 김형배, 노동법, 2013, 263면 이하.
50) 이는 노동법에서는 근로자의 이익을 위하여 계약의 성립을 보다 긍정적으로 판단하는 것이 근로자보호라는 노동법의 기본목적에 합치한다는 견해에 기초한 것이라 할 수 있다(Lieb/Jacobs, Arbeitsrecht, 2006, Rn.132).

고, 대신 부당이득반환의 문제가 발생되지 않는다고 법리구성하는 것이 타당하다고 생각된다. 다시 말하면, 비록 근로계약관계는 존재하지 않았다 하여도, 사용자가 자신의 지휘 하에 근로자를 두고 있었다는 그 자체만으로도 이미 이익을 누리는 것이므로 이에 대한 보수로서 임금을 지급한 것에 대하여는 상호간 부당이익을 상계할 수 있다고 본다.

이러한 논의에서 염두에 두어야 하는 것은, 비록 무효인 아동근로계약이라 하더라도, 소위 근로의 대가인 '임금'의 지급청구권을 행사할 수 있다고 본다는 사실이다. 즉, 근로의 대가로서 지급되어야 할 임금의 지급 청구권은 처음부터 무효인 근로계약관계에서도 도출될 수 있다.

한편 미성년자의 근로계약 체결과 그 취소 문제에서도 마찬가지로 취급되어야 한다. 비록 부당이득의 반환이라고는 하지만, 그 실질은 노동에 따른 이득 향유에 따른 반대급부의 지급에 갈음하는 금품의 지급이라고 보는 것이 옳다. 근로계약이 무효가 되므로, 근로계약 상의 의무로서 임금이라고는 할 수 없지만, 근로의 대가로 평가할 수는 있기 때문이다. 이러한 경우는 소위 민법 규정을 통해 근로의 대가를 취득하게 되는 경우로 보아야 한다.

결국 임금은 근로의 제공에 따른 이익향유에 대한 반대급부로서 제공되는 물질적 이익으로서의 속성을 가진 것이라 할 것이다.

Ⅳ. 임금과 구별되는 급여[51)]

1. 손해보상적 급여

근로기준법에는 일정한 요건 하에 사용자로 하여금 지급하도록 하는 금품을 규정해 놓고 있다. 예컨대 근기법 제26조 상의 해고예고수당이나, 재해보상(근기법 제78-84조), 그리고 귀향 여비(근기법 제19조 제2항) 등이 바로 그것이다. 그런데 해고예고수당이나 재해보상 혹은 귀향여비의 경우는 근로의 대가로서 보수의 성격을 가진 금품이라고 보기 어렵다. 오히려 이러한 명목의 금품은 근로자에게 발생된 손해에 대한 보상으로서의 성격을 가진

51) 이하의 유형 분별은 임종률, 노동법, 2013, 385면 이하에 따른 것이다.

다. 따라서 이러한 금품은 임금이 아니다.

2. 실비보상적 급여

다른 한편 출장비, 정보비, 교제비, 해외근무수당,[52] 작업용품대 작업용품 제공 등과 같이 업무수행에 소요되는 실제비용을 보상하는 성격을 가진 것도 임금이 아니다.[53] 그러나 실비보상의 명목이라 하더라도 대학교수의 연구수당 · 학생지도비[54] 또는 종합병원 과장급 의사의 의학연구비[55] 등 정기적 · 계속적으로 일정액을 지급하는 경우에는 임금에 해당된다고 한다.[56] 다만 일 · 숙직수당에 대하여는 판례와 학설의 견해가 나뉜다. 이를 실비보상적 급여에 해당하는 것으로 보아야 한다는 것이 판례의 입장인 반면,[57] 학계에서는 이에 대하여 특별한 근로에 대한 대가로서 성격을 가지는 금품으로 보아야 하며, 따라서 임금이라는 견해도 있다.[58]

3. 의례적 · 호의적 급여

또한 사용자가 의례적 · 호의적으로 근로자에게 지급하는 금품은 임금이 아니다. 예컨대 결혼축의금 · 조의금 · 상병위로금 등이 그 전형에 속한다.[59] 상여금(일시금)[60] 계속적 · 정기적으로 지급되고 그 지급액이 확정되어 있는 경우에는 임금으로 인정되지만, 그 지급 사유의 발생이 불확정이고 일시적으로 지급되는 경우에는 임금이라 볼 수 없다.[61] 또 판매실적에 따라

---

52) 대판 1990. 11. 9, 90다카4683.
53) 임종률, 노동법, 2013, 385면 이하.
54) 대판 1977. 9. 28, 77다300.
55) 대판 1944. 9. 13, 94다21580.
56) 임종률, 노동법, 2013, 385면 이하.
57) 대판 1990. 11. 27, 90다카10312.
58) 임종률, 노동법, 2013, 390면 이하; 김형배, 노동법, 2013, 368면 이하.
59) 이러한 금품에 대하여 설사 취업규칙 등에 지급 의무와 지급 조건이 명시되어 있더라도 임금으로 인정되지 않는다고 보는 것이 타당하다(같은 취지로 임종률, 노동법, 2013, 386면 이하).
60) 상여금은 흔히 기본급 또는 기본급에 일정한 수당을 포함한 금액에 일정 비율(고과사정에 따라 개인별 차이를 두는 경우도 있음)을 곱한 금액을 1년에 몇 차례 나누어 지급한다.
61) 대판 2002. 6. 11, 2001다16722; 대판 2005. 9. 9, 2004다41217; 대판 2006. 5. 26, 2003다54322 · 54339

판매사원에게 지급한 포상금은 비록 그 지급시기와 비율이 취업규칙 등으로 정하지 않고 사용자가 임의로 정하여 부정기적으로 지급했다 하더라도 이는 은혜적 급부가 아니라 근로의 대가로서 임금에 해당한다.[62] 일본 최고재판소는 종래 임금이원설의 입장에 서 있었으나,[63] 현재는 임금일원설에 서 있다.[64] 그럼에도 불구하고 사용자가 근로자에게 지급하는 금품 가운데 사용자의 재량에 의하여 지급하는 은혜적인 금품, 근로자의 복리후생을 위하여 지급하는 이익 또는 비용(주택자금대여, 주택대여, 회사의 시설이용 등), 실비변상적인 금품(제복, 출장여비, 교제비), 스톡옵션(권리행사에 의한 이익의 발생이 근로자의 판단에 맡겨져 있기 때문) 등은 원칙적으로 임금이 아니라고 해석되고 있다.[65]

4. 복리후생적 급여

복리후생적 · 생활보조적 급여가 임금인지 여부가 문제된다. 주택자금 · 학자금 대여를 통하여 얻는 이익은 근로의 대가와는 다르므로 임금이라 할 수 없다. 통근차나 중식[66] 등 현물로 지급되는 것은 임금이 아니지만, 통근차나 명절 선물[67] 등을 제공하면서 이를 이용하지 못하는 자에게 일정한 금액을 지급하는 경우에는 그 이용의 이익도 임금에 포함된다.[68] 식사보조비, 통근수당, 월동비 체력단련비,[69] 하계휴가비[70] 등의 명목이라도 전체 직원에게 매월 또는 일정 시기에 지급되는 경우에는 임금에 포함된다.

문제는 일부 근로자에게만 지급되는 가족수당, 사택수당, 학비보조금 등이 임금에 포함되는지에 있다. 행정해석은 이들이 전체 종업원에게 일률

62) 대판 2003 2. 11, 2002재다388은 이와 같은 포상금이 평균임금의 산정에 포함된다고 한다.
63) 明治生命事件, 最高裁判所1965.2.5, 最高裁判所民事判例集 19巻 1号, 52면.
64) 三菱重工長崎造船所事件, 最高裁判所1981.9.18, 最高裁判所民事判例集 35巻 6号, 1028면.
65) 西谷敏, 『労働法』, 日本評論社, 2009, 258-259면.
66) 대판 2005. 9. 9, 2004다41217.
67) 대판 2005. 9. 9, 2004다41217.
68) 대판 1990. 12 7, 90다카19647.
69) 다만 고용부 예규327호, 1997. 3. 28은 체력단련비는 임금이 아니라고 한다.
70) 대판 1996. 5. 14, 95다19256은 하계휴가비가 휴가를 실시한 자에게만 지급된다면 임금이 아니지만, 휴가 실시 여부에 관계없이 전체 근로자에게 지급된다면 임금에 포함된다고 한다.

적 · 계속적으로 지급되지 않고 일부 종업원에게만 또는 일시적으로 지급되면 임금이 아니라고 한다.[71] 그러나 판례는 일정한 요건을 갖춘 종업원에게 일률적으로 매월 일정액으로 지급되는 가족수당,[72] 일정한 요건을 갖춘 경우에는 규정에 따라 일정액을 한도로 지급되는 학비보조금,[73] 차량 소유에 관계없이 일정 직급에 해당하는 자에게 일률적으로 일정액으로 지급되는 차량유지비[74] 등도 널리 임금에 포함된다고 본다. 이들이 임금 인상은 하되 다른 급여에 영향을 미치지 않는 방편으로 설정된 것이라는 점을 중요시하는 듯하다.[75]

제2절 임금과 상여금

I. 서 설

법이론적 차원으로만 보면 '임금'의 개념은 명확하고 분명하다. 즉, 현행 근로기준법 제2조 제1항 제5호에서, 임금의 개념에 대하여 정의내리고 있는데, 이에 따르면, '임금'이란 사용자가 근로의 대가로 근로자에게 임금, 봉급, 그 밖에 어떠한 명칭으로든지 지급하는 일체의 금품을 말한다고 한다. 바로 '근로의 대가'로서 사용자로부터 지급되는 금품이 바로 임금이다.

현실적으로 무엇보다 심각한 것은 임금의 개념과 유형, 그리고 그 체계가 '간명'하지 않다는 데 있다. 근로계약관계를 통해 자신의 노동력을 제공하

71) 앞의 고용노동부 예규 327호.
72) 대판(전합) 1995. 7. 11, 93다26168; 대판 2002. 5. 31, 2000다18127.
73) 대판 1996. 2. 27, 95다37414(종전에 대판 1991. 2. 26, 90다15662는 학비보조금이 임금이 아니라고 본 것과 대조된다).
74) 대판 2002. 5. 31, 2000다18127은 차량유지비가 차량보유를 조건으로 지급되었거나 직원들 개인 소유의 차량을 업무용으로 사용하는 데 필요한 비용을 보조하기 위하여 지급된 것이라면 실비변상적인 것으로서 근로의 대가라 볼 수 없으나 전 직원에 대하여 또는 일정한 직급을 기준으로 일률적으로 지급되었다면 근로의 대가로 볼 수 있다고 한다. 대판 1997. 5. 28, 96누15084도 이러한 맥락에서 차량유지비를 임금으로 본다. 그러나 대판 1995. 5. 12, 94다55934는 자가운전보조비가 임금이 아니라고 보았다.
75) 임종률, 노동법, 2013, 386면.

게 되는 근로자는 그 상대방인 사용자로부터 다양한 금품들을 수령하게 된다. 그런데 그 다양한 금품들의 지급 명목은 매우 다양하고 복잡하다. 이 때문에 그러한 금품이 어떠한 명목과 이유로 지급되는 것인지가 불명확하고, 따라서 그것이 임금인지 여부조차 모호한 상황이 벌어지고 있다.

비록 근로자가 사용자로부터 수령하는 금품이 과연 '임금'인가 여부는 오랫동안 논란의 대상이 되어 온 것은 사실이지만, 그것은 실무상 그 판단이 간단하지는 않았다는 것일뿐, 근로의 대가로서의 속성을 가지고 있는지 여부가 판단기준이라는 데에는 이론상, 그리고 실무상 의문이 없다고 보아야 한다. 실제 분쟁의 대상이 된 사안들은 금품 지급의 사유가 모호하고, 또 그 명칭이 다양한 경우라고 할 수 있다. 실제로 근로의 대가가 아닌 사용자의 비용보전 차원에서의 급여 지급도 흔히 나타나고 있다.

이와 관련하여 가장 흔히 문제되는 것이 바로 상여금이다.

임금은 근로의 대가다. 근로제공의 결과는 기업의 성과다. 기업의 성과를 배분하는 것은 임금제공과 차원이 다르다. 비록 기업의 성과 창출이 근로자의 근로제공과 관련성이 있기는 하지만, 근로계약관계의 쌍무계약성 차원에서 보면 그 관련성이란 간접적일 뿐이다. 이러한 관점은, 소위 성과배분적 차원에서 이루어지는 성과상여금의 지급에 대하여 임금성을 인정할 것인가에 대한 논의와 밀접하게 관련되어 있다.

Ⅱ. 임금과 근로제공과의 '직접적 관련성' 요건

1. 판례의 입장

임금은 근로의 대가로 지급되는 보수[76]로서의 금품이다. 따라서 임금인

76) 근로의 대가로서의 임금을 종속적 관계에서 이루어지는 '근로'의 대가로 엄격하게 이해해야 하는가, 아니면 근로관계상의 지위에서 발생하는 모든 보수라고 넓게 이해해야 하는가가 쟁점이 된다. 판례는 위에서 검토한 것처럼 '계속성과 정기성', '사용자의 지급의무' 그리고 '근로제공과의 직접적 관련성'이라는 세 개의 기준을 '근로의 대가'의 판단근거로 제시한다. 즉, 판례는 근로의 대가인 '임금'과 전체 근로관계상의 지위에 기초한 '보수'를 구별하고 있다고 할 수 있다. 그렇지만 '임금'은 '근로시간'과 달리 그 존부와 행태가 당사자의 합의로 결정되는 것이 원칙이므로 당사자의 합의내용과 같은 주관적 사정이 전적으로 배제되는 것은 곤란하다. 즉, 어떤 금품이 근로제공과

가 임금이 아닌가의 판단에서 가장 중요한 요소는 근로의 대가인가 여부이다. 이와 관련하여 주목할 만한 판결은 1995년 대법원의 판결이다.[77] 피고가 1991년경부터 그 직원들에게 교통비 명목으로 월 금 30,000원씩을 지급하면서 그 임원과 부장 중 자기차량을 보유한 운전자에 한하여 임원에게는 월 금 300,000원씩을, 부장에게는 월 금 200,000원씩을 자가운전보조비 명목으로 그 비용의 실제 지출 여부를 불문하고 지급하여 오고 있었다.

당시 원심은, 피고의 전 직원들에게 직급과 차량의 보유 유무에 따라 실제 비용의 지출 유무를 묻지 아니하고 일률적으로 자가운전보조비 명목의 금원이 매월 정기적으로 지급된 이상 이를 단순히 실비변상적인 금원이라 할 수 없고, 근로의 대상으로 계속적, 정기적으로 지급된 금원이라 할 것이므로 원고가 지급받은 위 자가운전보조비는 평균임금 산정의 기초가 되는 임금에 포함된다고 판단하였다.[78] 이에 대하여 대법원은, "사용자가 근로자에게 지급하는 금품이 평균임금 산정의 기초가 되는 임금총액에 포함될 수 있는 임금에 해당하려면 먼저 그 금품이 근로의 대상(對償)으로 지급되는 것이어야 하므로 비록 그 금품이 계속적, 정기적으로 지급된 것이라 하더라도 그것이 근로의 대상으로 지급된 것으로 볼 수 없다면 임금에 해당한다고 할 수 없다"고 판시하였다.

더 나아가 대법원은 판결을 통해 "여기서 어떤 금품이 근로의 대상으로 지급된 것이냐를 판단함에 있어서는 그 금품지급의무의 발생이 근로제공과 직접적으로 관련되거나 그것과 밀접하게 관련된 것으로 볼 수 있어야 할 것"임을 분명히 하였다. 따라서 "이러한 관련 없이 그 지급의무의 발생이 개별 근로자의 특수하고 우연한 사정에 의하여 좌우되는 경우에는 그 금품의 지급이 단체협약 · 취업규칙 · 근로계약 등이나 사용자의 방침 등에 의하여 이루어진 것이라 하더라도 그러한 금품은 근로의 대상으로 지급된 것으로 볼 수 없다"고 판시하였다.

결국 근로의 대가 또는 대상으로서 지급되었다는 것은, 근로제공과의 밀

직접적 관련성이 있는지 여부는 당사자의 주관적 기준과 객관적 기준을 조화하여 판단해야 하며, 객관적 기준이 갖추어져 있다고 해서 반드시 근로제공의 대가로 인정되어야 하는 것은 아니다(박지순/이상익, 통상임금의 이해, 2013, 48면 이하).

77) 대판 1995. 5. 12, 94다55934.

78) 서울고판 1994. 10. 25, 94나14393.

접한 관련성을 요건으로 함을 알 수 있다. 즉, 근로자에 대한 금품지급의무의 발생이 근로제공과 직접적으로 관련되어 있거나 그것과 밀접하게 관련된 것으로 볼 수 있어야 한다는 것이다.[79]

그리하여 이 사건의 경우, 자가운전보조비 명목의 금원은 일정 직급 이상의 직원 중 자기차량을 보유하여 운전한 자에 한하여 지급되고 있다는 것이어서 위 자가운전보조비는 단순히 직급에 따라 일률적으로 지급된 것이 아니고 그 지급 여부가 근로제공과 직접적으로 또는 밀접하게 관련됨이 없이 오로지 일정 직급 이상의 직원이 자기차량을 보유하여 운전하고 있는지 여부라는 개별 근로자의 특수하고 우연한 사정에 따라 좌우되는 것으로 보고, 위 자가운전보조비 중 피고가 그 직원들에게 자기 차량의 보유와 관계없이 교통비 명목으로 일률적으로 지급하는 금원을 초과하는 부분은 비록 그것이 실제 비용의 지출 여부를 묻지 아니하고 계속적, 정기적으로 지급된 것이라 하더라도 근로의 대상으로 지급된 것으로 볼 수 없다고 판시하였던 바 있다.

2. 비판적 견해

법원이 제시한 근로의 대상성에 대한 해석론에 대하여 이를 반대하는 견해도 있다. 이러한 견해에 따르면, 임금이 근로의 대상으로 지급된 금품이라는 점은 임금의 개념상 그리고 법문상 당연하지만, 근로의 대상성을 금품지급의무의 발생이 근로제공과 직접적으로 관련되거나 밀접하게 관련되었는지 여부를 기준으로 판단하는 것은 잘못이라고 한다.[80] 비록 근로제공과 직접적인 밀접성은 없더라도 근로의 대상으로 지급된 것이라면 임금성이 부정될 수 없다고 보아야 한다는 주장인 것이다. 결국 이러한 주장에 따를 경우, 계속적, 정기적으로 지급된 금품 중 (i) 실비변성적 금원 (ii) 길흉화복 등의 우연하고 특별한 사정으로 지급되는 금원 (iii) 무분규, 노사화합 등 근로제공 및 그 결과와 관련이 없는 사유로 지급된 금원의 경우만 임금에 해당되지 않고,[81] 그 이외 금원 예컨대 성과상여금 등은 임금에 해당한

79) 김태욱, "개인실적에 따라 지급되는 성과급의 임금성", 2011 노동판례비평, 2012, 221면.

80) 김태욱, "개인실적에 따라 지급되는 성과급의 임금성", 2011 노동판례비평, 221면.

다고 보게 된다.[82] 성과상여금의 경우는 비록 근로제공과 직접적인 밀접성은 없더라도 근로의 대상으로 지급된 것이라고 평가할 수 있기 때문이라는 것이다.

Ⅲ. '근로의 대가'와 '성과의 배분'의 개념구별

1. 상여금의 유형

독일에서는 특별보수(Sondervergütung)차원에서의 개인적 상여금(individuelle Prämien)과 상여임금(Prämienlohnsysteme)은 구별될 수 있다. 개인상여금의 경우는 사용자가 기업 내 성공적인 경영성과에 기반하여 근로자에게 지급하는 것으로서 이를 지급하는 데 대한 규칙(Ordnungssätze)은 존재하지 않는다. 다만 그 지급 시에는 사용자는 평등대우원칙(Gleichbehandlungsgrundsatz)을 준수하여야 하고 적절한 재량(Ermessen)의 범위 내를 유지하기만 하면 된다.

독일 연방재정법원(BFH)은 출판사가 신규구독자의 모집을 위해 신문배달원에게 주는 수당(Prämien)에 대하여, 원래 신문배달원은 법적으로나 사실적으로 신규구독자의 모집에 대한 의무가 없으므로, 이러한 수당은 임금이 아니라고 판시하였던 바도 있다.[83]

다른 한편 독일에서 상여임금은 업무량(Arbeitsmenge)뿐만 아니라 업무의 질(Arbeitsqualität)에 대해서도 사용자가 근로자에 지급하게 되는 근로제공에 대한 보수(Leistungsvergütung)에 해당한다. 사실 독일에서 이러한 상여임금은 실무에서 거의 존재하지 않는다. 왜냐하면 이러한 상여임금은 근로자의 기본급(Grundvergütung)에 모두 포함되어 지급되기 때문이다.[84] 말 그대로 임금일 뿐이기 때문이다. 상여금의 성격은 여러 가지이다. 순수한 상여금은 임금이 아니다. 상여임금은 사실상 임금으로서 기본급에 포섭된다.

우리나라의 노동현실에서 상여금의 체계는 상대적 매우 복잡한 양상을

81) 김태욱, "개인실적에 따라 지급되는 성과급의 임금성", 2011 노동판례비평, 221면.
82) 김태욱, "개인실적에 따라 지급되는 성과급의 임금성", 2011 노동판례비평, 221면.
83) BFH 22.11.1996 NZA-RR 97, 161.
84) Vgl. ArbR-Formb. §51 Rn. 13.

띈다는 것을 알 수 있으며, 이것이 임금체계의 복잡성으로 이어지고 있음을 알 수 있다. 우리의 경우 개별 상여금마다 그 임금 해당성 여부를 법적으로 확인해야 하는 번거로움이 있는 것이다.

2. 평 가

임금은 근로의 대상이라는 대원칙을 부인할 수는 없다. 그러므로 결혼축의금이나 조의금, 재해위로금 등이 비록 단체협약이나 취업규칙 또는 근로계약 등에 의하여 그 지급의무가 정하여져 있는 경우라도 이를 임금으로 파악할 수는 없음은 명확하다.[85] 금원의 지급의무발생이 근로자의 근로제공과 직접 관련되거나 이와 밀접한 관련 없이 개별근로자의 길흉화복이라는 특수하거나 우연한 사정에 의하여 좌우되기 때문이다. 나아가 기업이 소속 근로자의 건강증진을 위하여 운동시설이나 목욕시설을 갖추고 이를 무료로 이용하도록 하는 경우 이와 같은 시설이용상의 이익은 근로자에 대한 복지후생적 시설공여일 뿐 근로제공의 대가로서 임금의 개념에 포섭시킬 수 없다.[86] 요컨대 근로의 대가성이란, 근로계약의 유상계약성에 기반한 급부와 반대급부성을 의미하는 것이다. 그러므로 근로제공에 따른 대가로서 지급되는 금품이라도, 근로계약의 유상관계성을 기반으로 하는 반대급부로서의 임금과 그렇지 않은 성과배분적 성격의 금원으로 나눌 수 있다.

우선 - 근로계약의 유상관계성에 기반하는 - '반대급부로서 임금'은, 근로계약에서 부담하는 근로의 '제공'에 대한 '대가'요 '보상'이다. 따라서 그러한 근로제공의무 이행의 결과가 어떠한가는 사실 근로계약관계에서 중요하지 않다. 때로는 근로자의 근로제공의무 이행이 사용자 측에 매우 큰 이익을 가져오는 수도 있겠지만, 그 반대의 경우도 얼마든지 있을 수 있다. 하지만 그러한 결과(성과)에 대한 판단은 근로계약의 유상관계성에서는 아무런 의미를 가지지 않는다. 사용자는 근로자의 노동력을 지배하고, 그 지배력을 활용하여 근로제공을 실현해 냈으면 근로계약 상의 권리행사를 충분히 한 것이기 때문이다. 따라서 근로자의 근로의무이행이 당초 사용자의 기

85) 김태욱, "개인실적에 따라 지급되는 성과급의 임금성", 2011 노동판례비평, 217면.
86) 김태욱, "개인실적에 따라 지급되는 성과급의 임금성", 2011 노동판례비평, 217면.

대에 미치지 못하는 경우라도 – 단지 저성과자 문제가 발생할 뿐 – 사용자는 근로자에게 근로제공에 대한 반대급부로서 임금전부를 지급하여야 한다.

다만 성과상여금의 지급은 근로계약상의 임금지급관계와 달리 보아야 한다. 성과상여금의 지급은 근로계약의 유상관계성에 기반한 것이 아니라, 근로제공의 결과로서 초래된 성과를 기반으로 한 것이기 때문이다. 만약 근로계약을 체결하면서 근로제공에 따른 성과가 일정한 수준 이상인 경우 이를 근로자에게 배분하는 차원에서 상여금을 지급하도록 하는 합의(또는 단체협약상의 내용이나 취업규칙상의 규정)가 있다면 그 합의에 따라 성과상여금이 근로자에게 지급될 것이다. 이때 성과상여금은 최초 근로자의 근로제공이 있었기 때문에 얻어진 성과에 기인한 것이다. 이러한 점에서 성과상여금이 근로의 제공과 관련이 있다고 할 수 있다. 하지만 성과상여금이 직접적이고 또 밀접하게 근로의 제공과 관련되어 있다고 볼 수는 없다. 단지 간접적인 관련성이 있을 뿐이다. 왜냐하면 성과상여금은 근로계약을 통해 제공된 근로가 일정한 성과(경영이익이라는 결과물)를 가져왔고, 그 결과물을 일정한 합의를 통해(또는 사용자가 호의적으로) 근로자에게 배분하는 것이기 때문이다.

당초 우리 대법원이, 근로제공과 직접적으로 관련되거나 그것과 밀접하게 관련된 것으로 볼 수 있는 경우에 한하여 근로의 대상으로서 임금성을 긍정한 것은 바로 이러한 점을 염두에 둔 결과라고 할 수 있다. 근로계약의 유상, 쌍무계약으로서의 속성에 기반한 임금 개념과 그 계약 이행 이후 발생된 이익배분관계를 구별하였다는 점에서 종래 대법원의 입장은 설득력이 있다.

Ⅳ. 상여금에 관한 임금성 판단 문제

1. 개 요

임금성을 판단함에 있어서 가장 중요한 것은, '근로의 대가'라는 측면뿐만 아니라 그 이전에 임금의 산정과 그 지급이 당사자 간의 합의를 바탕으로 한 것인가 여부이다. 당사자 간의 합의로, 근로의 대가라는 명목으로 그 지급이 '합의를 통해 의무화'되지 않는 금품은 처음부터 임금으로 보기 어렵다.

이는 다른 말로 표현하면, 비록 근로의 대가로 평가될 수 있는 금품이라 하더라도 그것을 곧바로 '임금'이라고 평가할 수는 없다는 것을 뜻한다. 왜냐하면 근로의 대가로서 지급이 의무화된 금품은 이미 근로계약 체결 시점에서 당사자 간의 합의로서 확정되어 있기 때문이다.

예컨대 능력이 탁월한 근로자가 이미 자신이 맡은 업무 분량은 다 수행해 버려서, 그 남는 시간에 사용자가 다른 업무에 종사하도록 지시하였고, 이에 따라 다른 업무를 일부 수행한 경우라 하더라도, 원칙상 해당 근로자에게 지급되어야 할 임금은 당초 합의된 '임금' 그대로이다. 즉, 다른 업무를 수행하였다고 하여 추가로 임금이 지급되지는 않는다. 그러한 임금 이외에 추가로 근로의 대가로서 임금이 지급되지 아니한다고 하여, 근로계약상 의무가 이행되지 않는 것으로 볼 수도 없다. 왜냐하면 당초 임금에 대하여 합의가 있었기 때문에 사용자는 그 합의된 임금의 지급으로 충분하기 때문이다.

2. 상여금의 법적 성격

앞서 언급한 바와 같이, 업무 능력이 탁월하여 정해진 업무 시간 종료 이전에 해당 업무를 완료한 근로자가 남는 시간에 사용자의 지시로 다른 업무까지 수행한 경우, 이러한 사실만으로 사용자가 당초 합의된 임금 이외에 추가로 임금을 지급할 의무는 없다.

다만 사용자는 이러한 근로자의 추가적인 역량 발휘에 대하여, 격려 차원에서 일정한 금품을 지급할 가능성이 높을 것이다. 소위 상여금이 바로 그것이다. 이때 상여금은 임금이라고 할 수 없다. 비록 그 상여금의 지급 이유가 해당 근로자의 '업무시간 내' '추가적인' 근로제공에 있었지만, 이는 사용자로 하여금 의무화된 것이 아니기 때문이다. 달리 표현하면, 근로자는 반드시 업무역량을 발휘하여 추가적으로 업무를 수행할 '의무'는 없는 것이며, 그러한 일을 하지 아니하였다고 하여, 채무 불이행 책임을 지는 것도 아니다. 근로자는 상여금을 받아야 할 의무가 있는 것도 아니라는 의미다.

마땅히 임금으로서의 속성을 가진다고 평가하기 위해서는, 그 금품이 채권법 상의 권리의무에 해당하여야 한다.

이때 만약 사용자가 그러한 근로자에게 상여금을 지급한다면 이는 근로자가 자발적으로 업무역량을 사용자의 기대를 넘어설 만큼 발휘한 것이고, 이에 대해 사용자가 격려하기 위한 것이지, 근로계약을 체결하면서 임금지급의무 차원에서 지급하는 것은 아니다. 만약 상여금 조차 임금으로 평가한다면, 해당 근로자는 그러한 추가적 업무수행을 하여야 할 의무가 있다는 것을 뜻하는 바, 이는 타당한 지적이 아니다. 상여금을 받지 못한 근로자의 근로도 근로계약 상의 채무를 충실히 수행한 것이고, 따라서 채무불이행의 문제가 발생하지 않는다. 그러므로 사용자는 당초 합의된 임금 '전부'를 근로자에게 지급하게 된다. 추가적으로 업무를 - 근로시간 내에 - 수행한 근로자는 격려차원에서의 '상여금'을 추가로 받은 것이지, 추가로 업무를 수행하였기 때문에 임금을 추가로 받은 것이라 볼 수는 없다.

3. 상여금 지급에 관한 합의

당초 근로계약을 체결하면서 근로자와 임금에 대한 합의를 하면서 동시에 상여금지급에 관하여 합의하는 경우가 일반적이다. 이때 상여금에 대한 합의는, 그것 자체를 임금에 대한 합의의 다른 모습으로 평가할 수는 없다. 앞서 언급하였듯이 상여금은 임금과는 다른 차원의 것이기 때문이다. 다만 상여금에 대한 미리 합의를 하는 것은, 모든 근로자로 하여금 업무에 최선을 다하도록 하는 데 그 목적이 있다. 즉, 상여금에 대한 노사 간 합의란, 사용자가 업무능력을 당초 근로계약 체결 당시 예상된 것보다 더 많이 발휘한 근로자에게 상여금의 지급을 의무화하고, 또한 그 지급액의 산정도 미리 명확하게 근로자에게 제시함으로써, 근로자는 자신의 능력을 더욱 많이 발휘하도록 자극받게 된다.

적어도 법이론적으로 분명히 해 두어야 하는 것은, 상여금 지급에 관한 노사 간의 합의는, 임금에 대한 합의가 아니라는 점이다. 상여금의 지급에 대한 합의는 추가적인 격려 금품 지급에 대한 합의에 불과하다. 그러므로 앞에서 언급한 것처럼 상여금을 지급받지 못한 근로자가 근로계약 상의 채무 불이행을 하였다고 평가할 수 없다. 상여금을 지급받지 못하였더라도 근로자는 근로계약 상 근로제공의무를 다함으로써 당초 약정된 임금 전액을 반대 급부로서 지급받게 된다. 요컨대 상여금은 근로계약 상 근로의무와 그 대가지급의무로서 임금지급의무와는 그 차원을 달리 하는 금품임을 분명히 할 필요가 있다.

4. 상여금에 대한 임금성 판단시점

상여금을 임금으로 인정하기 위한 요건 및 상여금을 퇴직금 산정의 기초가 되는 평균임금에 산입할 수 있는지 여부의 판단 기준시점에 관한 논란이 법적 분쟁으로 비화된 적이 있었다.

이에 대하여 대법원은, 상여금이 계속적 · 정기적으로 지급되고 그 지급액이 확정되어 있다면 이는 근로의 대가로 지급되는 임금의 성질을 가지나, 그 지급사유의 발생이 불확정이고 일시적으로 지급되는 것은 임금이라고 볼 수 없으며, 또한 그 상여금이 퇴직금 산정의 기초가 되는 평균임금에 산입될 수 있는지의 여부는 특별한 사정이 없는 한 '퇴직 당시'를 기준으로 판단하여야 한다고 일관되게 판시하여 오고 있다.[87]

이러한 법리에 기초하여 2006년 대법원은 경영성과금의 임금성 여부를 판단하면서, "(i) 회사의 성과금이 급여규정이나 단체협약에 규정된 바 없이, 매년 임금협약 시 노사 간 합의로 그 지급 여부나 구체적인 지급기준 등이 정해졌고, (ii) 위 1992년도부터 원고들이 모두 퇴직한 1998년도까지의 기간 동안에는 성과금의 지급기준이 거의 매년 틀려 그 지급액이 확정되어 있었다고 보기 어려운 점[88] 등을 종합하면, 1997년 및 1998년도 경영

87) 대판 2006. 5. 26, 2003다54322.

88) 구체적으로는 1994년도까지는 비록 아무런 지급조건이 부가되지는 않았으나, 그 지급기준이 일정하지 않았고, 1995년도부터 원고들이 모두 퇴직한 1998년도까지는 1996년도 한 해를 제외하고 모두 무쟁의 내지 무분규 등의 지급조건이 부가된 점, 피고 회사는 매년 노사합의에서 정한 바대로 빠짐없이 성과금을 지급하였는데, 이는 1996년도를 제외하고는 지급조건에서 정한 쟁의나 분규가 없었기 때문이었고, 1996년도에는 비록 분규가 있었지만 그 성과금 지급에 있어 '무분규' 등과 같은 지급조건이 부가되지 않았기 때문인 것으로 보일 뿐, 이로써 분규 발생에도 불구하고 피고 회사가 일정률의 성과금을 계속 지급할 의사가 있다거나 그와 같은 관행이 성립되었다고 보기는 어려운 점 등(대판 2006. 5. 26, 2003다54322).

성과금은 계속적 · 정기적으로 지급되어 온 것으로서 근로계약이나 노동관행 등에 의하여 회사에게 그 지급의무가 지워져 있는 것으로 보기는 어렵다고 판단하였다.89) 즉, 이러한 상여금 지급은 평균임금 산정의 기초가 되는 임금에 해당하지 아니한다고 본 것이다.

Ⅴ. 성과배분적 상여금의 본질에 대한 재검토

1. 상여금과 가산임금의 구별

해당 업무 종사 근로자가 그 업무를 수행하면서 결과적으로 초과성과(+)를 거두게 되는 수도 있다. 반대로 근로자가 그 업무를 수행하면서 결과적으로 성과는 저조(-)할 수도 있다. 결과적으로 나타난 근로의 성과는, (i) 상여금 지급을 통해 그 성과이익을 나누는 문제와 (ii) 저성과자에 대한 근무평정 저평가의 문제를 남기게 된다. 즉, 상여금은 사후적인 성과평가를 통해 지급된다. 요컨대 상여금은 '사후적으로' 근로의 성과를 배분하는 차원에서 지급되는 금품이다. 그러므로 상여금은 사전적으로 미리 예정될 수 있는 속성의 것이 아니다.

상여금의 이러한 사후정산적 성격은 그 상여금의 지급대상과 관련한 분쟁에서 보다 분명하게 드러난다. 최근 대법원에서는 성과상여금의 지급에 있어 기간제 근로자들을 지급대상에서 제외한 경우 그 정당성 여부가 다투어진 바가 있었다.90) 본 사건에서, 한국철도공사는 '기간제 및 단시간근로자 보호 등에 관한 법률' 상 차별금지 규정 시행일(2007. 7. 1.) 이후인 2007. 7. 31. 2006년도 경영실적 평가에 따른 성과상여금을 지급하면서 기간제 근로자 甲 등을 지급대상에서 제외하였고, 이에 기간제 근로자인 갑이 소송을 제기한 사건이었다. 이에 대해 대법원은 "기간제 근로자에 대하여 합리적 이유 없는 불리한 내용의 임금 지급 또는 근로조건 집행 등과 같은 구체적인 차별행위가 '기간제 및 단시간근로자 보호 등에 관한 법률'의 차별금지 규정이 시행된 이후 행하여진 경우에는, 그와 같은 구체적인 차별행위의 근

89) 대판 2006. 5. 26, 2003다54322.
90) 대판 2012. 1. 27, 2009두13627(원심판결은 서울고판 2009. 7. 9, 2008누33923).

거가 되는 취업규칙 작성, 단체협약 내지 근로계약 체결 또는 근로 제공 등이 차별금지 규정 시행 전에 이루어졌다고 하더라도 원칙적으로 차별금지 규정이 적용된다. 다만 기간제법의 차별금지 규정이 시행되기 이전에 이미 형성된 법률관계에 대한 사용자의 정당하고 중대한 신뢰 때문에 법률관계에 따른 결과가 위 규정 시행 후 차별적 처우로 나타나더라도 사용자가 이를 철회 · 변경하거나 달리 회피할 것을 기대할 수 없는 예외적 경우에 한하여, 신뢰보호와 법적 안정성 관점에서 적용이 제한될 여지가 있을 뿐이다."라고 하여 기간제 근로자에 대한 차별금지 원칙을 재확인하면서,[91] "비록 성과상여금이 2006년도 경영실적 평가에 따른 것이라고 하더라도 2007. 7. 20. 내부 평가를 확정하고 같은 달 23일 '2007년도 경영평가 성과급 지급기준'을 마련하는 등 성과상여금의 지급 여부 및 지급 범위 등 구체적인 내용은 2007. 7. 1. 이후에 확정되었다고 볼 수 있고, 甲 등이 경영실적 평가 기간인 2006년에 평가 대상이 되는 근로를 제공하여 그들에 대한 성과상여금의 지급이 가능하였던 이상, 甲 등을 성과상여금 지급대상에서 배제한다는 점에 관한 정당한 신뢰가 형성되었다거나 그 때문에 차별금지 규정 시행에도 불구하고 甲 등을 성과상여금 지급대상에서 제외할 수밖에 없는 불가피한 사유가 있었다고 볼 만한 사정이 없는데도 甲 등을 성과상여금 지급대상에서 배제한 한국철도공사의 처우는 기간제법상 차별금지 규정의 적용대상이 된다"고 판시하였다.[92]

이 판결은 비록 기간제 근로자에 대한 차별 여부가 주된 쟁점인 사건이었지만, 다른 각도에서 보면, 성과상여금이라고 하는 것이 기본적으로 그 직전 해의 경영평가를 통해 그 성과를 나누는 것이며, 따라서 종전 한 해 동안 그 성과를 도출하기 위해 근로를 제공한 근로자들이 모두 적용대상이 되어야 함을 지적한 것이라고 할 수 있다. 기간제 근로자 역시 그러한 종전 성과를 달성하는 데 기여하였고, 따라서 이듬해 이에 따른 상여금 지급대상에 포함되어야 한다고 판단한 것은 타당한 것이라 하지 아니할 수 없을 것이다.

91) 대판 2012. 1. 27, 2009두13627.
92) 대판 2012. 1. 27, 2009두13627.

2. 상여금 지급의 방식

기왕에 제공된 근로의 대가는 이미 임금으로 충분히 지급된 것이고, 그러한 반대급부로서 임금에 상응하는 급부인 '근로의 제공'이 결과적으로 당초 기대를 넘어서는 성과결과를 사용자에게 가져 온 경우에 사용자는 그 이익을 근로자에게 되돌려 주게 된다. 이것이 바로 상여금이다. 따라서 상여금은 그 전 날, 또는 그 전 달, 또는 그 전 해에 근로를 통해 달성된 초과 이익을 사후적으로 산정하여 다음날, 다음달, 또는 이듬해에 지급하게 된다. 그리고 상여금 조로 지급될 금품의 액수가 정해지면, 그 금액을 근로자들에게 지급하는 방식도 다양할 수 있다. '일시급으로' 또는 '분할해서 정기급 형태로' 지급할 수도 있다. 이는 사용자의 자유로운 판단 또는 근로자 측과의 합의가 있다면 그에 따르게 될 것이다. 비록 그 상여금이 월단위로 정기적 분할지급이 이루어졌다 하더라도 상여금은 상여금일 뿐이다.

3. '근로의 대가'로서 임금과 '성과의 배분'으로서 '성과상여금'의 개념 구별

(1) 개 요

종래 노동법학계와 실무계에서 상여금의 임금성에 관한 것이 자주 문제된 바가 있었다. 이에 대한 법원의 입장은 어느 정도 명백하다. 즉, 상여금이 계속적 · 정기적으로 지급되고 그 지급액이 확정되어 있다면 이는 근로의 대가로 지급되는 임금의 성질을 가지지만, 만약 지급사유의 발생이 불확정이고 일시적으로 지급되는 것은 임금이라고 볼 수 없다는 것이다.[93]

이와 관련하여 최근 대법원 판례를 참고해 볼 필요가 있다. 회사에서 징계해고된 근로자가 징계해고가 무효임을 이유로 소급하여 지급을 구한 성과배분상여금과 자가운전보조금이 근로의 대가로 지급되는 임금에 해당하는지 여부를 다툰 사건이 있었다. 특히 이 판례에서 문제된 사안에서, 성과배분상여금은 급여규칙에 따라 정기적 · 계속적으로 지급되어 왔기 때문에 더욱 그 판단이 어려웠던 사건이었다. 구체적으로 사실관계를 살피면 다음

93) 대판 2011. 10. 13, 2009다86246; 대판 2006. 5. 26, 2003다54322, 54339 등 참고.

과 같다.

(2) 관련판례

甲주식회사에 고문으로 위촉되어 입사하였다가 그 후 임원인 전무로 승진하여 입사 이래 계속 감사실장으로 근무하여 오다가 징계해고된 乙이 징계해고가 무효임을 이유로 성과배분상여금과 자가운전보조금의 소급지급을 구하는 소송을 제기하였다.[94] 이 사건에서 쟁점은 결국 성과배분상여금과 자가운전보조금이 근로의 대가로 지급되는 임금에 해당하는지 여부였다. 이에 대하여 법원은 "성과배분상여금은 급여규칙에 명시적 근거를 두고 있을 뿐만 아니라 거기에 지급사유와 지급시기를 사전에 정해 놓았으며, 그에 따라 정기적·계속적으로 지급되어 온 점에 비추어 임금에 해당하나, 자가운전보조금은 회사에서 제공하는 차량의 운행과 관련하여 지출된 비용을 변상[95]해 주기위한 것으로서 임금에 해당하지 않는다"고 보았다.[96] 이러한 관점에서 법원은 나아가 "해고가 무효라 하더라도 乙이 해고기간 동안 자가운전보조금 지급 요건이 되는 차량운행을 하지 않은 이상 이를 소급하여 구할 수 없다"고 판시하였다.[97]

(3) '근로의 대가'와 '근로에 따른 성과의 배분' 간 개념 구별 필요성

소위 '성과배분상여금'을 '근로의 대가'로 지급되는 '임금'에 해당한다고 본 판례의 입장은 보다 세밀하게 검토될 필요가 있다. 요컨대 근로의 대가로서 임금성을 판단함에 있어 단지 계속적인지, 정기적인지, 그리고 그 지급액이 확정되어 있는지 여부만으로 평가하는 것은 의문이 아닐 수 없다. 오히려 그 이전에 그 상여금이 근로의 대가로서 속성을 가지는 것인지 여부를 확인하는 것이 선행되어야 마땅하다. 요컨대 근로의 대가라고 하더라

---

94) 대판 2011. 10. 27, 2011다42324.
95) 대판 1998. 1. 20, 97다18936; 대판 2002. 6. 11, 2001다16722; 대판 2005. 9. 9, 2004다41217 등.
96) 대판 2011. 10. 27, 2011다42324.
97) 본 주문에서 "원심판결 중 퇴직금 51,581,250원, 성과배분상여금 77,463,000원, 자녀학자금보조 1,238,700원 및 그 지연손해금에 관한 원고 패소 부분을 파기하고, 그 부분 사건을 서울고등법원에 환송한다. 원고의 나머지 상고와 피고의 상고를 기각한다."고 판시하였다(대판 2011. 10. 27, 2011다42324).

도, 그 근로의 대가에 직접적이고 밀접한 관련성이 있는가 여부도 살펴야 한다. 왜냐하면 근로를 제공한 결과 발생된 성과물의 사후적 배분과 근로계약 상에서 쌍무 계약으로서 예정되고 의무로서 지급된 반대급부로서 임금은 구별되어야 하기 때문이다. 사실 상여금이 임금으로 평가되는 데 있어 그 지급액이 확정되어 있는지 또는 정기적이고 계속적인지 여부에 대한 검토가 필요한 이유는 바로 근로계약 상의 의무로서 예정된 반대급부인가 여부가 확인되어야 하기 때문이다. 근로의 대가와 근로제공에 따른 성과의 배분은 반드시 동일한 개념으로 볼 수 없다.

만약 상여금이 앞서 지적한 바와 같이, 근로제공이 초래한 성과물에 대한 정산 차원에서 상여금이 지급된 것이라면, 상여금은 일응 근로의 대가라고 할 수는 있겠지만, 이는 간접적인 것이다. 왜냐하면 근로를 제공함으로써 기업경영상의 성과를 거둔 것은 사실이지만, 그러한 성과를 사후 배분하는 것은 당초 근로계약 상의 급부와 반대급부로서 계약상 의무화된 것은 아니기 때문이다. 이는 근로계약 상의 내용 가운데 노사 양당사자가 별도의 합의를 함으로써 비로소 의무화된 것이라 할 수 있다.

엄밀하게 보면, 그 성과가 당초 근로계약 체결시점에서 근로자와 사용자가 예상한 것을 초과한 경우에 지급되는 것이고, 그렇지 아니하면 지급이 의무화될 여지도 없다. 결국 상여금은 근로의 대가라기보다는 근로제공에 따른 성과의 배분 차원에서 이루어지는 금품이라고 보아야 한다. 이것은 근로가 제공됨으로 말미암아 지급되는 금품이라는 점에서, 근로와 관련성을 부인할 수는 없다. 따라서 근로의 대가로서 평균임금에 산정될 수 있는 임금인가에 관하여는 이를 긍정할 수 있다. 하지만 이것을 두고 당초 근로계약 상 예정된 반대급부로서의 임금에 해당하는가를 검토한다면 이는 부인되어야 마땅하다. 근로제공이 이루어진 이상 이미 반대급부 수령 적격이 있는 것이고, 그리하여 근로계약 상 임금지급이 이루어지면 노사 상호간 계약상 의무관계는 이행된 것으로 보아야 한다.

Ⅵ. 기타 금원과 임금성

1. 생산장려격려금

2006년 대법원은 생산장려격려금의 임금성에 관하여서도 일단의 입장을 분명히 밝혔다.[98] 당시 판결의 대상이 된 사건에서, 회사는 성과금을 지급하기로 한 1992년 임금협약을 통하여 성과금 외에 별도로 노사화합특별격려금으로 30만원을 지급하기 시작한 이래 1998년을 제외하고 매년 임금협약을 통하여 성과금 외에 별도의 금원(이하 '격려금')을 지급하여 왔는바, 각 해당 임금협약에 의하면, 1992년에는 조합원에게 노사화합 특별격려금으로 30만원을 지급하기로 하고, 1993년에는 조합원에게 생산성 향상 목표달성금으로 1993. 9. 27.에 상여금의 50%에 해당하는 금원을 지급하기로 하고, 1994년에는 조합원에게 향후 노사관계의 안정과 산업평화도모를 위한 산업평화촉진금으로 50만원을 지급하고, 1995년에는 당해연도 임금교섭이 무분규로 타결될 시 무쟁의 격려금 100%(상여금 지급기준)를 타결 즉시 지급하고, 1996년에는 조합원에게 경쟁력 향상 및 노사관계 선진화 실천을 위한 격려금으로 통상임금의 100%(타결즉시 50만원 지급)를, V-2000 사업계획에 따른 신조 선각 공장 착공 격려금으로 10만원을 타결 즉시 지급하고, 1997년에는 생산장려격려금으로 상여금의 100%를 지급하되, 단체휴가전 무분규 타결을 조건으로 하였으며, 1998년에는 외환위기 상황임을 고려하여 생산장려격려금에 관한 약정을 하지 않았고, 원고들이 퇴직한 이후인 1999년에는 경쟁력 강화 및 산업평화 추진 격려금으로 상여금의 100%에 해당하는 금원을 타결 후 현금으로 지급하되 휴가전 타결을 전제로 하였으며, 2000년에는 생산성향상 격려금으로 통상임금의 100%에 해당하는 금원을, V-2005 추진 특별격려금으로 100만원을 각 지급하고, 2001년에는 분규 없이 임금협약이 마무리될 경우 조합원에게 경쟁력 강화 격려금으로 상여금의 100%에 해당하는 금원 및 50만원을 임금협약 타결 즉시 지급하고, 2002년에는 재도약 추진을 위한 생산성향상 격려금 170만원을 지급하되,

98) 대판 2006. 5. 26, 2003다54322.

타결 시까지 파업 등의 분규 발생 시에는 격려금을 지급하지 않는 것으로 규정하고 있는 사실, 이에 피고 회사는 외환위기가 있었던 1998년을 제외하고 전 근로자들에게 매년 임금협약에 정한 바에 따라 각 격려금을 지급하였는바, 노사 간 임금협상과정에서 8일간의 전면 파업 및 10일간의 부분 파업이 있었던 1996년도에도 격려금이 전액 지급되었고, 이와 같은 격려금은 노동쟁의 없이 임금협상을 조기에 타결하는데 중요한 역할을 하였으며, 지금까지의 임금교섭시 노조가 격려금을 요구한 적은 한번도 없었다고 한다.[99]

위 사실관계에서 나타나는 다음과 같은 사정, 즉 회사는 성과금을 지급하기로 한 1992년 임금협약을 통하여 성과금 외에 별도로 노사화합특별격려금을 지급하기 시작한 이래 매년 임금협약을 통하여 성과금 외에 별도의 금원인 격려금을 지급하여 왔는데, 이러한 금원 역시 급여규정이나 단체협약에 규정된 적이 없이, 매년 임금협약시 노사 합의의 형태로 지급액(지급률), 지급조건 유무 및 그 내용 등이 정해져 실행되어 왔다는 것이고, 각 그 지급시기가 대체로 임금협약 교섭 타결 즉시로서 일정하긴 하나, 이는 회사측이 임금교섭의 조기 타결을 유도하기 위하여 성과금과는 달리 그 지급시기를 교섭 타결 즉시로 정한 것으로 보이며, 지급금액의 결정기준도 일정금액으로 하거나 혹은 상여금을 기준으로 한 비율에 의하는 등으로 매년 일정하지 않았을 뿐만 아니라, 지급명목도 해마다 달랐고, 1998년도에는 IMF 외환위기로 인하여 아예 지급되지도 않았으며, 1995년, 1997년 및 1999년도에는 '임금교섭 무분규 타결'의 지급조건이 명시적으로 부가되었고, 1998년도를 제외한 나머지 연도의 경우에도 비록 위와 같이 지급조건이 부가되지는 아니하였지만, 그 지급명목이 주로 '노사화합 특별격려금', '향후 노사관계의 안정과 산업평화 도모를 위한 산업평화촉진금', '경쟁력 향상 및 노사관계 선진화 실천을 위한 특별격려금' 등으로서 그 명목 자체에서 근로제공과는 직접 또는 밀접한 관련 없이 임금교섭의 무분규 · 조기 타결을 위하여 일시적으로 지급한다는 사정이 반영되어 있는 것으로 보이는 점, 더구나 지금까지의 임금교섭시 노동조합이 격려금을 요구한 적이 한번도 없었

99) 대판 2006. 5. 26, 2003다54322.

던 점, 1996년도에는 분규 발생에도 불구하고 특별격려금이 지급된 것은 그 격려금 지급에 있어 '무분규 타결'이라는 지급조건이 부가되지 않았기 때문으로 보이는 점 등에 비추어 보면, 원고들이 평균임금의 산정의 기초가 되는 임금총액에 산입되어야 한다고 주장하는 1997년도 생산장려격려금은 근로 제공과는 직접 또는 밀접한 관련이 있는 금원으로 보기 어려울 뿐만 아니라, 계속적 · 정기적으로 지급되었다고 볼 수도 없어 회사에게 그 지급 의무가 있다고 보기 어렵다고 보았다. 따라서 법원은 격려금에 대하여는 임금에 해당하지 아니한다고 판시하였다.[100]

2. 중식대

회사가 근로자에게 중식대를 제공하는 경우가 흔히 있다. 대법원은 이러한 중식대의 임금성에 대하여 여러 차례 판결을 내린 바가 있다. 이와 관련하여 2006년 5월 26일자 대법원 판결에서 문제된 사안은 다음과 같다. 회사는 조합원에게 중식을 제공하여야 하는데, 일주일에 2회씩 특식을 제공해야 하고, 주부식 검수 및 식단표 작성 등은 노사가 협의하여 결정하며, 2시간 이상 연장 근무하는 조합원에 대해 간식을 제공하되 그 품목은 노사협의에 의하고, 3시간 이상 연장 근무하는 조합원에 대하여 석식을 제공하여야 하며, 또한 물가상승으로 급식의 질이 저하될 우려가 있는 경우 급식비를 인상하여야 하고, 그 세부사항은 노사협의에 의하여야 하는바, 이는 단체협약 '제6장 후생복지 및 교육훈련' 편에 규정되어 있고, 피고 회사는 중식으로 1,300원 상당의 일반식 및 2,300원 상당의 특식을 제공하기로 노사 간에 합의하였으며, 이에 따라 피고 회사는 식권을 발행하지 않고, 월요일부터 토요일까지 특식 2회를 포함하여 위 가액 상당의 중식을 현물로 제공하였는데, 피고 회사의 근무복을 입은 사람이라면 누구든지 식사를 할 수 있고, 출근하지 않은 근로자들이나 식사를 하지 않은 근로자들에게 식사비에 상당하는 금원을 지급하지는 아니하였다.

대법원은 앞서 언급한 이러한 사실관계에 나타나는 다음과 같은 사정, 즉 "중식 제공에 관한 규정이 단체협약상 '임금'의 장이 아니라 '후생복지 및

---

100) 대판 2006. 5. 26, 2003다54322.

교육훈련'의 장에 있다는 점, 식권을 발행하지 않고, 중식을 제공받지 아니한 자에게 따로 현금이나 다른 물건으로 보상하여 주지 않는 점과 회사는 토요일 오전 근무만 하는 자에게도 중식을 제공하였을 뿐만 아니라, 식사를 하지 않은 근로자들에게 식사비에 상당하는 현금은 물론이거니와 다른 물건을 따로 제공하지도 아니한 점 등을 종합하여 보면, 이 사건 중식은 근로자의 후생복지를 위하여 제공되는 것으로서 '근로의 대가'인 임금이라고 볼 수 없다"고 판시하였다.[101)]

3. 개인연금보조금

2006년 5월 26일자 대법원 판결에서 문제된 사안에서는 소위 개인연금보조금도 그 임금성 여부가 법률쟁점이 되었던 바 있었다.[102)] 사실관계에 따르면, 회사는 1996. 10. 7. 노동조합과 사이에 매월 개인연금 1만원씩을 퇴직시까지 불입하기로 노사합의를 하고, 그 무렵부터 전 근로자들에게 매월 '기타수당'이라는 항목으로 1만원씩을 지급하였으며, 그 후 1998. 10. 30. 노사합의로 개인연금보조금을 1만 5,000원으로 인상하기로 함에 따라, 1998. 11.부터 전 근로자들에게 매월 1만 5,000원을 지급하였다.

그런데 회사는 위 개인연금보조금을 지급함에 있어서 이를 월급여의 총액에 포함시켜 소득세까지 공제하여 왔다는 것이므로, 위 개인연금보조금은 정기적 · 계속적으로 지급되어 온 것으로서 단체협약에 의하여 피고 회사에 그 지급 의무가 지워져 있는 것이고, 사용자가 은혜적으로 지급하는 것으로 보기는 어렵다고 법원은 판단하였다. 따라서 이를 근거로 하여 대법원은 근로기준법상 - 평균임금 산정의 기초가 되는 - 임금에 해당한다고 판시하였던 바가 있다.[103)]

4. 가족수당

종래 법원은 자주 근로자에게 지급되어 오던 가족수당에 대하여 그 임금성 여부를 논급하였던 바 있다. 이에 따르면, 가족수당은 회사에게 그 지급

---

101) 대판 2006. 5. 26, 2003다54322.
102) 대판 2006. 5. 26, 2003다54322.
103) 대판 2006. 5. 26, 2003다54322.

의무가 있는 것이고 일정한 요건에 해당하는 근로자에게 일률적으로 지급되어 왔다면, 이는 임의적 · 은혜적인 급여가 아니라 근로에 대한 대가의 성질을 가지는 것으로서 임금에 해당한다고 보았다.104) 같은 취지에서, 가족수당이 단체협약에 의하여 회사에게 그 '지급의무'가 있고, 일정한 요건에 해당하는 근로자에게 일률적으로 지급되어 왔다면 근로에 대한 대가의 성질을 가지는 임금에 해당한다고 보았다.

그러나 이러한 법원의 입장에 대하여 많은 비판이 있다. 그 이유는 가족수당의 지급 원인이 부양가족이라는 개별적이고 우연한 사정에 좌우된다는 점 때문이다. 즉, 판례가 제시하고 있는 임금 판단기준에 따르면, 어떤 금원이 근로의 대가인 임금에 해당하려면 근로제공과 직접적으로 관련되거나 밀접하게 관련된 것으로 볼 수 있어야 하며, 그 지급사유의 발생이 개별 근로자의 특수하고 우연한 사정에 의하여 좌우되는 것이라면 이는 근로의 대가로서 지급된 것이 아니라는 것이다. 이러한 판례의 논지를 가족수당에 그대로 비추어 살펴보면, 개별 근로자가 부양가족이 있는지, 부양가족이 몇 명이 있는지는 해당 근로자의 노무제공과는 아무런 관련이 없는 사항이라고 아니할 수 없고 결국 그와 같은 부양가족의 유무 및 부양가족의 수는 개별 근로자의 특수하고 우연한 사정에 의해 좌우되는 것으로 보는 것이 합당하다는 점이다. 따라서 가족수당이 단체협약 등에 의해 제도화되어 있고 계속적 · 정기적 · 일률적으로 지급되고 있더라도, 가족수당이 지급될 것인지의 여부 및 그 지급금액은 모두 각 근로자의 가족관계 및 부양사실에 따라 달라지는 것이므로 결국 가족수당이라는 금원의 지급사유는 근로제공과 직접적인 관련이 없으며 밀접한 관련성도 찾을 수 없다. 이러한 이유에서 판례의 견해는 스스로 모순을 자초하고 있다는 비판이 있다.105)

그러나 가족수당이라는 명칭을 사용하고는 있지만, 부양가족의 유무에 상관없이 모든 근로자에게 지급되는 경우에는 이를 달리 보아야 한다.106) 이러한 경우, 부양가족의 수에 따라 그 금액이 달라지는 경우라도 그 금품을 지급하는 원인이 근로의 대가라는 실질을 가지는 한 임금으로 보는 것

104) 대판 1995. 7. 11, 93다26168; 대판 2002. 5. 31, 2000다18127.
105) 같은 취지 하경효, 임금법제론, 2013, 54면이하: 하갑래, 근로기준법, 2012, 423면.
106) 대판 1992. 7. 14, 91다5501; 대판 1996. 5. 14, 95다19256.

이 타당하다.

5. 하계휴가비, 설 · 추석귀향비 및 선물비

나아가 임금성 여부와 관련하여 하계 휴가비나 명절귀향비 또는 명절선물비 등이 자주 문제되곤 하였다. 2006년 5월 26일자 대법원 판결107)을 살펴보면, 회사는 조합원의 건강증진과 사기앙양을 위하여 5일간의 하계유급휴가를 실시하고(단체협약 제58조), 하계휴가는 단체로 실시하며 그 시기는 7월 말에서 8월 초 사이에 노사협의에 의하되, 그 휴가비 250,000원을 7월 중순 이전에 지급하며, 평균임금 산정시 하계휴가비를 포함하기로 노사합의를 하고, 그에 따라 공상으로 인한 휴직자를 포함한 전 근로자들에게 1년에 1회 하계휴가비 250,000원을 지급하였는데, 위와 같은 노사합의에 의해 퇴직자 급여처리서상 기타수당이라는 항목으로 평균임금에 포함하여 이미 원고들의 퇴직금에 반영한 사실, 피고 회사는 설 · 추석 귀향버스 운행제도를 폐지하는 대신 설 · 추석마다 귀향비 150,000원을, 선물비 20,000원을 지급하기로 노사합의를 하고, 그에 따라 매년 설 · 추석마다 원고들을 포함한 전 근로자들에게 귀향비 150,000원, 선물비 20,000원을 각 지급하여 매년 귀향비 300,000원, 선물비 40,000원을 지급한 사실을 두고 법원은 하계휴가비, 설 · 추석 귀향비 및 선물비는 모두 단체협약에 의하여 피고 회사에 지급 의무가 지워져 있고, 전 근로자 또는 일정한 요건에 해당하는 근로자에게 일률적으로 지급되어 왔으므로 이는 모두 근로의 대가로서 임금에 해당한다고 판시하였던 바가 있다.108)

6. 후생용품비

후생용품비와 관련하여 2006년 5월 26일자 대법원 판결에서 문제된 사안을 살펴보면 다음과 같다. 당시 회사는 후생용품비로 매년 200,000원을 지급하되, 상반기와 하반기로 나누어 지급하기로 노사합의하고, 그에 따라 1년에 2회씩 각 10만원 상당의 여러 생활용품을 전시한 후 근로자로 하여

---

107) 대판 2006. 5. 262003다54322.
108) 대판 2006. 5. 262003다54322.

금 필요한 생활용품을 선택하게 하고, 만일 선택한 상품이 10만원을 초과할 경우 그 초과 금액 상당액을 임금에서 공제하는 방식으로 현물로 지급한 사실이 있었다.

이러한 상황을 두고 법원은 “후생용품비는 단체협약에 의하여 피고 회사에 지급 의무가 지워져 있고, 전 근로자 또는 일정한 요건에 해당하는 근로자에게 일률적으로 지급되어 왔으므로 이는 모두 근로의 대가로서 임금에 해당하여 평균임금 산정의 기초가 되는 임금총액에 포함된다”고 판단하였다.

7. 학비보조금 · 자녀학자금

판례는 회사가 취업규칙에 직원의 복지후생을 위하여 예산의 범위 내에서 각종 보조비 및 후생비를 지급할 수 있게 했고, 그에 따라 마련된 회사의 복지후생규정에 의하여, 직원의 취학자녀 중 2인 이내에서 중고생은 공납금의 100%를, 대학생은 공납금 70%를 타 단체로부터 장학금을 받지 아니하는 한도에서 보조할 수 있도록 한 것에 따라 직원이 지급받은 자녀교육수당은 임금으로 볼 수 없다고 판시한 바가 있다.[109]

만약 이러한 학비보조금이나 자녀학자금이 오로지 근로자들의 자녀 교육비 지원을 목적으로 하여 사용자가 지급하는 것이고, 해당 근로자의 근로제공 여부나 그 성과의 크기 등에 의해 영향을 받지 않는 것이라면 이를 임금으로 볼 수는 없을 것이다.

그렇다고 하여 학비보조금이나 자녀학자금을 그 명칭만 보고 임금성을 부정할 수는 없다. 왜냐하면 학비보조금은 학교에 다니는 자녀가 없는 근로자에게도 지급되도록 하는 경우 등에는 학비보조금의 임금성을 긍정할 여지도 있기 때문이다. 다만 종래 판례가 가족수당에 대하여 그 임금성을 긍정한 경우가 대부분이었는데, 그 명칭만 다를 뿐 가족수당과 자녀학자금 또는 학비보조금을 달리 볼 합리적 이유가 없다. 그 실질은 동일한 것이기 때문이다. 이러한 점에서 보면, 법원의 임금성 판단에 있어, 과연 근로의 대가성이라고 하는 일관된 기준이 적용되고 있는 것인지에 대하여 의문이 아닐 수 없다.

---

109) 대판 1991. 2. 2690다15662.

제3절 평가 및 소결

1. 임금의 개념을 두고, 근로의 대가성이라는 단일한 개념지표가 견지되어야 하는 것은 의문이 없다. 임금이라 함은 사용자가 근로의 대가로 근로자에게 지급하는 일체의 금원으로서, 근로자에게 계속적 · 정기적으로 지급되고 그 지급에 관하여 단체협약, 취업규칙 등에 의하여 사용자에게 지급의무가 지워져 있다면 그 명칭 여하를 불문하고 모두 그에 포함된다는 법원의 입장[110]도 이러한 점을 명확히 하고 있다. 따라서 근로의 대가가 아니라, 사용자의 의례적이고 호의적인 지급을 내용으로 하는 금품에 대하여는 임금으로 볼 수 없음은 물론이다.[111]

임금은 사용자가 근로의 대가로서 근로자에게 지급하는 일체의 금품이므로, 그 지급에 관하여 단체협약, 취업규칙, 급여규정, 근로계약, 노동관행 등에 의하여 사용자에게 그 지급의무가 지워져 있다.[112] 그리고 근로자에게 계속적 · 정기적으로 지급되어야 하며 그 명칭 여하를 불문한다.[113] 이때 정기적이고 계속적 지급이라는 지급 방식은 본질적 요건으로 보기는 어렵다. 임금조로 지급되는 다양한 금품 중 일부는 비정기적으로 지급될 수도 있기 때문이다. 반대로 비록 그 금품이 계속적 · 정기적으로 지급된 것이라 하더라도 그것이 근로의 대가로 지급된 것으로 볼 수 없다면, 그 금품을 임금이라고 할 수도 없다.[114] 예컨대 계속적 · 정기적으로 지급되고 그 지급의무가 단체협약 등에 지워져 있더라도 근로의 대가로서 지급되는 것이 아니라 근로자가 특수한 근무조건이나 환경에서 직무를 수행함으로 말미암아 추가로 소요되는 비용을 변상하기 위하여 지급되는 실비변상적금원 또는 사용자가 지급의무 없이 은혜적으로 지급하는 금원 등은 임금으로 볼 수가 없다.[115]

110) 대판 1990. 12. 7, 90다카19647; 대판 1992. 4. 14, 91다5587; 대판 1997. 5. 28, 96누15804; 대판 1999. 9. 3, 98다34393.

111) 대판 1973. 3. 27, 72다2425; 대판 1976. 1. 27, 74다1580; 대판 1990. 11. 9, 90다카4638.

112) 대판 2002. 10. 17, 2002다8025.

113) 대판 2002. 10. 17, 2002다8025.

114) 대판 1995. 5. 12, 94다55934; 대판 1996. 5. 14, 95다19256; 대판(전원합의체) 1999. 5. 12, 97다5015등.

근로의 대가성 즉, 어떤 금품이 근로의 대가로 지급된 것이냐를 판단하는 것과 관련하여 중요한 것은, 근로제공과의 직접적인 관련성 유무라고 할 수 있다. 즉, 그 금품 지급의무의 발생이 근로제공과 직접적으로 관련되거나 그것과 밀접하게 관련된 것으로 볼 수 있어야만 비로소 근로의 대가성을 긍정할 수 있게 되고, 따라서 임금이라고 말할 수 있게 된다.116)

2. 이러한 임금개념을 전제로 하여 우선 성과배분을 목적으로 하는 성과상여금을 살펴보면 다음과 같다. 성과상여금은 그 전해 경영성과를 평가하고, 사후적으로 그 성과를 근로자에게 배분하여 주는 금품이다. 배분의 대상이 되는 성과는 직전 일 년 동안 근로자들이 근로제공을 하였기 때문에 얻어진 것이다. 그러므로 근로의 대가로 볼 수 있는 것은 설득력이 있다. 그러나 다른 한편 성과배분상여금의 경우, 직접 근로의 대가로서 계약 상 의무화된 임금이라기보다는, 근로의 제공에 따른 결과물로서 초과 달성된 성과의 정산물이라는 점에서 전형적인 임금과 다른 점이 있다. 가장 간단히 이야기 한다면, 비록 상여금의 지급 이전에도 이미 근로의 대가로서 임금은 지급되었다고 보아야 한다.

3. 다른 한편 상여금은 기본적으로 그 지급이 근로계약 상 '의무'로서 당연히 미리 예정되어 있는 것은 아니다. 상여금 지급은 근로제공의 대가로서 근로계약상 의무화된 것이 아니고, 근로계약 상에서 근로제공에 따른 결과물로서 성과가 큰 경우 이를 근로자들에게 정산하여 되돌려 주겠다는 별도의 상여금 지급합의를 하여 둠으로써 계약상 '의무화'된 것일 뿐이다. 극단적으로 상여금 지급 의무가 근로계약상에 기재되어 있지 않더라도 이는 근로계약 상 근로제공과 임금지급이라는 급부관계가 흠결된 경우로 볼 수는 없다. 따라서 근로의 제공(급부)이 있고, 그 반대급부로서 임금지급(반대급부)이 있으면, 근로계약의 당사자 사이의 급부관계는 이미 정상적으로 이행된 것이다.

상여금지급 문제는 근로의 제공에 따른 수익(성과)의 배분문제로서 엄격히 보면 근로계약관계에서 선제적으로 다루어질 사항의 것은 아니다. 상여금의 지급에 대하여 미리 당사자 간에 합의를 하여 둘 수도 있다. 이러한

115) 대판 1999. 2. 9, 97다56235; 대판 2003. 4. 22, 2003다10650.
116) 대판 2002. 10. 17, 2002다8025.

경우는 그러한 합의에 기초한 지급의무가 존재할 수 있다. 그러므로 상여금 지급문제는 임금지급의무 차원에서가 아니라 상여금 지급의무 차원에서 그 이행 여부가 문제될 따름이다. 법원이 임금으로 본 것은, 단지 배분될 성과가 근로제공의 결과물로서 도출된 것이라는 의미이지, 그것이 근로계약상 당연히 예정된 주된 급부와 반대급부로서 임금개념에 포섭된다는 것은 아니다. 이미 당해 년도에 매월 정기일에 근로계약상 임금은 해당 근로자에게 지급되었을 테니 임금지급의무는 이행된 것으로 보아야 하기 때문이다.117)

결국 성과배분상여금이 근로의 제공에 따른 결과물을 사후적으로 나눈 것이라는 점에서, 근로의 대가로서 속성을 가지는 것은 맞지만, 근로계약상 지급의무를 부담하도록 하는 근로의 대가로서 임금이라고 볼 수는 없다. 말 그대로 성과에 대한 보상(배분)과 근로계약상 임금은 둘 다 근로의 제공에 따라 받게 되는 금품이라는 점에서 공히 임금이기는 하지만, 계약상 반대급부로서 임금의 개념을 국한하여 본다면, 양자는 구별되어야 한다. 즉, 사후적으로 근로의 제공이 가져온 성과물을 배분하는 차원에서 지급되는 상여금은 '근로의 대가'이기는 하지만, 직접적으로 근로의 대가인 반대급부로서 임금과는 본질적으로 구별된다.

근로자는 근로의 대가로서 임금을 받게 된다. 근로의 대가로서 수령하게 되는 임금은, 그 근로의 질적 수준에 따라, 경영성과를 달리 하게 된다. 근로자의 임금은 근로의 제공에 대한 대가일 뿐이고, 그 경영성과는 사용자의 경영이익이다. 그 이익을 합리적으로 근로자 측에게 배분하는 일은 근로자에 대한 격려 차원에서 필요한 일이다. 이때 경영성과를 근로자에게 배분하는 차원에서 지급되는 금품으로서 상여금은, 근로의 대가이기는 하지만, 근로제공에 따른 반대급부는 아니다. 단지 근로성과에 대한 보상일 뿐이다.

---

117) 뒤에 살펴보는 바와 같이, 이러한 근로의 대가로서 임금은, 통상임금에 포함되는 것으로 보아서는 안 된다. 왜냐하면 통상임금에 해당하는 것인가 여부는, 해당 업무 종사자의 근로가치를 선제적으로 미리 예측하여 둔 것이고 따라서 기왕에 발생된 성과를 되돌려 주는 차원에서의 금품은 선제적으로 미리 예측하여 둔 노동력의 가치와는 서로 상관이 없는 것이기 때문이다. 요컨대 미리 해당 업무종사 근로자의 노동력가치를 규격적으로 예측해 놓은 것으로서 금품이라면, 이후 성과가 어느 정도 달성되었는가 하는 문제와는 그 차원을 달리하여 보아야 한다. 요컨대 상여금지급의무는 성과의 배분을 위한 것이고, 근로계약체결시점에서 해당 근로자의 근로제공에 대한 보수로서 미리 예정해 둔 것이라고 할 수는 없다.

이러한 점에서 근로계약 상 급부관계의 차원에서 설명될 수 있는 성질의 것이 아니다. 만약 임금의 개념을 그러한 근로계약 상의 급부관계 차원으로 축소하여 본다면, 성과상여금은 임금의 개념에 포섭될 수 없다.

제 4 장
‘통상근로’의 대가로서 ‘통상임금’

오늘날 통상임금에 대한 개념이 자주 문제되고 있다. 통상임금은 노동법상 각종 수당의 산정 기초이다 보니 매우 빈번하게 활용되는 개념이면서도, 그 적용과 해석에 있어 많은 혼란이 발생하고 있다.[1] 판례와 시행령에 나타난 바에 따르면, 통상임금은, 소정근로 또는 총 근로시간에 대한 대가로서 정기적 · 일률적으로 지급되는 고정급 임금을 의미한다고 한다.[2] 그렇다면 통상임금의 개념은, 소정근로의 대가성, 고정성, 정기성, 일률성이라는 요소들의 결합체인 셈인데, 사실 각각의 개념 요소들조차 개념해석이 복잡하고 어렵다. 그러다 보니 통상임금의 개념은 더 어려워질 수밖에 없다. 현행법에서는 통상임금에 대한 명확한 개념과 산정 기준을 설정하지 않고 있을 뿐만 아니라, 이러한 가운데, 작년에는 정기상여금이 통상임금에 해당되는지의 여부가 문제가 된 사안(소위, 「금아리무진사건」[3])에서 대법원은 「상여금은 통상임금에 해당한다고 볼 여지가 있다」라고 판시하면서, 소위 '통상임금의 성격'을 둘러싼 논쟁이 또다시 수면위로 부상하고 있다. 통상임금에 관한 범위 논쟁은 통상임금개념의 해석을 둘러싼 공방이다.

제1절 임금채권의 사전적 확정과 사후적 확정

Ⅰ. 임금채권에 관한 노동법적 규제 내용

1. 임금에 관한 내용규제

(1) 협약자치원리

근로기준법 제2조 제1항 제4호에 의거, 근로계약이란 근로자가 사용자에게 근로를 제공하고 사용자는 이에 대하여 임금을 지급하는 것을 목적으로 체결된 계약을 말한다. 즉, 근로자의 주된 의무는 근로를 제공하는 것이고,

---

1) 대판 1990. 11. 9, 90다카6948; 대판 1992. 5. 22, 92다7306; 대판 1994. 10. 28, 94다26615; 대판 2007. 4. 12, 2006다81974.
2) 대판 1996. 2. 9, 94다19501 판결.
3) 대판 2012. 3. 29, 2010다91046 판결.

사용자는 이에 대한 대가로서 임금을 지급하게 된다. 이때 임금이란 사용자가 근로의 대가로 근로자에게 임금, 봉급, 그 밖에 어떠한 명칭으로든지 지급하는 일체의 금품을 말한다(근로기준법 제2조 제1항 제5호). 이러한 임금은 근로자는 물론 그 가족의 생계유지 수단이라는 점에서 임금은 다른 일반 채권과는 달리 취급되어야 한다. 이 때문에 임금에 관하여는 별도의 노동법적 취급이 이루어진다. 예컨대 최저임금제도나, 임금에 대한 우선변제제도 그리고 임금의 지급 방식에 있어 노동법상의 다양한 규제 등이 바로 그것이다.

근로자는 근로를 제공하여야 할 계약 상 의무를 부담하는 자인데, 이때 근로를 제공하는 목적은 바로 임금을 지급받는 데 있다. 그만큼 임금은 근로계약관계의 본질적인 구성요소요 내용이다. 근로관계가 지속되면, 근로자는 사용자에 대하여 근로의 대가로서 임금을 지급하도록 요구할 수 있다. 즉 근로자는 사용자에 대하여 임금채권을 가진다. 이러한 임금채권에 대하여 노동법 상 다양한 보호가 제공된다.

이와 관련하여 염두에 두어야 하는 것은, 임금의 구체적인 내용을 결정하는 것에 대한 노동법적 규제는 원칙적으로 존재하지 않는다는 사실이다. 즉, 임금의 지급'방식'과 임금'채권의 우선적인 보호'의 문제는 있지만, 과연 얼마의 임금을 책정하여 지급하는 것이 합리적이고 정당한가에 대한 노동법적 규제는 없다. 예컨대 특정 업무종사 근로자는 200만원을 임금으로 정하는 규정은 없다. 최저임금의 범위를 넘는 이상, 임금의 책정은 노사합의의 방식에 따르면 된다. 이는 노동조합과 사용자 간의 협약자치질서 내에 놓인다는 의미이며,[4] 동시에 노사 당사자들이 자유롭게 설정할 수 있다는 뜻이다.

다만 임금의 구체적인 내용에 대한 통제(Inhaltskontrolle)는, 임금에 있어 차별금지원칙(Grundsatz der Lohngleichheit)과 최저임금규제가 있다. 임금에 대한 분쟁은, 임금이 지급되지 아니하는 체불의 문제(채무불이행) 이외에 (i) 임금지급에 있어 불합리한 차별과 (iii) 최저임금에 미달하는 금액을 임금으

4) 독일에서는 단체협약의 적용을 받지 않는 근로자인 경우라도, 단체협약 상에서 정해진 임금의 책정수준은 근로계약 체결 시 근로에 대한 가치 평가의 기준지침으로 기능하게 된다.

로 지급하는 경우로 나누어 볼 수 있다. 그러므로 임금이 불합리하게 차별적으로 지급되거나, 최저임금법제에서의 수준을 하회하는 경우가 아닌 한, 구체적인 임금액에 대한 규제는 없다.[5)]

사실 임금 내용에 대한 규제는 여러모로 생각하기 어렵다. 근로자의 근로제공에 대한 대가로서 지급되어야 할 금품이 과연 얼마로 책정되고 지급되어야 타당한 것인지에 대하여는 입법자가 획일적으로 정할 수는 없기 때문이다. 그렇게 되면 자칫 예컨대 비행기승무원이라면 그 소속 회사가 어디든 300만원의 월급을 받아야 한다는 당위성이 있다는 논리적 결과가 초래되고 만다. 하지만 어느 항공회사에서 일을 하는가에 따라 임금액이 달라지는 것은 너무도 당연한 것으로 받아들여진다. 중요한 것은 그 회사 내에 존재하는 노동조합과 사용자 간에 어떻게 합의를 하느냐에 달려 있을 뿐이기 때문이다.

Ⅱ. 임금채권의 유형과 노동법적 보호

1. 체불사업주 명단 공개 제도

최근 근로기준법 개정을 통해 체불사업주 명단을 공개하는 제도가 마련되었다(근로기준법 제43조의2 및 제43조의3). 이에 따르면 임금이나 보상금 기타 수당 등을 정해진 바에 따라 지급하지 아니한 사업주를 체불사업주(법인인 경우에는 그 대표자를 포함한다)라 하고, 체불사업주 명단 공개 기준일 이전 3년 이내 임금 등을 체불하여 2회 이상 유죄가 확정된 자로서 명단 공개 기준일 이전 1년 이내 임금 등의 체불총액이 3천만원 이상인 경우에는 그 인적사항 등을 고용노동부장관이 공개할 수 있도록 하였다.[6)] 그리고 고

5) 이때 합의란, 개별 근로자와 사용자 간의 합의로서 사적자치원리(Privatautonomie)에 따를 수도 있겠지만, 노동조합과 사용자 간의 단체협약을 통한 임금 획정도 가능하다(협약자치원리: Tarifautonomie). 이는 소위 임금지급 청구권의 법적 근거에 관한 논의이기도 하다. 이에 관하여 자세히는 Hromadka Maschmann, Arbeitsrecht Bd. 1, 2005, S.229ff.

6) 다만, 체불사업주의 사망 · 폐업으로 명단 공개의 실효성이 없는 경우 등 대통령령으로 정하는 사유가 있는 경우에는 그러하지 아니하다(근로기준법 제43조의 2 제1항 단서).

용노동부장관은 제1항에 따라 명단 공개를 할 경우에 체불사업주에게 3개월 이상의 기간을 정하여 소명 기회를 주도록 의무화하였다(근로기준법 제43조의2 제2항).[7)]

그리고 고용노동부장관은 「신용정보의 이용 및 보호에 관한 법률」 제25조 제2항 제1호에 따른 종합신용정보집중기관이 임금 등 체불자료 제공일 이전 3년 이내 임금 등을 체불하여 2회 이상 유죄가 확정된 자로서 임금 등 체불자료 제공일 이전 1년 이내 임금 등의 체불총액이 2천만원 이상인 체불사업주의 인적사항과 체불액 등에 관한 자료(이하 '체불자료')를 요구할 때에는 임금 등의 체불을 예방하기 위하여 필요하다고 인정하는 경우에 그 자료를 제공할 수 있도록 하였다. 다만, 체불사업주의 사망 · 폐업으로 임금 등 체불자료 제공의 실효성이 없는 경우 등 대통령령으로 정하는 사유가 있는 경우에는 제공하지 아니할 수 있다(근로기준법 제43조의3 제1항). 이때 임금 등 체불자료를 받은 자는 이를 체불사업주의 신용도 · 신용거래능력 판단과 관련한 업무 외의 목적으로 이용하거나 누설하여서는 아니 되며(근로기준법 제43조의3 제2항), 임금 등 체불자료의 제공 절차 및 방법 등과 같이 체불자료의 제공에 필요한 사항은 대통령령으로 정하도록 하였다(근로기준법 제43조의3 제3항).

2. 임금채권의 우선변제

(1) 내 용

현행 근로기준법 제38조에서는 다른 채권과의 관계에서 임금채권의 우선변제적 지위를 규정하고 있다. 즉, 동조 제1항에 따라, 임금, 재해보상금, 그 밖에 근로관계로 인한 채권은 사용자의 총재산에 대하여 질권(質權) · 저당권 또는 「동산 · 채권 등의 담보에 관한 법률」에 따른 담보권에 따라 담보된 채권 외에는 조세 · 공과금 및 다른 채권에 우선하여 변제되어야 한다고 규정하고 있다.[8)] 이는 다른 채권과의 관계에서 임금채권이 우선적으로 변

---

7) 체불사업주의 인적사항 등에 대한 공개 여부를 심의하기 위하여 고용노동부에 임금체불정보심의위원회를 두도록 하였다(근로기준법 제43조의2 제3항).

8) 다만, 질권 · 저당권 또는 「동산 · 채권 등의 담보에 관한 법률」에 따른 담보권에 우선하는 조세 · 공과금에 대하여는 그러하지 아니하다.

제되어야 함을 규정한 것이다. 담보물권과의 관계에서 임금채권이 우선적 변제순위를 가지는 것을 의미하는 것은 아니라는 점에 유의할 필요가 있다. 다만 여기에도 예외가 있다. 즉, 최종 3개월분의 임금과 재해보상금에 해당하는 채권은 사용자의 총재산에 대하여 질권 · 저당권 또는 「동산 · 채권 등의 담보에 관한 법률」에 따른 담보권에 따라 담보된 채권, 조세 · 공과금 및 다른 채권에 우선하여 변제되어야 한다. 이를 임금채권에 관한 최우선변제라고 한다.

(2) 임금채권 우선변제제도의 입법연혁

임금 등 채권의 우선변제에 관한 규정은 1974. 12. 24. 법률 제2708호로 근로기준법을 개정하면서 신설되었다. 당시 그 개정법률 제30조의2는 "임금, 퇴직금, 재해보상금 기타 근로관계로 인한 채권"은 질권 · 저당권 · 조세 · 공과금의 다음 순위로 우선변제를 받을 수 있다고 규정하였다.[9] 이후 1980. 12. 31. 법률 제3349호로 근로기준법 제30조의2를 1차 개정하였는데, 그 내용은 임금, 퇴직금, 재해보상금 기타 근로관계로 인한 채권을 보장하기 위하여, 종전에 질권 · 저당권 · 조세 · 공과금 다음에 임금 등의 순위로 되어 있던 것을, 질권 · 저당권 및 이에 우선하는 조세 · 공과금 다음에 임금 등의 순위로 상향조정하여 규정하였다.[10] 이후 1987. 11. 28. 법률 제3965호로 근로기준법 제30조의2를 2차 개정하면서는 특히 "최종 3월분의 임금"은 질권 또는 저당권에 의하여 담보된 채권이나 이에 우선하는 조세 · 공과금보다도 더 우선하여 이를 변제받을 수 있도록 규정하였다.[11] 소위 임금채권의 최우선변제제도를 둔 것이다. 1989. 3. 29. 법률 제4099호로 근로기준법 제30조의 2를 3차 개정하였는데, 그 내용은 근로자의 최종 3월분의 임금뿐만 아니라 "퇴직금 및 재해보상금"도 사용자의 총재산에 대하여 질권 또는 저당권에 의하여 담보된 채권, 조세 · 공과금 및 다른 채권 모두에 우선하여 변제되어야 한다고 규정하였다.[12]

1997년 헌법재판소는 구 근로기준법 제30조의2 제2항 및 제37조 제2항

9) 헌법재판소 2006. 7. 27, 2004헌바20 결정.
10) 헌법재판소 2006. 7. 27, 2004헌바20 결정.
11) 헌법재판소 2006. 7. 27, 2004헌바20 결정.
12) 헌법재판소 2006. 7. 27, 2004헌바20 결정.

중 각 "퇴직금" 부분은, 근로자에게 퇴직금 전액에 대하여 질권자나 저당권자에 우선하는 변제수령권을 인정함으로써 결과적으로 질권자나 저당권자가 그 권리의 목적물로부터 거의 또는 전혀 변제를 받지 못하게 되는 경우에 우선변제수령권이 형해화하게 되므로 질권이나 저당권의 본질적 내용을 침해할 소지가 생기게 된다는 이유로 헌법에 합치되지 아니한다는 결정을 선고하였다.[13] 위와 같은 헌법불합치결정이 있은 후에 1997. 12. 24. 법률 제5473호로 개정되어 우선변제특권이 인정되는 퇴직금의 범위가 퇴직금 전액에서 "최종 3년간의 퇴직금"으로 제한되었다. 그 후 2005. 1. 27. 법률 제7379호로 근로기준법 제37조를 개정하여 우선변제의 대상에서 "최종 3년간의 퇴직금" 부분을 삭제한 후, 같은 날 제정된 근로자퇴직급여보장법 제11조 제2항에서 같은 내용으로 규정하고 있다.[14]

(3) 합헌성 논쟁

근로기준법상 임금채권 우선변제제도는 사회정책적인 차원에서 근로자를 두텁게 보호하기 위하여 일정한 임금, 퇴직금 등 채권에 대하여 임의경매 등 집행절차에서 다른 채권자보다 우선하여 변제를 받을 수 있는 권리를 인정한 것이다.[15] 그리고 이러한 임금우선특권은 당사자의 약정 없이도 법률의 규정에 의하여 당연히 성립하는 법정담보물권으로 보아야 한다.[16] 이렇듯 임금우선특권은 당사자의 약정 없이도 법률의 규정에 의하여 당연히 성립하는 법정담보물권이기는 하지만, 이는 사용자의 재산에 대하여 경매절차 등이 개시된 경우에 그 배당절차에서의 환가금에서 질권 또는 저당권의 피담보채권이나 일반채권보다 우선하여 변제받을 수 있는 것일 뿐, 더 나아가 담보물권의 일반적 효력인 독자적인 환가권(換價權)이나 목적물에 대한 추급효(追及效)까지 인정되는 것은 아니라는 것이 판례의 입장이다.[17] 또한 사용자가 재산을 취득하기 전에 설정된 담보권에 대하여까지 우선변제권이 인정되는 것은 아니라고 해석되고 있다.[18]

---

13) 헌법재판소 1997. 8. 21, 94헌바19등 결정.
14) 헌법재판소 2006. 7. 27, 2004헌바20 결정.
15) 대판 1994. 12. 27, 94다19242.
16) 대판 1994. 12. 27, 94다19242.
17) 대판 1994. 12. 27, 94다19242.

다만 임금채권 우선변제제도가 법 시행 전에 설정된 담보물권자와의 관계에서 소급효를 인정하여 우선변제를 받을 수 있도록 하는 특별규정을 두지 않았다고 하여 소위 그 입법재량을 유월한 것이라는 위헌논쟁이 있었으나, 이는 헌법재판소에서 그 위헌성이 부인되었다. 즉, "입법자가 위와 같은 임금우선특권의 제도적 취지, 법적 성질과 효력, 다른 담보물권자와의 관계 등 모든 사정을 종합적으로 고려하여 근로자의 임금채권 우선변제제도를 신설하면서 법 시행 전에 설정된 담보물권자와의 관계에서 소급효를 인정하여 우선변제를 받을 수 있도록 하는 특별규정을 두지 않았다고 하더라도, 그 내용이 현저히 불합리하여 헌법상 용인될 수 있는 입법재량의 범위를 현저히 일탈하였다고 볼 수 없고, 오히려 법 시행 전에 설정된 담보물권자의 기존 권리를 해하지 않기 위한 합리적이고 조화로운 입법권의 행사라고 할 것이며, 또 최우선변제를 받을 수 있는 임금 등 채권자의 기준과 범위를 정함에 있어 법 시행 전에 설정된 담보물권자와 함께 배당받는 경우를 제외함으로써(법 시행 이후에 설정된 담보물권자와 함께 배당받는 경우와 비교하여) 차별취급을 하고 있다 하더라도 그것이 합리성이 없는 자의적인 차별이라고 할 수 없다"고 보았던 바 있다.[19]

(4) 축소 및 제한 해석 금지원리

특히 근로기준법 제38조 제2항 상의 최우선변제규정은 근로자의 최저생활을 보장하고자 하는 공익적 요청에서 일반 담보물권의 효력을 일부 제한하고 최종 3개월분의 임금과 재해보상금에 해당하는 채권의 우선변제권을 규정한 것이다. 그러므로 이 규정을 해석함에 있어 합리적 이유나 근거 없이 적용대상을 축소하거나 제한하는 것은 허용되지 않는다는 것이 판례의 입장이다.[20]

최종 3개월분의 임금 채권이 사용자의 총재산에 대하여 사용자가 사용자 지위를 취득하기 '전'에 설정한 질권 또는 저당권에 따라 담보된 채권에도 우선하여 변제되어야 하는지 여부가 문제된 사건에서, 법원은 "근로기준법

18) 대판 1994. 1. 11, 93다30938.
19) 헌법재판소 2006. 7. 27, 2004헌바20 결정.
20) 대판 2011. 12. 8, 2011다68777.

제38조 제2항은 최종 3개월분의 임금 채권이 같은 조 제1항에도 불구하고 사용자의 총재산에 대하여 질권 또는 저당권에 따라 담보권 채권에 우선하여 변제되어야 한다고 규정하고 있을 뿐, 사용자가 사용자 지위를 취득하기 전에 설정한 질권 또는 저당권에 따라 담보된 채권에는 우선하여 변제받을 수 없는 것으로 규정하고 있지 않으므로, 최종 3개월분의 임금 채권은 사용자의 총재산에 대하여 사용자가 사용자 지위를 취득하기 전에 설정한 질권 또는 저당권에 따라 담보된 채권에도 우선하여 변제되어야 한다"고 판시한 바가 있다.[21] 이와 관련하여 종래 판례가 "사용자가 재산을 특정승계 취득하기 전에 설정된 담보권에 대하여는 최종 3개월분의 임금 채권의 우선변제권을 인정할 수 없다"는 견해를 취하여 왔다.[22] 이러한 판례의 입장은 담보권자가 담보권설정자가 아닌 담보목적물 양수인이 지는 부담에 의하여 담보권을 침해당할 수 없음에 근거한 것이다.[23] 하지만 위와 같은 경우는 담보권이 설정된 재산이 이전되지 아니하고 단지 사용자 지위의 취득시기가 담보권 설정 '후'이므로, 종래 판례의 입장이 그대로 원용될 수는 없다고 보아야 한다.[24]

3. 임금채권과 이행지체에 대한 지연이자

근로기준법 제37조에서는, 원칙적으로 근로자가 사망 또는 퇴직한 경우에는 그 지급 사유가 발생한 때부터 14일 이내에 임금, 보상금, 그 밖에 일체의 금품을 지급하여야 하여야 하는데, 그 지급을 사용자가 지체하는 경우, 미지급 임금에 대한 지연이자에 대하여 별도로 규정하고 있다. 이에 따르면, 사용자는 자신이 지급하여야 할 임금의 전부 또는 일부를 그 지급 사유가 발생한 날부터 14일 이내에 지급하지 아니한 경우 그 다음 날부터 지급하는 날까지의 지연 일수에 대하여 연 100분의 40 이내의 범위에서 「은행법」에 따른 은행이 적용하는 연체금리 등 경제 여건을 고려하여 대통령령으로 정하는 이율에 따른 지연이자를 지급하여야 한다(동조 제1항). 다만

21) 대판 2011. 12. 8, 2011다68777.
22) 대판 1994. 1. 11, 93다30938; 대판 2004. 5. 27, 2002다65905 등 참조.
23) 대판 2011. 12. 8, 2011다68777.
24) 대판 2011. 12. 8, 2011다68777.

사용자가 천재 · 사변, 그 밖에 대통령령으로 정하는 사유에 따라 임금 지급을 지연하는 경우 그 사유가 존속하는 기간에 대하여는 적용하지 아니한다(동조 제2항).

임금채권에 대한 이행지체문제가 발생한 경우, 노동법의 입법자는 특별히 그 지연이자에 대한 명확한 가이드라인을 제시하고 있다. 이는 근로계약의 당사자인 노사관계는 다분히 비 대등적인 관계이므로 흔히 임금지급청구권을 행사한 경우라도 그것이 제때에 이행되지 못할 것을 대비하여 별도의 지연이자합의를 해 두는 경우가 적다는 점을 감안하여, 이를 아예 명시적으로 규정하여 둔 경우라고 할 수 있다.

Ⅲ. 소　　결

1. 임금 협약(합의)의 두 가지 내용

임금의 구체적인 액수 결정은 노동조합의 단결역량에 달려 있다고 해도 과언이 아니다. 이때 노사 간 합의의 대상이 되는 임금은 두 가지다. 첫 번째는 통상적인 근로가 행하여지는 것을 전제로 상정해 둔 사전적 임금과 두 번째는 수시로 이루어지는 비통상적 근로나 추가적인 근로부담이 가해지는 근로가 실제 행하여지는 경우에 대비하여 상정해 두는 가산율이다. 이때 가산율은 통상의 근로가 행하여지는 경우를 전제로 책정해 둔 사전적 임금을 기준으로 하여 할증하는 방식을 취하게 된다.

임금을 근로의 대가로만 파악할 경우, 임금을 미리 사전적으로 확정한다는 것은 불가능하다. 왜냐하면 사전적으로 미리 예정된 통상적 근로에 대한 대가로서 임금을 정할 수 있을 뿐이고, 통상적이지 않은 상황 그러니까 비정상적인 상황까지를 미리 고려해서 정할 수는 없기 때문이다. 예컨대 갑자기 일감이 늘어나 야간근로를 하는 경우까지를 미리 예측해서 임금을 결정할 수는 없다. 근로계약을 체결하는 과정에서 사용자와 구직자가 합의하는 임금은, 바로 통상적인 근로상황을 전제로 하여 미리 예정해 놓은 임금과 가산임금의 산정방식이 될 것이다. 비통상적인 상황은 실제 근로를 제공하

는 과정에서 사후적으로 발생되게 되므로, 사전에는 그 산정방식을 확정해 두면 된다.[25)]

결과적으로 임금은, 통상의 근로에 대한 대가로서 사전적으로 미리 산정해 둔 사전적 임금도 있고, 사후적으로 실제 근로제공한 양만큼 수령하게 되는 사후적 임금도 있다. 시계열적 관점에서 보면 임금은 결국 위와 같이 두 가지로 구분이 가능하다.

사전적 임금과 사후적 임금은 언제나 동일한 것은 아니다. 사후적인 상황변화로 사전적 임금보다 사후적 임금이 적을 수도, 혹은 더 많을 수도 있다. 예컨대 사전적으로 미리 임금으로서 지급이 예정되었던 금품이라 하더라도 해당 근로자가 정작 질병으로 휴직함으로써 근로를 제공하지 아니하였다면, 사전적으로 정해 놓은 금품으로서의 임금이 산정되어 있었다 하더라도 해당 근로자는 사후적으로 임금을 받을 수 없다. 실제 근로를 제공하지 아니하였기 때문이다.

근로자가 특정 업무에 종사하게 되는 경우, 지급받기로 예정된 사전적 임금은 고정적인 특성을 나타낸다. 통상적인 근로가 행하여졌을 경우 지급될 임금은 미리 확정적으로 제시되어 있기 때문이다. 결국 임금채권은 임금지급약정 시점에서 미리 확정될 수 있는 부분과, 그렇지 않고 실제 근로한 성과를 정산하여 비로소 확정되는 부분으로 나누어질 수 있음을 알 수 있다.[26)]

2. 임금채권에 대한 노동법적 보호와 채권의 확정시점

임금은 근로계약관계에서 가장 중요한 부분이다. 근로자의 생계유지 수단이면서 동시에 근로를 제공하는 본질적인 이유이기 때문이다. 이러한 이유로 임금지급청구권은 단지 채권으로서의 속성을 가지지만, 다른 채권과 달리 특별한 노동법적 보호가 가해진다. 그 가운데 가장 특징적인 것은 바

25) 이러한 논리에서 보면, - 뒤에 살펴보게 될 - 통상임금의 산정범위에 대한 노사 간의 합의의 효력을 부정하는 우리 대법원의 입장은 의문이 아닐 수 없다.

26) 필자는 현재 우리 노동실무계와 학계에서 각종 수당들에 대한 임금성 여부에 대한 논란 이외에 통상임금이나 평균임금에 대한 산정범위 논란은 바로 이러한 데에 기인한 측면이 강하다고 본다.

로 임금채권에 대한 우선변제권을 보장하는 것이다.

다른 한편 임금채권에 대한 독특한 노동법적 보호제도를 언급하기에 앞서 간과되지 말아야 하는 것은 바로 임금채권을 확정하는 일이다. 임금채권이 확정되어야 비로소 그 지급을 청구할 수 있다. 임금채권의 확정 시점을 기준으로 하여 보면, 임금채권은 두 가지 유형으로 나누어 볼 수 있다. 그 첫 번째가 근로계약 상 예견된 사전확정형 임금채권이다. 이는 일정한 시간과 장소에서 근로를 제공하기로 하고, 그 반대급부로서 지급받기로 한 임금을 대상으로 한 채권을 말한다. 이러한 임금채권은 임금지급시기가 도과하면 확정된다. 두 번째 유형은 사후정산형 임금채권이다. 사후정산형 임금채권이란, 근로관계의 지속 중에 이루어진 추가적인 근로제공에 대하여 가산하여 임금을 지급하게 되는 경우를 모두 포함하여 확정되는 임금채권을 말한다.

대체로 사전확정형 임금의 경우는 해당 근로자가 특정 업무에 종사하게 되는 경우, 사용자가가 '예측하는' 해당 근로자의 근로가치가 될 것이다. 이와 달리 사후정산형 임금의 경우는 해당 근로자가 실제로 제공한 근로의 대가를 의미하게 된다.

결국 임금은 물론 임금채권도 실제 근로의 대가를 정산함으로써 확정되는 것과, 근로계약 상 의무로서 근로의 가치에 의해 당사자 간 합의로 정해 놓은 것으로 나눌 수 있으며, 이 양자는 향후 임금 이외에 각종 법정 수당의 지급에 있어서도 달리 취급되어야 할 필요가 있다.

제2절 통상근로의 대가로서 통상임금

Ⅰ. 제공'된' 근로의 대가와 제공'될' 근로의 대가

"근로자가 야간근로를 한 경우에 얼마를 가산하여 지급하는 것이 옳은가?" 이 질문에 대하여 현행 근로기준법은 '통상임금'이라는 개념을 가지고 답하고 있다. '통상임금'의 50%에 해당하는 금품을 추가로 더 지급하도록 하고 있다. 그런데 문제는 통상임금의 개념범위가 모호하다는 데 있다.

임금과 근로와의 급부관계성을 염두에 둔다면, 의외로 통상임금의 개념은 간단하게 설명될 수도 있다. 임금은 근로의 대가이기 때문이다. 근로가 제공되면 그 대가로 사용자는 근로자에게 임금을 지급할 의무가 있다. 따라서 근로가 이루어지게 되면 임금은 지급되어야 한다. 근로계약은 이러한 쌍무계약관계로서의 속성을 가진다.

다만 근로기준법에 '임금'에 대한 개념과는 별도로 '평균임금'과 '통상임금'에 대한 규정을 두고 있다. 우선 임금에 대한 개념을 보면, 근로기준법 제2조 제1항 제5호는 「임금이란 사용자가 근로의 대가로 근로자에게 임금, 봉급, 그 밖에 어떠한 명칭이로든지 지급하는 일체의 금품」이라고 정의하고 있다. 그리고 평균임금에 대해서는 동항 제6호에서 「산정사유가 발생하기 이전 3개월 동안에 근로자에게 지급된 임금 총액을 그 기간이 총 일수로 나눈 금액」이라고 한 다음, 동법 시행령 제2~5조에 걸쳐 산정 방법에 대해 상세하게 규정하고 있다. 따라서 제6호에서 말하는 평균임금은 제5호의 임금을 전제로 하고 있으므로, 양자의 개념은 기본적으로 동일한 것으로 볼 수 있다.

통상임금의 개념에 대하여 정작 근로기준법 상에 명문화된 것은 없다. 1953년 근로기준법 제정 당시부터 단지 초과근로수당과 연차유급휴가수당의 지급에 있어 통상임금을 기준으로 하여 산정한다는 규정을 두고 있을 따름이었다. 통상임금의 개념이 법정화된 것은, 1969년 근로기준법 시행령에 - 모법인 근로기준법의 위임도 없이 - 시간급 환산 방법에 대한 간략한 내용을 규정한 것이 처음이다(동시행령 제6조). 이후 1982년에 이르러 근로기준법 시행령에서, 통상임금의 개념을 규정하였다. 이러한 개념으로부터 법원은 소정근로의 대가로서 일률성 · 정기성 · 고정성이라는 개념 요소를 발견하고, 오늘날 금품의 통상임금해당성 여부를 판단하고 있다.[27]

하지만, 통상임금은 근로의 대가라는 점에서 임금과 동일하지만 사전적으로 예정된 통상적 근로 제공에 대한 대가로서 미리 예정된 임금이라는 점에서 임금의 개념과 구별된다. 결국 제공된 근로의 대가가 임금이고, 통

---

27) 통상임금제도의 역사적 변천과정에 대해서는 하갑래, "통상임금제도의 변화와 과제", 「노동법학」 제44호, 2012 참조.

상적 근로조건하에서 제공될 것으로 '예정된 근로의 대가'가 바로 '통상임금'이다. 통상적인 근로조건하에서 이루어지는 근로의 제공을 통상근로라고 할 수 있다. 결국 '통상'임금은 결국 '통상'근로의 대가라고 할 수 있다.

Ⅱ. 지급'될' 임금과 지급'된' 임금

예컨대 구직자와 사용자가 근로계약을 체결할 때, 사용자는 통상적인 근로를 전제로 하여, 구직자에게 임금액을 제시하게 된다. 이러한 임금제시액과 향후 자신이 제공하게 될 통상적인 근로의 내용을 비교해 보고, 구직자는 채용에 응할 것인지, 응하지 않을 것인지를 결정하게 된다. 이때 사용자에 의해 제시되는 임금의 내용은 두 가지 형태가 될 것이다. 첫 번째는 전형적으로 미리 예정된 통상의 근로를 제공하게 될 때 지급'될' (사전적) 임금이고, 두 번째는 비전형적으로 실제 근로가 이루어지는 경우에 지급하게 될 임금의 산정방식이 바로 그것이다. 근로의 제공은, 언제나 동일한 근로조건하에서 동일한 근로시간동안만 이루어지는 것은 아니다. 일감이 늘어나면 근로의 제공 시간은 당초 통상적 근로로서 예정되었던 시간 이외의 시간에도 근로를 제공하게 되기 때문이다. 이때 추가적으로 제공된 근로에 대한 대가로서 임금지급이 있어야 함은 물론이다.

Ⅲ. 통상근로의 대가로서 통상임금

1. 통상임금개념의 모호성

통상임금의 개념과 산정범위를 두고는 이미 1990년대 초반부터 여러 가지 논란이 지속되어 왔다. 하지만 이 문제는 노동행정상의 지침과 노동실무상의 관행에 묻혀서 모호한 상태로 남아 있었다. 이 문제에 대한 법리적 해명을 미루고 미루다가, 최근에 대법원이 근로자들에게 지급되는 정기상여금을 통상임금의 산정에 포함시켜야 한다는 취지로 판결[28]을 내리면서, 더

28) 대판 2012. 3. 29, 2010다91046.

이상 그 논쟁을 회피할 수 없는 상황에 이르고 말았다.[29] 통상임금은 사전적으로 확정되어야 할 속성의 '임금'이기 때문에, 오히려 그 산정이 명료할 수 있고 또한 명료해야 한다. 그런데 오늘날 사전적 확정임금인 통상임금에 대하여 이렇듯 논란이 이어지고, 그 논쟁의 끝이 보이지 않는 지경에 이르게 된 것은 전적으로 후진적인 임금체계와 구조 때문이다.

2. 통상임금의 개념적 대칭관계

통상임금의 개념과 개념적 대칭관계 하에 있는 통상근로란 무엇을 뜻하는 것인가? 통상임금의 개념 논란을 해소하는 일은 의외로 간단할 수 있다. 통상임금은 통상근로의 대가이므로, 통상근로가 무엇인가를 해명하는 일은 결국 통상임금의 개념 요소들을 고려하여 규명할 수 있을 것이다.

3. 통상근로와 소정근로의 개념 구별 필요성

통상임금은 소정근로의 대가로서 속성을 가지고 있다. 그렇다면 통상근로는 소정근로와 일맥상통한다고 볼 수 있다. 소정근로란, 사용자와 근로자가 합의로서 정해놓은 근로를 말한다. 여기에는 근로시간이나 근로장소, 업무의 내용이 모두 포함될 것이다. 하지만 통상근로가 곧 소정근로와 동일한 개념이라고 볼 수는 없다. 왜냐하면 통상임금의 개념에는 고정성과 일률성, 정기성의 개념이 더불어 포함되어 있기 때문에, 통상근로의 개념에도 이러한 점이 반영되어야 하기 때문이다. 이것이 소정근로와 통상근로의 개념적 차이점이라고 할 수 있다. 다만 이때 정기성은 '임금'지급에 국한된 고유한 원칙이므로, 근로의 개념에 직결될 필요는 없을 것이다. 따라서 통상근로는 고정성과 일률성 그리고 소정근로의 개념과 조화적인 개념으로 형상화가 가능할 것이다.

통상임금은 사전적 임금으로서의 속성을 가지므로 고정성을 가진다. 이는 통상근로의 경우 미리 사전적으로 규격화된 근로형태로서 고정성을 가

---

29) 통상임금 문제에 관한 선행연구로는 박래영, "법정기준임금의 단일화에 관한 연구", 경제연구, 제9집, 홍익대학교 경제연구소, 1993; 이철수, "통상임금의 법리", 노동법연구, 제3호, 1993.

지는 것임을 알 수 있다. 문제는 일률성이다. 통상임금의 속성에는 일률성이 내포되어 있다고 한다. 일률성이란, 해당 업무종사 근로자들 전부에게 일률적으로 적용되어야 한다는 의미다. 이를 반대로 해석하면 특정 근로자에게만 일정한 사유를 근거로 지급하는 금원은 통상임금의 개념에 포함될 수 없다는 것을 뜻한다. 결국 이러한 점을 염두에 둔다면, 통상근로는 특정 근로자에게만 적용되는 근로의 형태가 아니라, 일정한 업무 또는 일정한 사업장에 종사하는 '모든' 근로자의 공통적인 규격화된 근로형태를 뜻하는 것이라고 할 수 있다.

4. '통상근로'의 개념 – "통상임금의 제도적 기능 관점에서"

통상근로란, 근로계약(합의)을 통해 근로자가 부담하여야 할 의무로서, 해당 업무종사 근로자라면 누구에게나 적용되는 근로조건(근로시간, 근로여건 등) 하에서의 근로를 말한다고 할 수 있다. 보다 구체적으로는 통상임금의 제도적 기능과 의의에서 통상근로의 의미를 구체화할 수 있다. 통상임금은 가산임금을 산정하기 위한 기준임금이다. 그렇다면 통상근로는 가산임금을 지급하지 않아도 되는 상황에서의 근로를 의미한다는 것을 알 수 있다. 즉 통상근로란, 야간근로가 아닌 근로이고, 휴일, 휴가 근로가 아니며, 연장근로가 아닌 근로를 말한다. 즉, 주간 근로이면서, 법정 근로시간 내에서의 근로이고, 평일근로를 말한다. 이러한 통상의 근로를 전제로 하여 노사가 미리 합의해 놓은 고정적 임금이 바로 통상임금이다.

이러한 통상임금은 업무내용에 따라 같은 사업장 내 근로자라도 달리 나타날 수 있다. 예컨대 병원에서의 수술실 간호사 업무의 특성 상 병실간호사와 구별되는 임금명목이 책정될 수 있기 때문이다.

결국 임금체계를 단순화한다면, 사전적 근로에 대한 사전적 임금으로서, 통상근로와 통상임금이 있고, 사후적인 근로에 대한 사후적인 임금으로서, 근로와 임금이 있다. 평균임금은 바로 임금과 동일한 개념적 속성을 가지는 것이되, 다만 근로자의 생활수준을 가늠할 수 있게 하기 위해 입법자가 기술적으로 창출해낸 인위적인 도구개념이다.[30] 통상임금은 동일한 업무종사

30) 도구개념이기 때문에, 그 개념 하나하나에 법적 당위성이 존재하는 것은 아니다. 예컨

근로자의 근로가치를 평가해 놓은 금액이라고 할 수 있다. 다만 이때 통상근로를 전제한 근로가치로서, (i) 야간근로가 아닌 주간 근로이면서, (ii) 법정근로시간 내의 근로이고 (iii) 휴일, 휴가 기간 내의 근로가 아님을 전제로 한 것이다. 결과적으로 통상근로는 근로의 시간적 요소와 매우 밀접한 관련성을 가지고 있음을 알 수 있다.

제3절 소 결

우리 현행 노동법 체계에서는 이하에서 보는 바와 같이 통상임금이라는 개념을 사용하고 있다. 이때 통상임금이라는 개념은, 연장근로나 연장근로에 따른 대가로서 지급되어야 할 임금을 산정하는 수단적인 임금개념이다. 연장근로에 따른 대가를 산정하는 데 필요한 수단적인 개념인 것이다.[31] 현행법상으로는 이러한 통상임금에 1.5를 가산하여 실제 초과 근로에 대한 대가로서 임금이 지급된다. 이렇듯 1.5를 가산하는 이유는 다시 뒤에 설명이 있겠지만, 이와 별도로 미리 염두에 두어야 할 사실이 있다. 그것은 바로 통상임금이라는 개념이, 당초 해당 업무 종사 근로자의 노동력에 대한 총체적인 가치 평가와 매우 밀접하다는 사실이다.

해당 업종에서의 노무 가치를 평가하고, 이러한 노무가치가 특별히 야간이나 추가적인 연장근로를 통해서 구현된 점을 감안하여 노무가치에 가산

대 평균임금의 산정은 최종 3개월 동안 지급된 임금을 그 대상으로 하게 되는데, 이때 3개월이어야 하는 당위성은 없다. 입법자가 3개월로 정해 놓은 것이다. 이러한 데에는 산정공식으로서의 간명함 또는 명확성도 고려되었을 것이다. 엄밀히 보면 통상임금도 가산임금 지급을 위한 도구개념이다. 따라서 특정한 업무에 종사하는 모든 근로자의 근로가치를 평가하는 것이 본래 취지이지만, 이러한 취지에 부합하도록 하는 계산공식을 창출하는 데에는 -마치 평균임금계산공식에서 최종 3개월 치라고 정해 놓았듯이 - 입법기술적인 재량적 판단과 결정이 가능하다고 보아야 한다.

31) 같은 취지로, 김형배, 노동법, 2013, 379면 주4) 참고. 이에 따르면, 통상임금이란, 통상의 근로일이나 근로시간에 대해 통상적으로 지급되는 임금, 즉, 약정된 시간급, 일당 등을 말한다. 주로 기준 근로일이나 근로시간을 초과한 것에 대한 대가를 계산하기 위한 기준으로 사용되는 개념이라고 한다. 판단컨대 통상임금은, 주간, 평일 근무일, 그리고 법정 근로시간 내에 근로하는 경우에 그 대가로서 책정되어진 임금이라고 평가하는 것이 옳다.

비율을 더하여 임금을 지급하게 된다. 이것이 바로 현행 연장, 야간근로에 대한 가산임금체계인 것이다.

통상임금은 통상근로의 대가이다. 통상근로는 가산임금의 대상이 되지 아니하는 근로형태로서 사전에 예정된 근로의 전형적 이행모습을 말한다고 할 수 있다. 해당 업무종사 근로자의 근로가치에 대한 평가는 바로 이러한 통상근로를 전제로 하여 산정해 두는 것이다. 비통상근로에 대한 대가로서 가산임금의 지급은, 통상근로 시의 근로가치에 가산하는 방식을 취하게 되기 때문이다. 그렇다면 통상근로의 개념은 어느 정도 구체화될 수 있다. 법정 근로시간 이내에서, 평일 주간 근로가 바로 통상근로가 될 것이다. 적어도 우리 현행 근로기준법에 따를 경우 비통상근로는 가산임금지급의 대상이 되는 근로로서, 연장, 휴일, 휴가일, 야간근로의 경우이기 때문이다.

제 5 장
통상임금에 관한 개별 쟁점 재검토

제1절 통상임금의 기능적 의의에 대한 재평가

Ⅰ. 서 설

최근에 금아리무진 사건 판결 이후 또다시 서울고법 민사15부가 2013년 7월 26일 한국GM 사무직 직원 1025명이 "업적연봉을 통상임금에 포함해 계산한 시간외 근로수당과 연월차 수당 지급하라"며 사측을 상대로 낸 임금 소송 항소심에서 1심과 달리 상여금 성격인 업적연봉도 통상임금에 포함된다는 취지도 판결을 내리면서 혼란은 심화되고 있다.[1] 말 그대로 통상임금제도에 관한 다양한 쟁점들이 '동시다발적'으로 문제되고 있다. 그 가운데 기업은 기업대로, 근로자는 근로자대로 그리고 정부는 정부대로 대책을 세운다고 분주하다.[2]

당장 통상임금을 기초로 한 수당을 한 달에도 수십 번 산정하여 지급하여야 할 기업 회계 직원의 고충은 매우 크게 생겼다. 통상임금의 다양한 쟁점들이 여전히 모호한 상태로 남아 있고, 그렇다고 하여 향후 뾰족한 대책을 찾기도 그리 쉽지 않아 보이기 때문이다.[3] 이러한 데에는 여러 가지 이유가 있겠지만, 통상임금제도에 관한 입법자의 명확한 개념규정 흠결이 가장 큰 이유로 지적될 수 있을 것이다.

사실 통상임금의 개념이 모법인 근로기준법에 정의되어 있지 않았던 탓으로,[4] 종래 통상임금에 관한 논의는 전적으로 판례나 행정해석 등에 의존하여 왔다.[5] 물론 1982년 근로기준법 시행령이 개정과정에서 통상임금에 관한 개념 규정이 시행령 상에 명시되기는 하였지만,[6] 이 역시 그 이전부

1) http://www.mt.co.kr/view/mtview.php?type=1&no=2013072710212792466&outlink=1
2) http://www.ytn.co.kr/_ln/0101_201306190138589807
3) http://www.hani.co.kr/arti/society/labor/592253.html
4) 모법의 위임없이 시행령에서 통상임금에 대해 규정한 것을 두고, 그 효력이 문제될 수 있다는 주장도 있다(김기덕, "통상임금의 법리에 대한 재검토", 노동과 법, 2006, 89면 이하).
5) 하갑래, 근로기준법, 2013, 404면.

터 판례를 통해 형성되어 오던 법리를 명문 규정으로 만든 것이었으므로, 통상임금에 관한 논의는 사실상 법관법(Richterrecht) 상의 개념해석론이라 해도 무방하다. 이러다 보니 통상임금논쟁은 마치 법원 혼자서 북치고 장구치고 춤추는 것과 같이 되어 버렸다.

통상임금에 관한 논의를 위해서는 종래 판례의 내용과 그 변화 추이에 주목하게 되는 이유도 이 때문이다. 하지만 유감스럽게도 통상임금의 해석론은 여전히 명쾌하지가 못한 채로 남아 있다. 통상임금에 관한 법원의 입장은 처음부터 완결형이 아니라 현재진행형으로 형상화가 이루어지고 있는 느낌도 든다. 그 결과 통상임금의 다양한 개념 요소들을 구체적 사례에 적용함에 있어 결코 간단치 않게 되었다. 하급심 법원 판결 간의 혼동이나, 대법원의 해석론이 외견상 변경된 것으로 보여지는 판결이 나오는 경우에도 이에 관한 별다른 해명이 없었다는 것은 노동현장을 더욱 어렵게 만들고 말았다.[7]

통상임금논쟁을 해명하는 단초는 통상임금의 본질을 해명하는 데에서 찾아야 한다. 통상임금의 개념적 본질은 그 개념 자체 보다는 그 기능적 의의와 제도적 필요성에 중심을 두어야 한다. 통상임금은 도구개념이기 때문이다. 통상임금을 통해 지급하고자 하는 수당의 성격과 내용을 염두에 두는 것이 중요하다.

요컨대 통상임금이 도대체 무엇을 위해 창안된 개념인가를 되짚어 보고 나서, 오늘날 법원과 시행령에서 제시되어 있는 통상임금의 4가지 개념 요소 하나하나를 검토하는 것이 순서다.

---

6) 대통령령 제10898호, 1982. 8. 13, 일부 개정.

7) 필자는 개인적으로 대법원의 입장이 변경되었기 때문에 전원합의체판결이 요구된다는 지적보다는 대법원의 해석원칙과 내용을 상세하고 명확하게 설명해 주는 것이 노동실무계에서의 혼란을 해소할 수 있다는 점에서 대법원 전원합의체 판결이 필요하다고 본다. 이하에서 보듯이 필자는 대법원의 해석론이 어느 정도 일관성을 유지하고 있다고 보기 때문이다. 분명한 것은, 통상임금에 관한 해석에 있어 대법원의 입장 변경이 있는 것이라는 주장이 '보편적으로' 나올 만큼 통상임금개념에 대한 모호성은 그 정도가 심각하다는 사실이다.

Ⅱ. 통상임금의 기능적 의의와 필요성

현행 노동법제 상 통상임금은 (i) 가산임금 등이나 각종 수당을 지급하는 기준금액으로서의 기능과 (ii) 평균임금이 최저한도로서의 기능을 수행한다. 통상임금제도가 임금체계 내에서 개념화되어야 했던 이유도 바로 위와 같은 기능을 수행하기 위해서이다.

1. 가산수당 지급을 위한 계산 공식

통상임금은 실제로 지급된 금액이 아니라 노사 간 또는 개별근로계약 당사자 간에 '소정근로 또는 총 근로'에 대하여 지급하기로 정한 사전적 임금에 해당한다.[8] 또한 통상임금은 근로기준법상 중요한 도구개념이다. 통상임금은 시간외, 야간 및 휴일근로시의 가산임금(근로기준법 제56조)의 기초이면서,[9] 또한 기업 내부 기준으로, 근로자에 대한 휴가비, 체력단련비, 정근수당 등의 산정에 있어서도 통상임금이 기준으로 활용된다.[10]

가산임금의 지급 기준으로 활용되기 위해서는, 통상적인 근로를 전제로 한 근로가치의 평가가 선행되어야 한다. 통상적 근로에 대한 근로가치평가액이 할증의 기준이 되어야 하기 때문이다.[11] 통상임금이라는 개념은, 바로 해당업무 종사 근로자의 - 통상근로를 전제로 한 - 근로의 가치 평가액이라고 할 수 있다. 현행 법령상 통상임금은 시간급, 일급, 주급, 월급 등의 형태로 산정되고, 시간급 형태로 활용되는 것이 일반적이다. 이는 통상근로의

8) 이에 반하여 평균임금은 '이를 산정하여야 할 사유가 발생한 날 이전 3개월 동안에 그 근로자에게 지급된 임금의 총액'을 그 기간의 총일수로 나눈 금액을 말하므로, 실제로 지급된 금액을 의미하는 사후적(事後的) 개념으로서 1일의 평균임금으로 산정된다(하경효, 임금법제론, 2013, 81면).

9) 이철수, "통상임금의 법리", 노동법연구, 1993, 289면.

10) 하경효, 임금법제론, 2013, 81면.

11) 근로관계에서 대부분의 수당은, 이렇듯 해당 근로자의 근로가치를 산정기준으로 삼게 될 것이다. 평균임금은 해당 근로자의 실제 수입수준을 살핌으로써 해당 근로자의 생활유지에 맞추어 지급되어야 할 각종 금원지급에서 그 산정기준이 된다. 노동법상 퇴직금의 경우가 그 대표적인 예가 될 것이다. 왜냐하면 퇴직금은 퇴직 이후 근로자의 생활수준 유지를 목적으로 하는 금원이기 때문에, 실제 해당 근로자의 임금소득 수준을 잘 살펴볼 필요가 있다. 퇴직금 산정에서 평균임금이 그 기준이 되어야 하는 이유다.

가치를 일, 주, 월 단위로 산정하고, 시간단위로 환산하여 활용되도록 한 것이다.

가산임금지급에 있어 요구되는 이러한 기능적 의의를 고려하면, 통상임금은 해당 업무종사 근로자의 통상근로에 대한 대가(근로가치)를 반영하는 것이어야 한다. 통상임금의 개념이 문제된다면, 이때 가늠자로서 기능하여야 하는 것은 바로 통상임금의 근로가치환산액으로서의 성격이다. 특정금원이 해당 업무종사 근로자의 통상근로에 대응하여 책정된 임금으로서의 성격을 가지는가 여부가 통상임금 해당성 여부를 판단하는 본질적인 표지라고 할 수 있다.

2. '평균임금의 최저한도'로서 통상임금

통상임금의 기능적 의의로서 언급될 수 있는 다른 하나는 평균임금의 최저한도로서의 기능이다. 이러한 기능적 의의는 통상임금이 실제 근로제공이 있었는가 여부와 상관없이 사전적으로 책정되는 임금이기 때문이다. 가상적으로 통상근로가 이루어진 경우를 상정하여 고정적으로 책정해 놓은 근로가치평가액이므로, 사후적인 상황변화에 따라 근로가 제공되었는지, 혹은 근로가 제공되지 아니하였는지에 영향을 받지 않는다. 노동법 상 제공되어야 하는 수당 중 평균임금을 산정기준으로 하여야 하는 경우가 있다. 그런데 근로관계 지속 중에 사후적으로 상황변화를 일으켜 아예 평균임금을 0으로 만드는 경우가 생겨날 수 있다. 사후적 상황변화에 따른 결과를 그대로 받아들여 해당 수당을 0으로 지급하게 되면, 당초 지급해야 할 수당의 본래적 기능이 왜곡되고 만다. 평균임금이 법정 수당지급의 기준으로 삼기 위해 창출한 도구개념임을 감안할 때 이러한 문제가 발생하도록 방치할 수는 없다. 평균임금은 사후적인 임금개념이다 보니 가변적이다. 이에 비해 통상임금은 사전적이고 고정적이다. 이러한 특성을 반영한 것이 바로 평균임금의 최저한도로서 통상임금을 활용토록 한 근로기준법 제2조 제2항이다.

근로기준법에서는 제2조 제2항에 의거, 평균임금이 통상임금을 하회하는 경우에는 평균임금 대신에 통상임금을 적용하도록 하고 있다. 따라서 평균임금이 통상임금을 하회하는 경우에 퇴직금, 휴업수당 및 각종 재해보상금을 산출해야 한다.

평균임금은 실제로 근로자가 자신의 근로제공으로 말미암아 수령하게 되는 임금을 그 산정대상으로 삼음으로써, 해당 근로자의 임금에 따른 생활수준을 가늠하게 해 준다. 앞서 언급한 대로 마침 평균임금이 0이 되거나 하는 경우에는 사실상 평균임금이라는 도구를 사용하게 되면, 원래 평균임금을 통해 지급하고자 하였던 각종 금원(예컨대 퇴직금 등)의 본래적 취지와 성격이 형해화될 수 있다. 이러한 경우에 통상임금이라는 고정적이고 사전적인 임금책정액을 기준으로 함으로써, 어느 정도 그 괴리를 좁힐 수 있게 된다.

여기에서 다시 한번 강조해 두어야 할 점은, 통상임금이라는 개념은 본질적으로 사전성과 고정성을 가지고 있다는 사실이다. 통상임금은 실제로 지급된 금액이 아니라 노사 간 또는 개별근로계약 당사자 간에 '소정근로 또는 총 근로'에 대하여 지급하기로 정한 사전적 임금개념이다.[12] 해당 기간 동안 근로자가 실제 근로를 제공하였는지, 하였다면 얼마나 많이 하였는지에 상관없이 통상임금은 고정적으로 확정되어 있어야 한다. 이를 통해 사후적인 상황변화에 따라 가변적일 수 있는 평균임금개념의 문제점을 어느 정도 보완하고, 법적 안정성을 도모할 수 있게 된다. 결국 평균임금의 최저한도로서 통상임금 개념을 활용하도록 한 것은, 입법자가 통상임금의 사전적 고정성을 염두에 두고, 근로자로 하여금 최소한도의 안정적 수당지급을 보장받도록 해 주기 위한 것이었음을 알 수 있다.

---

12) 이에 반하여 평균임금은 '이를 산정하여야 할 사유가 발생한 날 이전 3개월 동안에 그 근로자에게 지급된 임금의 총액'을 그 기간의 총일수로 나눈 금액을 말하므로, 실제로 지급된 금액을 의미하는 사후적(事後的) 개념으로서 1일의 평균임금으로 산정된다(하경효, 임금법제론, 2013, 81면).

Ⅲ. 통상임금의 구체적 산정방식과 관련 분쟁

1. 통상임금 산정방식

통상임금의 산정방식에 관한 구체적인 내용은 근로기준법 시행령 제6조 제2항에서 규정해 놓고 있다. 이에 따르면 통상임금의 산정방식은 다음과 같다.

우선 통상임금을 시간급 금액으로 산정할 경우에는 (i) 시간급 금액으로 정한 임금은 그 금액, (ii) 일급으로 정한 임금은 그 금액을 1일의 소정근로시간수로 나눈 금액, (iii) 주급으로 정한 임금은 그 금액을 주의 통상임금 산정 기준시간수로 나눈 금액, (iv) 월급으로 정한 임금은 그 금액을 월의 통상임금 산정 기준시간수로 나눈 금액, (v) 일 · 주 · 월 외의 일정한 기간으로 정한 임금은 (ii)부터 (iv)까지의 규정에 준하여 산정된 금액, (vi) 도급 금액으로 정한 임금은 그 임금 산정 기간에서 도급제에 따라 계산된 임금의 총액을 해당 임금 산정 기간의 총 근로시간수로 나눈 금액, (vii) 근로자가 받는 임금이 (i)부터 (vi)까지의 규정에서 정한 둘이상의 임금으로 되어 있는 경우에는 (i)부터 (vi)까지의 규정에 따라 각각 산정된 금액을 합산한 금액[13]으로 산정하도록 규정하고 있다(제6조 제2항), 이렇게 산정된 통상임금을 일급 금액으로 산정할 때에는 (ii)에 따른 시간급 금액에 1월의 소정근로시간수를 곱하여 계산하게 된다(동시행령 제6조 제3항).

2. 통상임금 관련분쟁의 유형

(1) 통상임금 해당성 판단에 관한 분쟁

통상임금과 관련한 법적 분쟁의 대다수는 바로 특정 금원이 통상임금을 산정함에 있어 포함되어야 하는가를 판단하는 것이다.

---

13) 대판 1990. 11. 9, 90다카6948; "피고 회사의 임금지급약정과 그 실태에 비추어 볼 때 기본급은 도급제에 의하여, 출근수당, 입항수당, 중식대 등은 일급제에 의하여, 사택수당은 월급제에 의하여 통상근로의 질이나 양에 대해 지급하기로 정하여진 기본급 및 이에 준하는 수당으로서 고정적, 평균적으로 매월 일률적 지급이 보장되는 임금들로서 모두 통상임금의 개념범위에 속하는 임금이다."

통상임금의 개념에 대하여 근로기준법 상에 정의되어 있지는 않다. 다만 통상임금은 근로기준법 시행령 제6조 제1항[14]에 규정되어 있을 뿐이다. 이에 따르면, '통상임금'이란 근로자에게 정기적이고 일률적으로 소정근로 또는 총 근로에 대하여 지급하기로 정한 시간급 금액, 일급 금액, 주급 금액, 월급 금액 또는 도급 금액을 말한다(근로기준법 시행령 제6조 제1항)고 한다. 그 외에 통상임금 범위에 관하여 행정청이 취한 견해로서 고용노동부 예규로 정해 놓은 '통상임금산정지침'[15]도 있다. 동지침 제2조 제1호에서도 앞서 근로기준법시행령 제6조 제1항과 동일하게 통상임금에 관한 정의가 명시되어 있다. 그 외에 동 지침 제2항과 제3항에서는 시간 또는 1일 기준 통상임금액의 산정방법을 규정하고 있다. 적어도 현행 법령상의 정의 규정만을 살펴보면, 통상임금에 포함되는 임금은, 소정 내지 총 근로에 대한 대가로서, 정기성, 일률성을 갖춘 금품임을 알 수 있다.

이러한 개념 표지에도 불구하고, 구체적인 분쟁에서 그 판단은 간단치 않다. 일일이 개념 요소를 평가하여야 하는 부담 때문이다. 그러나 그동안 많은 판결들이 집적되어 옴으로써 어느 정도 관행적 판단기준이 구축되어 있다고도 볼 수 있다. 예컨대 통상임금은 근로기준법상 임금으로 평가될 수 있는 것을 그 내용으로 하므로 근로의 대가라고 볼 수 없는 임의적 · 은혜적인 급여(예컨대 경조비, 위문금, 일시적 불규칙적인 상여금), 복리후생시설의 이용 이익 또는 실비변상적인 급여(예컨대 출장비, 기밀비 등) 등은 통상임금의 범위에 속하지 않는다.

통상임금 해당성 여부에 관한 분쟁 유형에서는 중요한 것은 통상임금의 기능적 의의와 본질을 잘 살피는 것이다. 통상임금이라는 개념은, 소위 '도구개념'이기 때문이다. 도구개념의 해석은, 그러한 도구를 사용하여 도출하고자 하는 결과물의 내용과 의의를 고려하지 않으면 제대로 이루어질 수 없다. 단지 법문언에만 매달리는 경우, 자칫 통상임금의 기능과 본래의 개

14) 1954. 4. 7. 제정된 근기법 시행령(대통령령 제889호)은 제24조에서 통상임금을 시간급금액으로 산정하는 방법에 대해서만(현행 규정의 제6조 제2항 각 호에 해당) 규정하였으나, 1982. 8. 13. 개정 시행령(대통령령 제10898호)은 제31조에서 통상임금의 정의 규정인 현 시행령 제6조 제1항에 해당하는 규정을 신설하였다(하경효, 임금법제론, 2013, 80면).

15) 개정 2012. 9. 25. 고용노동부예규 제47조.

념 형성 취지와 동떨어진 해석이 나올 위험이 있음을 유의해야 한다.

(2) 통상임금에의 산정 배제 약정의 효력

통상임금에 관한 또 다른 분쟁 유형은, 통상임금의 범위를 노사 자치로 확정해 둔 경우에, 그 합의의 효력에 관한 것이다. 소위 약정통상임금의 유효성에 관한 분쟁이다.

대법원[16]은 "통상임금의 개념과 범위에 관하여 통상임금의 제도적 존재의의, 거래계의 임금약정 및 지급관행, 기업마다 특수한 임금체제와 노사간 단체교섭 및 협약의 실태, 원고의 노조 가입 여부, 직종 및 근무형태, 종전 노동행정당국의 행정지도상의 관례, 당사자 간의 법적 분쟁이 야기되게 된 경위 등을 종합하여 판단하여야 한다"고 하여 특정 금품을 통상임금의 범위에 포함시킬지 여부에 대해서는 노사 간 단체교섭 및 협약실태 등 제반 사정을 고려한 실체적인 판단이 필요하다고 한다.[17]

그런데 통상임금의 산정에서 제외하기로 한 노사합의의 효력에 대하여 대법원은 법정수당과 약정수당의 경우를 나누어 판단을 달리하고 있다. 법정수당에 대해서는 "통상임금은 평균임금의 최저한을 보장함과 아울러 근기법 소정의 시간외, 야간 및 휴일근로에 대한 가산수당이나 해고예고수당 등의 산정근거가 되는 것인바, 위 각 수당에는 가산율 또는 지급일수 외의 별도의 최저기준이 규정된 바 없으므로 노사 간의 합의에 따라 성질상 통상임금에 산입되어야 할 각종 수당을 통상임금에서 제외하기로 하는 합의의 효력을 인정한다면, 위 각 조항이 시간외, 야간 및 휴일근로에 대하여 가산수당을 지급하고, 해고근로자에게 일정기간 통상적으로 지급받을 급료를 지급하도록 규정한 취지는 몰각될 것이므로, 성질상 근기법 소정의 통상임금에 산입될 수당을 통상임금에서 제외하기로 하는 노사 간의 합의는 같은 법 제22조 제1항 소정의 같은 법이 정한 기준에 달하지 못하는 근로조건을 정한 계약으로서 무효"[18]라고 판시하면서, 법정수당(연장 · 야간 · 휴일

16) 대판 1990. 11. 9, 90다카6948.

17) 예규 제5조의2(통상임금의 판단기준) 통상임금에 포함되는 임금의 범위는 별표의 예시에 따라 판단한다. 다만, 그 명칭만으로 판단하여서는 아니 되며, 통상임금의 의의, 근로계약 · 취업규칙 · 단체협약 등의 내용, 직종 · 근무형태, 지급관행 등을 종합적으로 고려하여야 한다.

근로수당 등)에 대해서는 예외를 인정하지 않고 있다.

이에 반해 법정수당이 아닌 약정수당, 예컨대 기말수당, 정근수당, 체력단련비, 명절휴가비[19]에 대하여 통상임금을 기업의 내부지급기준으로 한 경우, 대법원[20]은 "근로기준법의 강행적 효력으로 인해 근로기준법이 정하고 있는 법정수당은 반드시 근로기준법 소정의 통상임금을 기준으로 계산하여야 할 것이고 그보다 낮은 기준으로 계산할 경우 그 부분은 무효가 될 것이지만, 근로기준법상 아무런 기준을 정한 바 없는 수당을 산정함에 있어서는 노사 간의 합의로 근로기준법상 개념이나 범위와 다른 통상임금을 그러한 수당을 산정하기 위한 수단으로 삼은 경우에는 근기법상의 법정수당을 지급하도록 한 취지가 몰각될 우려가 당초부터 없다고 할 것이므로 그러한 합의도 유효하다"고 판시하고 있다.

Ⅳ. 구체적인 주요 분쟁 사례

1. 강원탄광사건(대판 1990. 11. 9, 90다카6948)

(1) 사안의 쟁점

사건에서 드러난 사실관계에 따르면 회사는 기본급에 대하여는 '도급제'에 의하고, 출근수당, 입항수당, 중식대 등은 '일급제'에 의하며, 사택수당은 '월급제'에 의하여 고정적으로 지급하여 왔다. 그리고 회사는 그 단체협약상 조합원에게 월 출근공수에 따라 차등을 둔 소정의 연탄 장수를 현금으로 환산한 액수의 연료수당(예컨대 월 18공수 이상 출근자에 대하여는 연탄 130장에 해당하는 현금을, 월 7공수 이상 14공수 미만 출근자에 대하여는 연탄 60장에 해당하는 현금을 각 지급하되 6공수 이하 출근자에게는 위 수당을 지급하지 아니한다)을 지급하도록 규정하고 있었다. 회사는 소속 근로자에게 월 출근공수에 따라 차등을 둔 소정의 출근장려수당을 지급하되 월 14공수 이하 출근자에

18) 대판 1994. 5. 24, 93다5697; 대판 2007. 6. 15, 2006다13070 등. 같은 의견으로는 김형배, 노동법강의, 2012, 138면.
19) 인천지법 2008. 10. 23, 2008나7734.
20) 대판 2007. 11. 29, 2006다81523; 대판 2011. 9. 8, 2011다22061.

게는 위 수당을 지급치 아니하도록 정하고 있었다.

이 사건에서 (i) 도급제의 기본급, 일급제의 출근수당, 입항수당, 중식수당, 월급제의 사택수당이 통상임금에 포함되는지 여부와 (ii) 월 출근공수에 따라 차등 지급하는 연료수당과 출근장려수당이 통상임금에 포함되는지 여부가 쟁점이 되었다.

(2) 판례의 입장

대법원은 근로기준법시행령 제16조 상의 통상임금에 대하여, "근로자에게 정기적, 일률적으로 소정근로 또는 총 근로에 대하여 지급하기로 정하여진 시간급금액, 일급금액, 월급금액 또는 도급금액을 말하고" 있는바, 이 "통상임금은 근로기준법상 퇴직금산정, 휴업수당, 각종 재해보상의 기준이 되는 평균임금의 최저한을 보장하고, 시간외, 야간 및 휴일근로수당 등 할증임금의 산정기준이 되며, 해고예고 수당 및 연차유급휴가급의 산정기준이 된다."고 하였다. 그리고 나아가 판례는 "근로기준법이 통상임금제도를 도입한 제도적 취지에 비추어 보면 통상임금이란 정기적, 일률적으로 소정근로의 양 또는 질에 대하여 지급하기로 된 임금으로서 실제 근무일수나 실제 수령한 임금에 구애됨이 없이 고정적이고 평균적으로 지급되는 '일반임금'[21]이라고 정의할 수 있다."고 하였다.

이러한 통상임금의 개념을 기초로 하여, 대법원은, "이 사건 통상임금의 개념과 범위에 관하여 통상임금의 제도적 존재의의, 거래계의 임금약정 및 지급관행, 기업마다 특수한 임금체제와 노사 간 단체교섭 및 협약의 실태, 원고의 노조가입여부, 직종 및 근무형태, 종전 노동행정당국의 행정지도상의 관례, 당사자 간의 법적 분쟁이 야기되게 된 경위 등을 종합하여 판단하여야 한다"고 전제한 다음, 일반적으로 보아 "통상근로의 질이나 양에 무관하게 지급된 임금(예컨대 가족수당, 자녀교육수당 등), 실제 근무여부 또는 근무실적에 따라 지급액이 변동되는 임금(제법정수당, 출근장려수당 등), 소정근로시간에 대한 대상으로 볼 수 없는 임금(상여금 등 1개월 이상을 단위로 지급되는 임금) 등은 통상임금의 산정범위에서 제외된다"고 판시하였다.

---

21) 대판 1978. 10. 10, 78다1372.

또한 대법원은 "회사의 임금지급약정과 그 실태에 비추어 볼 때 기본급은 도급제에 의하여, 출근수당, 입항수당, 중식대 등은 일급제에 의하여, 사택수당은 월급제에 의하여 통상근로의 질이나 양에 대해 지급하기로 정하여진 기본급 및 이에 준하는 수당으로서 고정적, 평균적으로 매월 일률적 지급이 보장되는 임금들로서 모두 통상임금의 개념 범위에 속하는 임금"이라고 설명하고 다만 출근장려수당, 연료수당은 통상임금의 개념 범위 내에 포함되지 않는다고 보았다.

이 사건 회사의 단체협약상 조합원에게 월 출근공수에 따라 차등을 둔 소정의 연탄 장수를 현금으로 환산한 액수의 연료수당(예컨대 월 18공수 이상 출근자에 대하여는 연탄 130장에 해당하는 현금을, 월 7공수 이상 14공수 미만 출근자에 대하여는 연탄 60장에 해당하는 현금을 각 지급하되 6공수 이하 출근자에게는 위 수당을 지급하지 아니한다)을 지급하도록 규정하고 있고, 회사는 소속 근로자에게 월 출근공수에 따라 차등을 둔 소정의 출근장려수당을 지급하되 월 14공수 이하 출근자에게는 위 수당을 지급치 아니하도록 정하고 있었다. 대법원은 "이와 같은 임금지급형태는 실제 근로여부나 근무실적에 따라 지급액이 변동되는 것으로서 정기적, 일률적으로 근로의 질이나 양에 대한 대가로 지급된 임금이 아니라, 소속근로자들로 하여금 출근의욕을 고취시키기 위한 목적의 임금에 불과하다 할 것이므로 다른 특별한 사정이 없는 한 위 수당들을 통상임금의 산정범위 내에 포함시킬 수 없다"고 판단하였다.

(3) 평 가

이 판례는 실제 근로 여부나 실적에 의해 가변적으로 지급되는 임금이나 1개월 이상을 단위로 하여 지급되는 임금은 통상임금 산정에서 제외되어야 한다는 점을 제시한 판례이다. 이후에 통상임금의 개념 요소로서 소위 정기성에 대한 논쟁이 불거지지만, 이처럼 구 판례에서는 소정의 근로시간에 대한 대상으로 볼 수 없는 임금, 예컨대 상여금 등 1개월 이상을 단위로 지급되는 임금을 통상임금의 개념에서 배제하였다. 그리고 이 사건 판결에서 실제 근로여부나 근무실적에 따라 지급액이 변동되는 임금의 경우는 근로의 질이나 양에 대한 대가가 아니라, 소속근로자들로 하여금 출근의욕을 고취시키기 위한 목적의 임금이라고 하여 이를 명확히 구별하였다. 통상임금의 사전적 개념성을 염두에 둘 때 설득력이 있는 지적이다.

2. 청보산업사건(대판 1994. 10. 28, 94다26615)

(1) 사안의 쟁점

본 판결의 대상이 된 사건은, (i) 배우자, 자녀, 동거하는 부모가 있는 근로자에게만 지급되고 있는 가족수당이 통상임금의 산정에 포함되어야 하는 것인지와 (ii) 3년 이상 근속한 근로자에게만 근속한 기간에 따라 정하여 놓은 금액을 근속수당으로 지급하는 경우, 이러한 근속수당이 통상임금에 포함되지는 여부가 쟁점인 사건이었다.

(2) 판례의 입장

이 사건에서 대법원은 통상임금의 개념 해석과 관련하여 "근로의 양 및 질에 관계되는 근로의 대가로서 실제 근무일수나 수령액에 구애됨이 없이 정기적, 일률적으로 1임금산정기간에 지급하기로 정하여진 고정급임금을 의미"한다고 전제하였다. 따라서 "단순히 은혜적, 부정기적으로 지급되는 것이거나 근로의 양 및 질과는 무관한 요인에 따라 근로자의 일부에 대하여 지급되는 것은 통상임금의 산정에서 제외되어야한다"는 종래 대법원의 입장을 다시금 분명히 하였다.[22)]

이러한 원칙에 따라, 본 사건에서 쟁점이 된 가족수당과 근속수당에 관하여 다음과 같이 판시하였다. 즉, 대법원은 "회사에서 지급하는 가족수당이 배우자, 자녀, 동거하는 부모가 있는 근로자에게만 지급되고 있는 것이라면 이는 근로의 양이나 질에 무관하게 지급되는 것이고, 근속수당이 3년 이상 근속한 근로자에게만 근속한 기간에 따라 정하여 놓은 금액을 지급하는 것이라면 이는 장기근속자를 우대하기 위한 은혜적 성격의 수당으로서 근로의 질과는 관계가 없이 지급되는 것이라고 할 것이므로, 그 가족수당 및 근속수당은 통상임금의 범위에 포함시킬 수 없다"고 판시하였다.

---

22) 대판 1990. 11. 9, 90다카6948; 대판 1990. 12. 26, 90다카12493; 대판 1992. 2. 14, 91다17955 등.

3. 대한석탄공사사건(대판 1994. 5. 24, 93다5697)

(1) 사안의 쟁점

본 사건은, 성질상 통상임금에 산입될 수당을 통상임금에서 제외하기로 하는 노사 간 합의의 효력 여부가 쟁점이 된 사건이다. 즉, 기본적으로 통상임금은 평균임금의 최저한을 보장함과 아울러 근로기준법 상의 시간외, 야간 및 휴일근로에 대한 가산수당과 해고예고수당 등의 산정근거가 되는 것인바, 위 각 조항에는 가산율 또는 지급일수 외의 별도의 최저기준이 규정된 바 없다. 그런데 노사 간의 합의에 따라 성질상 통상임금에 산입되어야 할 각종 수당을 통상임금에서 제외하기로 합의할 경우 그 합의의 효력을 인정할 것인가 여부가 문제된 것이다.

특히 본 사건에서는 식대보조비가 문제되었다. 당시 대한석탄공사는 노사 간의 합의에 따라 출근한 기능직사원 전원에게 1986. 12.까지는 1일 금 1,300원 상당의, 그 이후부터 1988. 5. 31.까지는 1일 금 1,500원 상당의, 그 이후부터 1989. 5. 31.까지는 1일 그 1,700원 상당의, 그 이후부터는 1일 금 1,900원 상당의 식사를 현물로 제공하면서 식사를 제공받지 아니하는 사원에게는 위 금원 상당의 구판장 이용 쿠폰을 지급하여 왔다. 이러한 식대보조비가 통상임금에 포함될 것인가 여부와 통상임금에 포함될 경우라도, 만약 시간외, 야간 및 휴일근로에 대하여 가산수당 산정에 있어 식대보조비를 포함시키지 않겠다는 노사 간의 합의가 있는 경우 그 합의의 유효성 여부가 쟁점이 되었다.

(2) 판례의 입장

먼저 원심(서울지판 남부지원 1991. 5. 30, 89가합8416)은, 노사 간의 합의에 따라 출근한 기능직사원 전원에게 1986. 12.까지는 1일 금 1,300원 상당의, 그 이후부터 1988. 5. 31.까지는 1일 금 1,500원 상당의, 그 이후부터 1989. 5. 31.까지는 1일 그 1,700원 상당의, 그 이후부터는 1일 금 1,900원 상당의 식사를 현물로 제공하면서 식사를 제공받지 아니하는 사원에게는 위 금원 상당의 구판장 이용 쿠폰을 지급하여 왔다면, 통상임금에 포함되어야 한다고 보았으며, 이러한 원심의 판단은 대법원에서도 지지되었다. 왜냐하면 이러한 식대보조비는 그 지급조건 및 내용 등에 비추어 근로자들에게 근로의 대가로 정기적, 일률적으로 지급된 일급 임금이라고 봄이 상당하기 때문이라는 것이다.

그리고 법원은 "이러한 식대보조비에 대하여는 통상임금 산정에서 배제하기로 노사가 단체협약으로 합의한 경우, 그 합의의 효력을 인정한다면, 위 각 조항이 시간외, 야간 및 휴일근로에 대하여 가산수당을 지급하고, 해고근로자에게 일정기간 통상적으로 지급받을 급료를 지급하도록 규정한 취지는 몰각될 것"이라고 하면서, "성질상 근로기준법시행령 소정의 통상임금에 산입될 수당을 통상임금에서 제외하기로 하는 노사 간의 합의는 근로기준법이 정한 기준에 달하지 못하는 근로조건을 정한 계약으로서 무효"라고 판시하였다.[23]

(3) 평 가

위 판례는, 각종 가산 수당 지급의 기준이 되는 통상임금이 가산율 또는 지급일수 외의 별도의 최저기준이 규정된 바 없으므로, 노사 간의 합의에 따라 성질상 통상임금에 산입되어야 할 각종 수당을 통상임금에서 제외하기로 하는 합의의 효력을 인정한다면, 근로기준법이 가산임금이 지급되어야 할 근로에 대하여 통상임금 또는 이를 최저한으로 하는 평균임금을 지급하며 해고근로자에게 일정기간 통상적으로 지급받을 급료를 지급하도록 규정한 취지가 몰각될 것임을 우려하고, 성질상 근로기준법이 정한 통상임금에 산입될 수당을 통상임금에서 제외하기로 하는 노사 간의 합의를 근로기준법 제15조 제1항의 '이 법이 정한 기준에 미치지 못하는 근로조건을 정한 근로계약'으로서 무효로 선언한 것이다.

다만 여기에서 간과되어서는 안 되는 것이 있다. 만약 근로기준법이 정한 법정수당에는 해당하지 않으면서, 단지 '단체협약에 의하여' 사용자에게 그 지급의무가 지워졌을 뿐인 임금의 경우에는, 노사 간의 합의에 따라 성질상

---

23) 그 밖에도 사실 관계에 나타난 바에 따르면, 대한석탄공사와 대한석탄공사 노동조합 사이에 1980. 12. 31. 이전의 근속기간에 대한 퇴직금산정에 있어서 기초가 되는 대한석탄공사 소정의 "평균임금"과 1981. 1. 1. 이후의 근속기간에 대한 퇴직금산정에 있어서 기초가 되는 대한석탄공사 소정의 "기초임금"에서, 체력단련비를 제외시키기로 하는 합의가 있었다.

근로기준법이 정한 통상임금에 산입될 수당을 통상임금에서 제외하고 그러한 통상임금을 기초로 하여 임금을 산정 · 지급하더라도, 특별한 사정이 없는 한 이는 근로기준법이 정하는 근로조건의 최저기준을 침해하는 것이 아니어서 적법하다면 이러한 범위 내에서는 위와 같은 노사 간의 합의를 유효한 것으로 보아도 무방하다는 하급심의 판결[24)]도 있음에 유의할 필요가 있다.

4. 의료보험조합사건(대판 1996. 2. 9, 94다19501)

(1) 사안의 쟁점

본 사건에서 대법원은 통상임금제도와 관련하여 문제가 된 것은, 의료보험조합이 매년 1회 일정 시기에 전 직원에게 지급하는 체력단련비 및 월동보조비는 통상임금에 속하는지 여부였다. 실제로 의료보험조합은 전 직원에게 매년 일정시기에 월 기본급에 대한 일정액을 체력단련비로 지급하여 왔고, 매년 11월에 월 기본급에 대한 일정액을 월동보조비로 전 직원에게 각 지급하여 왔다. 이때 체력단련비나 월동보조비가 소위 통상임금으로서 소정근로 또는 총 근로에 대하여 지급하기로 한 금품으로서 정기적, 일률적으로 지급되는 고정적인 임금이라 할 수 있는 것인지가 문제되었던 것이다. 또한 동 사건에서 의료보험조합이 일정 기간 실제로 근무한 근로자에게 연 4회 지급하는 상여금도 통상임금에 속하는지 여부가 문제되었다. 결국 이 판결에서 확인할 수 있는 바는, 과연 통상임금에 산입될 수 있는 임금이 최대 1개월을 초과하는 기간마다 지급되더라도 상관없는 것인가에 관한 것이라 할 수 있다.

(2) 판례의 입장

본 사건에서 대법원은 "근로기준법시행령 제31조 제1항은 근로기준법 소정의 통상임금을 근로자에게 정기적, 일률적으로 소정근로 또는 총 근로에 대하여 지급하기로 정하여진 시간급금액, 일급금액, 주급금액, 월급금액 또는 도급금액을 말한다고 규정하고 있는 바이므로 원칙적으로 근로자에게

24) 부산지판 2009. 1. 9, 2007가합24292.

소정근로 또는 총 근로의 대상으로 지급되는 금품으로서 그것이 정기적, 일률적으로 지급되는 것은 통상임금에 속하는 임금"이라고 전제하고, "근로자에 대한 임금이 1개월을 초과하는 기간마다 지급되는 것이라도 그것이 정기적, 일률적으로 지급되는 것이면 통상임금에 포함될 수 있는 것이라고 판시하였다. 그리고 "소정근로시간의 근로에 직접적으로 또는 비례적으로 대응하여 지급되는 임금이 아니라 하더라도 그것이 소정근로 또는 총 근로에 대하여 지급되는 임금이 아니라고 할 수 없으므로 그런 사유만으로 그 임금을 통상임금에서 제외할 수는 없다"고 판시하였다.

이에 더하여 "근로기준법이 평균임금의 최저한을 보장하고 시간외 근로수당 · 야간근로수당 · 휴일근로수당과 같은 할증임금, 해고예고수당 등을 산정하는 기준이 되는 통상임금을 인정하고 있는 입법취지와 통상임금의 기능 및 필요성에 비추어 볼 때 어떤 임금이 통상임금에 해당하려면 그것이 정기적, 일률적으로 지급되는 고정적인 임금에 속하여야 한다"고 보아 소위 고정성 요건을 추가하였다. 이러한 고정성 개념에 따라, "실제의 근무성적에 따라 지급여부 및 지급액이 달라지는 임금은 고정적인 임금이라 할 수 없어 통상임금에 해당하지 아니한다"고 보고, 이 사건의 경우와 같이 "전 직원에게 매년 일정시기에 월 기본급에 대한 일정액을 체력단련비로, 매년 11월에 월 기본급에 대한 일정액을 월동보조비로 원고들을 포함한 전 직원에게 각 지급하여 온 사실이 있다면, 위 체력단련비나 월동보조비는 모두 소정근로 또는 총 근로에 대하여 지급하기로 한 금품으로서 정기적, 일률적으로 지급되는 고정적인 임금이라 할 것이므로 통상임금에 속한다"고 판시하였다. 이에 따라 위 체력단련비와 월동보조비의 각 1/12 이 월급 통상임금에 속하는 것으로 보아야 한다고 판시하였다.

(3) 평 가

이 판례에서 종전 대법원의 일관된 입장에 두 가지 점에서 변화가 생겼음을 알 수 있다. 그 첫 번째는 정기성에 대한 해석의 변화이다. 앞서 살펴본 바와 같이 종래 판례는 통상임금에 포섭될 수 있는 임금의 범위를 두고, 최대 1개월을 초과하는 기간 마다 정기적으로 지급되는 임금의 경우는 이를 통상임금 산정범위에 포섭하지 아니하였다. 그런데 이 판결에서는 입장이 변경되었음을 알 수 있다. 즉, 근로자에 대한 임금이 1개월을 초과하는 기간마다 지급되는 것이라도 그것이 정기적, 일률적으로 지급되는 것이면 통상임금에 포함될 수 있는 것으로 보고, 위 사건에서와 같이 일년에 한 번 지급되는 체력단련비나 월동보조비, 그리고 1년에 4회 지급되는 정기상여금도 통상임금에 포함되어야 한다고 보았다.

두 번째는 근로기준법령 상 명문 규정으로 제시되어 있지 않은 통상임금의 개념 요소로서 소위 '고정성' 요건이 추가되었다는 점이다. 이러한 고정성 요건을 도출하게 된 배경은, 통상임금제도의 기능과 필요성을 고려한 데에 있다. 즉, 근로기준법이 평균임금의 최저한을 보장하고 시간외 근로수당 · 야간근로수당 · 휴일근로수당과 같은 할증임금, 해고예고수당 등을 산정하는 기준이 되는 통상임금을 인정하고 있는 입법취지와 통상임금의 기능 및 필요성을 감안할 때, 통상임금에 포섭되기 위해서는 실제의 근무성적에 따라 지급여부 및 지급액이 달라지는 임금이어서는 안 된다는 점을 적시한 것이다.

5. 대전시 서구 사건(대판 2011. 8. 25, 2010다63393)

(1) 사건의 쟁점

이 사건은 (i) 노동조합과 대전시 서구청 사이에 통상임금으로 정한 기본급, 특수업무수당, 작업장려수당, 가계보조비 이외에 서구청이 근로자들에게 지급한 근속가산금, 정액급식비, 교통보조비, 급량비, 위생비, 공해수당이 통상임금에 포함되는 것인지가 법적 쟁점인 경우로서, 이에 대하여 대법원은 다음과 같이 판시한 바가 있다.

(2) 판례의 입장

대법원은 종래 판례의 일관된 입장에 따라 "소정근로 또는 총 근로의 대상(대상)으로 근로자에게 지급되는 금품으로서 그것이 정기적 · 일률적으로 지급되는 것이면 원칙적으로 모두 통상임금에 속하는 임금이라 할 것이나, 근로기준법의 입법 취지와 통상임금의 기능 및 필요성에 비추어 볼 때 어떤 임금이 통상임금에 해당하려면 그것이 정기적 · 일률적으로 지급되는 고정적인 임금에 속하여야 하므로, 정기적 · 일률적으로 지급되는 것이 아니거나 실제의 근무성적에 따라 지급 여부 및 지급액이 달라지는 것과 같이 고정적인 임금이 아닌 것은 통상임금에 해당하지 아니한다"는 점을 분명히 하였다.

여기에 더 나아가 본 판결에서 대법원은 소위 '일률성'에 대한 해석을 명확히 하였다. 즉, "여기서 '일률적'으로 지급되는 것이라 함은 '모든 근로자'에게 지급되는 것뿐만 아니라 '일정한 조건 또는 기준에 달한 모든 근로자'에게 지급되는 것도 포함"된다고 보았다. 그리고 더 나아가 "여기서 말하는 '일정한 조건'이란 '고정적이고 평균적인 임금'을 산출하려는 통상임금의 개념에 비추어 볼 때 '고정적인 조건'이어야 한다"는 점을 다시금 확인하였다.[25)]

이러한 판례원칙에 따라, 대법원은 본 사건에서, "노동조합과 피고 사이에 통상임금으로 정한 기본급, 특수업무수당, 작업장려수당, 가계보조비 이외에 피고가 원고들에게 지급한 근속가산금, 정액급식비, 교통보조비, 급량비, 위생비, 공해수당도 정기적 · 일률적으로 지급되는 고정적인 임금으로서 근로기준법상 통상임금에 포함된다"고 판단하였다. 그리고 이러한 수당을 배제하고 계산된 휴일근무수당, 연차휴가수당, 시간외근무수당, 야간근무수당은 다시금 산정하여 지급되는 것이 타당하다고 판시하였다. 다만 이 사건에서는 기말수당, 정근수당, 체력단련비, 명절휴가비에 관한 부분은 대법원이 판단을 하지 않았다.

V. 통상임금의 개념 규정과 통상임금 해당성 판단 기준

1. 노동법령

앞서 언급한 바와 같이 평균임금의 경우와는 달리, 통상임금의 개념에 대하여 근로기준법 상에 규정되어 있지 않다. 단지 통상임금이 산정의 기준이 되어야 할 법정 수당에 대하여 개별적으로 근로기준법에서 규정하고 있을 따름이다.

---

25) 같은 취지로 대판 2007. 6. 15, 2006다13070; 대판 2010. 1. 28, 2009다74144 등 참조.

통상임금의 개념에 대하여는 근로기준법 시행령에서 규정하고 있다. 1969년 근로기준법시행령 상에서 시간급, 일급, 주급, 월급 등의 시간급환산방법을 간략하게 소개하고, 1982년에 통상임금의 개념에 관하여 보다 구체적으로 규정하여 둔 이래로 현재까지 큰 변화없이 그 개념이 유지되고 있다.[26] 즉 근로기준법 시행령 제6조 제1항에 따르면, "통상임금은 근로자에게 정기적이고 일률적으로 소정근로 또는 총 근로에 대하여 지급하기로 정한 시간급 금액, 일급금액, 주급금액, 월급금액 또는 도급금액이라고 한다.

근로기준법에서 통상임금을 통해 지급되어야 할 각종 수당을 명정하여 두면서, 정작 통상임금이 무엇인가에 대하여는 규정하고 있지 않은 것이다. 이는 시급히 개선되어야 할 부분이다. 그 이유는 노동법의 강행성 때문이다. 노동법은 계약자유의 원칙 또는 사적 자치원리에 대한 본질적인 제한을 내용으로 하는 법률체계다. 당사자 간의 사적 합의를 강행적으로 배제하는 데에는 반드시 명확한 법적 근거를 필요로 한다. 그러므로 노동법상 명정되어 있지 아니한 사항을 통해 당사자 간의 사적 자치원리와 계약자유의 원칙을 제한하는 것은 타당하지 않다. 이러한 점 때문에 독일의 학자들은, 노동법을 두고 '입법자 가치적 결단의 산물(Wertentscheidung des Gesetzgebers)'이라고 평가한다.[27] 근로계약관계에서 근로자를 어느 정도까지, 어떠한 방식으로 보호할 것인가는 전적으로 입법자가 노동법 규정을 통해 구체화해 놓아야 한다.[28] 그러므로 입법자의 가치적 결단으로서 노동법에 규정되어 있지 않은 사항은 민사법 원칙으로 되돌아가게 될 뿐, 해석자가 자신의 가치판단에 따라 함부로 확대하거나 축소하는 것은 허용되지 않는다.[29]

노동법의 입법자적 가치결단으로서의 속성을 감안해 보면, 단지 시행령 상에 당사자 간의 계약적 합의를 본질적으로 배제시키고 강행적인 법정 수당지급 산정방식을 제안하는 것은 타당하지 않다. 만약 이러한 시행령 상의

---

26) 하갑래, 근로기준법, 2013, 403면

27) Reuter, RdA 1973, S.353; Nikolai/Noack, ZfA 2000, S.91f.; Oetker, ZIP 2000, S.649.

28) Reuter, BAG-Festschr. 1979, S.407.

29) Mummenhoff, Anm. zu BAG SAE 1985, S.304; 권혁, 해고, 해고원인, 해고동기, 노동법학, 2006. 6 참고.

통상임금 정의 규정이 법이론적 정합성을 갖추기 위해서라면, 적어도 근로기준법 상에서 해당 개념 규정에 관한 위임규정이 있어야 했다. 오늘날 판례와 학설 더 나아가 행정지침에 의존하여 구체적인 개별 사례를 해결해 나가고 있는 노동현장의 모습은, 사실상 통상임금 관련 제도상의 혼돈 상태 그 자체에 다름 아니라고 할 수 있다. 적어도 통상임금의 개념과 판단기준에 관한 명시적인 제시가 필요하다.[30)]

2. 행정해석

노동부에서 마련한 예규 제150호 "통상임금 산정지침(1988. 1. 20.)" 이래로 지금까지 통상임금 산정기초임금에 관하여 "법기준 근로시간 또는 그 이내에서 정한 근로시간에 대하여 지급하기로 정한 기본급 임금과 단체협약이나 취업규칙 또는 근로계약 등에 의하여 근로자에게 정기적, 일률적으로 1임금산정기간에 지급하기로 정하여진 고정급임금으로 한다.[31)] 그러므로 연장, 야간, 휴일근로 등 여러 법정수당과 임시적, 부분적, 부정기적으로 지급되는 변동급 임금은 포함되지 않는다"고 규정하고 있다.[32)]

그리고 동예규에서는 평균임금, 통상임금 및 최저임금의 각 범위에 속하는 임금의 항목을 임금산정범위에 포함되는 금품제시로서 별표에서 열거하고 있다. 하지만 이러한 금품예시는 통상임금 산정에 있어 실무상 예시적인 제안을 될 수 있겠지만,[33)] 구체적인 사안해결에 직접적인 기준으로 활용하기는 어렵다. 왜냐하면 임금항목의 명칭만을 가지고 통상임금 또는 평균임금인가를 획일적으로 판별하는 것은 앞서 본 통상임금 등의 일반적 추상적 정의에 반하는 결과를 초래할 수도 있기 때문이다. 또한 한국의 임금체계는 상당히 중층적이고 복잡한 양상을 띠고 있기 때문에,[34)] 당해 사업장의 구

---

30) 같은 취지로 김소영, 판례법리에 의한 통상임금 판단기준의 경향과 변화, 노동법논총, 제25집, 2012. 8, 302면.

31) 노동부예규 제47호 (통상임금산정지침), 2012. 9. 25와 비교할 때 그 표현의 차이가 있을 뿐 그 내용은 양자가 비슷하다(하갑래, 근로기준법, 2013, 403면).

32) 노동부예규 제47조(통상임금산정지침), 2012. 9. 25.

33) 하갑래, 근로기준법, 2013, 404면.

34) 임금체계는 여러 가지 의미를 지니고 있는바, 첫째 기본급의 결정방식(예: 연공급, 직무급, 직능급), 둘째 각 임금요소 항목(기본급, 수당, 성과급, 복리비 등)을 어떻게 조합하는가, 셋째 임금요소의 구성표 등을 의미한다(Michael Byungnam Lee, "Recent

체적 임금지급 약정과 실태 기타 제반 관행 등을 고려하지 않고, 단순히 어떤 명칭의 임금은 통상임금에 속하고 어떤 것은 이에 속하지 않는다고 하는 식의 유형적 구분방식은 현행 근로기준법상의 임금법리에도 맞지 않는다.[35)]

〈통상임금 및 평균임금 등의 판단기준 예시〉

판단기준 예시	통상임금	평균임금	기타 금품
1. 소정근로시간 또는 법정근로시간에 대하여 지급하기로 정하여진 기본급 임금 2. 일 · 주 · 월 기타 1임금산정기간 내의 소정근로시간 또는 법정근로시간에 대하여 일급 · 주급 · 월급 등의 형태로 정기적 · 일률적으로 지급하기로 정하여진 고정급임금	○	○	
① 담당업무나 직책의 경중 등에 따라 미리 정하여진 지급조건에 의해 지급하는 수당: 직무수당(금융수당, 출납수당), 직책수당(반장수당, 소장수당) 등	○	○	
② 물가변동이나 직급간의 임금격차 등을 조정하기 위하여 지급하는 수당: 물가수당, 조정수당 등	○	○	
③ 기술이나 자격 · 면허증소지자, 특수작업종사자 등에게 지급하는 수당: 기술수당, 자격수당, 면허수당, 특수작업수당, 위험수당 등	○	○	
④ 특수지역에 근무하는 근로자에게 정기적 · 일률적으로 지급하는 수당: 벽지수당, 한냉지근무수당 등	○	○	
⑤ 버스, 택시, 화물자동차, 선박, 항공기 등에 승무하여 운행 · 조종 · 항해 · 항공 등의 업무에 종사하는 자에게 근무일수와 관계없이 일정한 금액을 일률적으로 지급하는 수당: 승무수당, 운항수당, 항해수당 등	○	○	

Changes in the Compensation Practices in the United State"), 「한 · 미 · 일 임금제도의 현황과 과제」, 한국노사관계학회, 1992, 40면(이철수, "통상임금의 법리", 노동법연구, 1993, 291면 재인용).

35) 이철수, "통상임금의 법리", 노동법연구, 1993, 291면; 도재형, "근속수당의 통상임금 해당성", 노동법률, 2002, 21면.

판단기준 예시	통상임금	평균임금	기타 금품
⑥ 생산기술과 능률을 향상시킬 목적으로 근무성적에 관계없이 매월 일정한 금액을 일률적으로 지급하는 수당: 생산장려수당, 능률수당 등	○	○	
⑦ 그 밖에 제①부터 제⑥까지에 준하는 임금 또는 수당	○	○	

판단기준 예시	통상임금	평균임금	기타 금품
3. 실제 근로여부에 따라 지급금액이 변동되는 금품과 1임금산정기간 이외에 지급되는 금품			
① 「근로기준법」과 「근로자의 날 제정에 관한법률」 등에 의하여 지급되는 연장근로수당, 야간근로수당, 휴일근로수당, 월차유급휴가근로수당, 연차유급휴가근로수당, 생리휴가보전수당 및 취업규칙 등에 의하여 정하여진 휴일에 근로한 대가로 지급되는 휴일근로수당 등		○	
② 근무일에 따라 일정금액을 지급하는 수당: 승무수당, 운항수당, 항해수당, 입갱수당 등		○	
③ 생산기술과 능률을 향상시킬 목적으로 근무성적 등에 따라 정기적으로 지급하는 수당: 생산장려수당, 능률수당 등		○	
④ 장기근속자의 우대 또는 개근을 촉진하기 위한 수당: 개근수당, 근속수당, 정근수당 등		○	
⑤ 취업규칙 등에 미리 지급금액을 정하여 지급하는 일·숙직수당		○	
⑥ 상여금			
가. 취업규칙 등에 지급조건, 금액, 지급시기가 정해져 있거나 전근로자에게 관례적으로 지급하여 사회통념상 근로자가 당연히 지급 받을 수 있다는 기대를 갖게 되는 경우: 정기상여금, 체력단련비 등		○	
나. 관례적으로 지급한 사례가 없고, 기업이윤에 따라 일시적·불확정적으로 사용자의 재량이나 호의에 의해 지급하는 경우: 경영성과배분금, 격려금, 생산장려금, 포상금, 인센티브 등			○
⑦ 봉사료(팁)로서 사용자가 일괄관리 배분하는 경우		○	

판단기준 예시	통상임금	평균임금	기타금품
4. 근로시간과 관계없이 근로자에게 생활보조적 · 복리후생적으로 지급되는 금품			
① 통근수당, 차량유지비			
가. 전 근로자에게 정기적 · 일률적으로 지급하는 경우		○	
나. 출근일수에 따라 변동적으로 지급하거나 일부 근로자에게 지급하는 경우			○
② 사택수당, 월동연료수당, 김장수당			
가. 전 근로자에게 정기적 · 일률적으로 지급하는 경우		○	
나. 일시적으로 지급하거나 일부 근로자에게 지급하는 경우			○
③ 가족수당, 교육수당			
가. 독신자를 포함하여 전 근로자에게 일률적으로 지급하는 경우		○	
나. 가족수에 따라 차등 지급되거나 일부 근로자에게만 지급하는 경우(학자보조금, 근로자 교육비 지원 등의 명칭으로 지급)			○
④ 급식 및 급식비			
가. 근로계약, 취업규칙 등에 규정된 급식비로써 근무일수에 관계없이 전 근로자에게 일률적으로 지급하는 경우		○	
나. 출근일수에 따라 차등 지급하는 경우			○

판단기준 예시	통상임금	평균임금	기타금품
5. 임금의 대상에서 제외되는 금품			
1. 휴업수당, 퇴직금, 해고예고수당			○
2. 단순히 생활보조적, 복리후생적으로 보조하거나 혜택을 부여하는 금품: 결혼축의금, 조의금, 의료비, 재해위로금, 교육기관 · 체육시설 이용비, 피복비, 통근차 · 기숙사 · 주택제공 등			○
3. 사회보장성 및 손해보험성 보험료부담금: 고용보험료, 의료보험료, 국민연금, 운전자보험 등			○

판단기준 예시	통상임금	평균임금	기타금품
4. 실비변상으로 지급되는 금품: 출장비, 정보활동비, 업무추진비, 작업용품 구입비 등			○
5. 돌발적인 사유에 따라 지급되거나 지급조건이 규정되어 있어도 사유발생이 불확정으로 나타나는 금품: 결혼수당, 사상병수당 등			○
6. 기업의 시설이나 그 보수비: 기구손실금 등			○

3. 판　례

판례에서 통상임금의 개념이 형성된 것은 부분적이지만, 1970년대 후반부터이다.[36] 초기의 판례는 "근로기준법 제19조 제2항이 말하는 통상임금이란 평균임금의 산정과는 달라서 실제 근무일수나 실제 수령한 임금에 구애됨이 없이 고정적이고 평균적인 '일반임금', 즉 기본임금과 이에 준하는 고정적으로 지급되는 수당의 1일 평균치를 말한다"[37]고 하여 통상임금을 '기본급에 고정수당을 합한 금액의 일급액'으로 해석하였다. 초기 판례가 사용했던 개념으로서 일반임금과 통상임금에 포함되어야 할 수당은 각각 고정성을 그 핵심개념표지로 하였음을 알 수 있다. 즉, 실제 근무일수나 사후적으로 실제 수령하게 된 임금은 통상임금의 산정에서 고려되지 않아야 한다는 것이다.

이후 1982년 근기법 시행령 개정(대통령령 제10898호, 1982. 8. 13, 일부 개정)을 통해 "법과 이 영에서 '통상임금'이라 함은 근로자에게 정기적 · 일률적으로 소정근로 또는 총 근로에 대하여 지급하기로 정하여진 시간급 금액 · 일급 금액 · 주급 금액 · 월급 금액 또는 도급 금액을 말한다"는 조항이 신설되었다.

이와 같은 시행령 규정이 마련된 이후 판례는 정기성과 일률성의 개념을 받아들이면서, "소정근로 또는 총 근로의 대상으로 근로자에게 지급되는 금품으로서 그것이 정기적 · 일률적으로 지급되는 것이면 원칙적으로 모두 통

36) 하갑래, 근로기준법, 2013, 404면.
37) 대판 1978. 10. 10, 78다1372.

상임금에 속하는 임금"이라고 보았다. 다만 여기에 더하여 고정성 요건을 판례법리로서 추가하였다. 즉, "근기법의 입법 취지와 통상임금의 기능 및 필요성에 비추어 볼 때 어떤 임금이 통상임금에 해당하려면 그것이 정기적·일률적으로 지급되는 고정적인 임금에 속하여야 하므로, 정기적·일률적으로 지급되는 것이 아니거나 실제의 근무성적에 따라 지급 여부 및 지급액이 달라지는 것과 같이 고정적인 임금이 아닌 것은 통상임금에 해당하지 아니한다"[38]고 판시하였다. 이로써 판례를 통해 형성된 통상임금의 개념 요소로는 '정기성', '일률성' 이외에 '고정성'이 포함된다고 할 것이다.

이러한 세 가지 개념 요소는 오늘날까지도 판례에서 그대로 받아들여지고 있다. 즉, 판례는 근로자의 소정근로 또는 총 근로의 대상으로서 지급된 금품 중, 정기적·일률적으로 지급하기로 정해진 '고정적' 임금을 통상임금으로 개념포섭하고 있다.[39]

4. 실무상 판단기준에 대한 요약

통상임금은 연장·야간·휴일근로수당 등의 경우 시간급으로, 해고예고수당 및 연차유급휴가수당 등의 경우엔 일급으로 산정하는 것이 일반적이다. 따라서 일급·주급·월급·도급 등으로 정한 임금을 시간급이나 일급으로 환산할 필요가 있기 때문에, 근기법 시행령 제6조(통상임금) 제2항과 제3항은 환산방식에 대해 구체적으로 규정하고 있다.

판례와 마찬가지로 행정해석도, '통상임금'이란 사용자가 근로자에게 정기적·일률적으로 소정근로 또는 총 근로에 대하여 지급하기로 정하여진 시간급 금액·일급금액·주급금액·월급금액 또는 도급금액을 의미하며 (근기법 시행령 제6조), 1임금산정기간에 지급하기로 정하여진 '고정급' 임금[40]이라고 해석하고 있다. 따라서 통상임금의 정의에 관한 판례와 행정해석상 특정 금품이 통상임금에 해당하기 위해서는 ① 소정근로 또는 총 근로의 대상으로 지급될 것, ② 정기적으로 지급될 것, ③ 일률적으로 지급될

38) 대판 1991. 6. 28, 90다카14758; 대판 1994. 10. 28, 94다26615; 대판 2002. 7. 23, 2000다29370; 대판 2003. 4. 22, 2003다10650.
39) 대판 2012. 3. 29, 2010다91046.
40) 임금근로시간정책팀-854, 2006. 4. 12.

것, ④ 고정적으로 지급되는 임금에 해당되어야 한다.

제2절 통상임금에 관한 개념 및 개념 요소 논쟁 1 - '소정근로의 대가성'

사용자가 근로자에게 지급하는 금원들 중 통상임금을 산정함에 있어 포함되어야 하는 금원이라고 평가하기 위해서는 '임금' 그 중에서도 '소정근로 또는 총 근로의 대가'로서의 속성을 갖추어야 한다.

Ⅰ. '임금'으로서의 속성

1. 내 용

통상임금에 포함되기 위한 금원은 근로의 대가로서의 속성을 가지고 있어야 한다. 임금으로서의 속성을 가지는 금원만이 통상임금 산정 시 이에 포함될 수 있다.

고용노동부 행정해석과 예규[41]에 따르면 통근수당, 급식비, 가족수당 등 복리후생적 금품, 은혜적 · 호의적 금품은 근로시간과 관계없이 근로자에게 생활보조적 또는 복리후생적으로 지급되는 것이므로 통상임금을 산정할 경우, 이러한 금원은 그 산정 범위에서 배제되어야 한다.

나아가 예컨대 근로자의 후생복지를 위하여 제공되는 중식대와 같은 금원은 '근로의 대가'인 임금이라고 볼 수 없기 때문에 통상임금의 산정 시 이에 포함될 수도 없다.[42]

---

41) 예규 별표 「통상임금 및 평균임금 등의 판단기준 예시」 4. 근로시간과 관계없이 근로자에게 생활보조적 · 복리후생적으로 지급되는 금품.

42) 대판 2006. 5. 26, 2003다54322.

2. 계약형식강제법리와 임금성

그러나 여기에서 중요한 점은, 그 지급 명목과 명칭이 중요하지는 않다는 것이다. 해당 금원의 본질이 그 명칭에 상관없이 근로의 대가로서 지급되는 것이라면 임금으로 보아야 한다. 이는 근로계약관계 존부에 관한 논쟁에서도 마찬가지다. 비록 명목상 위임계약이나 도급계약관계라 하더라도 그 실질에 있어 상대방의 지시권 행사 등으로 인해 근로계약관계성을 인정하여야 하는 경우가 있다. 이때 도급대가로서 지급된 금원이나 위임의 대가로서 지급된 금원은 임금으로 보게 된다.

Ⅱ. '소정근로' 또는 '총 근로'에 대한 대가로서의 속성

1. 통상임금의 제도적 기능과 소정근로의 대가성 요소 간의 관계

근로기준법 시행령 상의 개념 정의에 따르면, 통상임금의 산정 시 이에 포함되기 위해서는 근로의 대가로서의 속성 즉 '임금'이라는 판단만으로 족하지 않다. 통상임금으로 평가받기 위해서는 '소정' 근로의 대가 또는 '총' 근로의 대가로서의 속성을 가지고 있어야 한다.[43]

단지 근로의 대가성 여부만을 문제 삼지 않고, 소정근로나 총 근로의 대가성을 따지는 이유는 무엇일까? 그것은 통상임금이 그 제도적 기능상 가상적 상황을 전제로 사전적으로 정해 놓은 임금으로서 속성을 지녀야 하기 때문이다. 그냥 근로의 대가로만 해 두면, 실제 근로제공의 대가로서 지급된 모든 금원을 다 포함하게 된다. 이렇게 되면 평균임금이라는 도구개념과 구별하여 별도로 형성해 놓은 통상임금개념이 무의미하게 된다.

도구개념을 만들어 낸 계기와 목적이 다르기 때문에 통상임금에 포함될 수 있는 금원과 평균임금 산정 시 산입되어야 할 금원 간에 차이를 보이는 것은 당연하다고 볼 수 있다.

요컨대 통상임금은 실제 근로에 대하여 지급된 임금의 개념과는 그 본질

---

43) 대판 2000. 12. 22, 99다10806.

을 달리한다. 사전적으로 통상의 근로조건 하에서 소정의 근로를 제공한 경우를 전제로 가상하여 책정해 놓은 대가로서의 금원을 의미한다. 따라서 통상임금의 개념은 처음부터 실제의 근무 여부 또는 실적에 따라 변경될 여지는 없다.[44] 이러한 속성이 견지되어야만 평균임금의 최저한도로서의 기능이나 가산임금기준으로서의 기능이 올바르게 수행될 수 있다.

통상임금 여부에 대한 판단에서, 가장 기본적이면서도 선제적인 검토사항은 바로 소정근로의 대가성 여부다. 통상임금의 사전적 도구개념성을 명확히 하는 것이 중요하기 때문이다. 이러한 점에서 보면, 최근 일련의 판례들이 이러한 점에 대한 세밀한 검토를 하고 있는 것인지 조금 의심스러울 때가 있다.[45] 통상임금 산정법리에 관한 판단에서 '소정' 근로의 대가라는 실질적 개념 요소를 별로 중시하지 않고, 형식적인 지급형태를 징표하는 요소인 일률성과 고정성 요건에 치중하는 경향을 보이고 있기 때문이다.[46]

통상임금의 사전적 도구개념성을 징표하는 표지로서 소정근로의 대가성이라는 개념 요소는, 노동법의 입법자가 임금과 임금이 아닌 금품으로 개념상 나누는 데 그치지 않고, 굳이 '통상임금'이라고 하는 도구개념을 창출해 내야 했는가를 보여주는 것이다.[47] 요컨대 도구개념을 해석함에 있어 기능적, 목적론적 관점이 간과되어서는 안 된다.

소정근로의 대가성은 무엇이고, 총 근로의 대가는 구체적으로 무엇을 의미하는 것인지 이하에서 상세히 살펴보기로 한다.

2. '소정' 근로의 대가성

(1) 소정근로와 소정임금

통상임금은 소정근로의 대가로 평가될 수 있는 금원을 말한다. 이때 여전히 남는 문제는 과연 무엇이 '소정(所定)근로'인가 하는 점이다.

소정근로란, 법정 근로시간의 범위 내에서 당사자 사이에 정한 근로를 말

---

44) 임종률, 노동법, 2013, 390면 이하.
45) 김영문, "금원의 통상임금 해당성에 관한 기준의 비판적 고찰", 노동법학, 2012, 151면.
46) 대판 2003. 6. 13, 2002다74282.
47) 같은 맥락에서 이철수, "통상임금에 관한 판례법리의 변화-복리후생비를 중심으로-", 42면 이하 참조.

한다(근기법 제2조 제1항 제7호).[48] 즉, 노동법에 저촉되지 아니하는 범위에서 노와 사가 근로계약을 통해 1시간, 1일, 1개월 등의 '단위'로 약정하여 둔 근로의 내용을 말한다.

이러한 소정근로는 노사 간 근로계약의 내용이 된다. 왜냐하면 근로자와 사용자가 근로계약에서 주된 급부로서 근로와 그 반대 급부로서 임금의 내용을 확정하게 될 때, 주된 급부로서 근로의무의 내용을 미리 확정할 필요가 있기 때문이다.

소정근로는 당사자 간의 근로시간에 관한 합의를 말하는 것이지만, 그 합의가 근로기준법에위배되어서는 안 된다. 즉, 근로기준법에서 1일 및 1주의 법정근로시간을 초과하는 근로를 원칙적으로 금지하고 있으므로, 소정근로는 법정근로시간의 범위에서 약정된 근로로 한정된다.[49] 현행 근로기준법 제50조에 의거하여, 1주 간의 근로시간은 휴게시간을 제외하고 40시간을 초과할 수 없도록 하고 있다. 또한 1일의 근로시간은 휴게시간을 제외하고 8시간을 초과할 수 없도록 하고 있다.[50]

소정근로에 대하여 노사는 그 대가로서 임금을 확정하게 된다. 소정근로의 대가가 바로 소정임금이 될 것이다. 소정근로가 미리 사전에 근로기준법상 허용되는 범위 내에서 당사자가 정한 근로시간 내 근로를 말하듯이, 소정임금은 그러한 소정근로에 대한 대가로서 미리 사전적으로 합의해 놓은 임금을 말한다. 미리 정해진 바에 따라 지급되어야 할 임금인 것이다.

(2) 소정임금과 통상임금의 개념 차이

뒤에서 다시금 확인되어야 할 문제이긴 하지만, 소정근로에 대한 대가로서 소정임금과 통상근로의 대가로서 통상임금은 개념상 어떠한 차이가 있을까?

소정임금이든, 통상임금이든 실제 근로여부에 상관없이 사전적으로 확정해 놓은 고정적인 임금이라는 점에서는 동일하다. 하지만 소정임금과 통상임금은 개념상 미묘한 차이가 있다. 소정임금은, 개별 근로자 개개인이 사

48) 임종률, 노동법, 2013, 390면.
49) 임종률, 노동법, 2013, 390면 이하.
50) 이때 근로시간을 산정함에 있어 작업을 위하여 근로자가 사용자의 지휘 · 감독 아래에 있는 대기시간 등은 근로시간으로 본다.

용자와 합의를 통해 체결한 근로계약 상의 반대급부 내용이다. 이에 비해 통상임금은 개별근로자 개개인의 근로계약 상 합의 내용이 아니라, 해당 업무 종사 근로자 전체에게 공통적으로 적용될 수 있는 근로의 가치평가액이다. 양자는 이러한 점에서 분명하게 구별된다.

정리하면 소정임금은 개개 근로자에게 사용자가 지급하기로 한 임금이다. 하지만 통상임금은 특정 업무를 수행하는 것(근로)에 대하여 사용자가 책정해 놓은 임금(근로가치평가액)이다. 소정임금은 해당 근로자에 대한 가치를 평가한 것이고, 통상임금은 해당 근로자가 종사하는 업무수행(근로)에 대한 가치를 평가해 놓은 것이다. 기본급은 물론,[51] 직책수당 · 기술수당 · 위험수당 등 정기적 · 일률적으로 지급하기로 정한 고정급도 통상임금에 포함된다고 본다.[52] 이러한 점을 징표하는 개념 요소가 바로 후에 설명하게 될 '일률성'요소이다. 현행 근로기준법 시행령과 판례에서 일률성을 요소로 삼고 있는 이상, 통상임금은 개별 근로자의 몸가치를 평가하는 것이 아니라, 해당 업무종사에 따른 공통된 부담(즉, 근로의 가치)을 평가한 것임을 알 수 있다.[53]

3. '총 근로'의 대가성

(1) 총 근로의 개념

근로기준법 시행령 제6조 제1항에서 소정근로와 구별하여 '총 근로'에 대

51) '기본급'은 1시간, 1일 또는 1개월에 얼마로 정하는 '정액급'(시간급 · 일급 · 월급)과 실적에 따라 결정되는 '실적급'(능률급 · 성과급)으로 나누어진다(양자를 혼합하기도 한다). 정액급은 다시 개개인의 학력 · 경력 · 근속 기간 당 속인적 요소에 따라 결정되는 '연공급'(속인급), 직무내용에 따라 정해지는 '직무급', 해당 사업에서의 직무수행능력(자격 · 직능)에 따라 정해지는 '직능급'으로 구분된다(물론 이들은 병용되기도 한다). 이에 대하여 '실적급'은 가장 단순하게는 해당 근로자의 실적에 일정한 단가를 곱하여 산출되지만, 누진 또는 역누진으로 산출되기도 한다.

52) 임종률, 노동법, 2013, 391면.

53) 이에 관한 해명의 단초는 근로기준법 제2조 제1항 제7호에서 찾을 수 있다. 이 규정은 '소정근로시간'에 대하여 정의규정을 내려놓고 있다. 즉, "소정근로시간"이란 제50조, 제69조 본문 또는 「산업안전보건법」 제46조에 따른 근로시간의 범위에서 근로자와 사용자 사이에 정한 근로시간을 말한다. 결국 소정근로시간이란, 노동법 상의 허용범위 내에서 당사자 간 합의해 놓은 근로시간을 말한다고 할 수 있다. 또한 종래 대법원 역시 통상임금의 정의와 관련하여 '근로의 양 및 질에 관계되는 근로의 대상'이라는 표현을 사용하였었다(대판 1990. 12. 26, 90다카12493; 대판 1990. 11. 9, 90다카6948).

한 임금이라고 한 것을 두고, 통상임금과 평균임금의 개념적 차이가 없는 것으로 볼 여지가 있다. 이는 총 근로에 대하여 지급하기로 정하여진 금액이 반드시 도급 금액이어야 하는 것으로 해석될 이유가 없으며, 규정상 얼마든지 시간급 금액 등으로 연결되어 해석될 수 있다"는 주장에 기반하고 있다.[54] 이렇게 볼 경우, 상여금과 같이 1임금산정기간을 넘어 지급되는 임금이라도 상여금지급기간 동안의 '소정근로 또는 총 근로에 대한 대가'로 볼 수 있으므로 통상임금에 산입될 수 있다는 주장도 가능하게 된다.[55]

그러나 이러한 주장에는 동의하기 어렵다. 그 이유는 통상임금의 개념은 사전적인 임금으로서의 속성을 가지면서, 근로의 가치를 평가하는 데 본질이 있기 때문이다.[56] 통상임금과 평균임금의 개념을 구별하지 아니하는 것은, 각각의 고유한 제도적 기능을 간과하는 것이다.

(2) 도급제 근로의 대가

총 근로의 대가가 사전적으로 확정될 수 있는 경우란 도급계약의 경우를 염두에 둔 것이다. 도급계약의 목적은 일의 완성이다. 일의 완성과 인도 시점에서 그 대가지급의무가 발생하게 되므로,[57] 도급계약을 체결하는 당사자로서는, '일이 완성될 경우에 지급되도록 할' '총 근로의 대가'를 미리 확정해 두는 것이다.

물론 오늘날 도급계약의 목적이 장기간을 필요로 하는 일의 완성인 경우, 도급대금의 지급을 수시로 하는 경우도 흔히 있다. 그 이유는 도급계약관계에서도 일의 완성 과정을 세밀하게 분할하게 되며, 이러한 경우에는 매 단계의 공정 완성 시 그때그때마다 보수를 지급할 수도 있다고 보기 때문이다.[58] 따라서 오늘날은 도급 보수의 지급을 어떠한 방식으로 하도록 예정하고 있는지 등이 도급계약의 전형성을 담보하는 것으로 보기는 어렵다. 그러나 이는 대금지급 방식에 관한 문제이고, 근로계약의 경우와 마찬가지로

54) 김기덕, "최근 판례를 통한 통상임금 법리에 관한 검토", 노동법포럼, 2008, 278면.
55) 대판 1996. 2. 9, 94다19501.
56) 이와 달리 (평균)임금은 사후적 임금개념으로서, 생활수준을 가늠할 수 있도록 하는 데 본질이 있다.
57) BAG 25. 6. 1986 EzAÜG Nr.202, 203.
58) BAG 14. 8. 1985, NZA 1987, 128.

매달 정기적으로 지급되도록 법률로서 강제되어 있지는 않다. 나아가 분명한 것은 도급계약 시점에서 총 근로에 대한 대가를 미리 확정해 두는 것이 필요하다는 사실이다.

총 근로의 개념을 사후적으로 실제 근로를 제공한 '총량' 개념으로 파악하여서는 안 된다. 통상임금은 사전적으로 확정되어 있도록 하는데 그 제도적 의의와 기능이 있으므로, 총 근로에 대한 대가를 미리 산정해 두도록 하는 경우란, 도급계약의 경우를 말하는 것이고, 근로계약의 경우는 총 근로를 미리 산정해 둘 수가 없다. 예정되지 아니한 추가적인 근로제공의 경우가 얼마든지 발생하기 때문이다. 그래서 미리 합의로서 확정한 소정근로의 대가성을 통상임금의 개념 요소로 삼게된 것이다. 시행령 제6조 제1항의 소정근로는 시간급 금액, 일급 금액, 주급 금액, 월급 금액에 대응하는 것이고, 총 근로는 도급 금액에 대응하는 것이다.

소정근로에 직접적 또는 비례적으로 대응하여 지급하는 금품이 아니라도 총 근로에 대한 임금이 될 수 있다는 이유로 1개월을 초과하는 기간을 걸친 사유에 따라 산정되는 상여금 등을 '총 근로'에 대한 대가로서의 임금으로 보고, 통상임금에 포섭될 수 있다는 것은 통상임금의 제도적 의의와 개념적 특수성을 간과한 결과다.

한편 통상임금은 연장근로 등에 대해 지급할 가산임금을 계산하는 기준이므로 반드시 시간급 통상임금으로 산정되어야 한다. 시간급 통상임금 산정방법을 보면, 시행령 제6조 제2항 각 호에서 시간급, 일급, 주급, 월급 금액은 그 기간의 소정근로에 대한 임금으로서 그 기간의 소정근로시간(유급처리되는 시간을 합산)수로 나누어 시간급 통상임금을 산정한다. 도급 금액은 총 근로에 대한 임금이므로 총 근로시간수로 나누어 시간급 통상임금을 산정하도록 하고 있다.[59] 이러한 계산방식 규정은, 도급제 근로자를 제외한 시간 단위 임금 근로자에게 근로기준법 시행령 제6조의 '총 근로'는 통상임금의 판단기준이 될 수 없음을 명확히 보여주는 것이다.

59) 박지순, "통상임금에 관한 최근 대법원 판결의 의미와 쟁점", 노동리뷰, 2013, 29면.

Ⅲ. 평 가

통상임금이기 위해서는 우선 소정근로의 대가로서 속성을 가진 것이어야 한다는 것은, 통상임금이 사전적인 임금으로서의 속성을 가져야 한다는 것을 의미한다.[60] 당사자 간에 합의한 바에 따라 소정근로의 대가를 미리 산정해 놓게 되므로, 사후적으로 실제 근로제공이 있었는가 여부와 통상임금 개념과는 아무런 상관이 없게 된다. 연장 · 휴일근로수당, 변동적 상여금,[61] 정근수당,[62] 승무수당(운수업체 종사자에게 근무일에만 지급)[63]과 같이 실제의 근무 여부나 이후 성취된 실적에 따라 지급 여부는 물론이고, 구체적인 지급액이 달라지게 되는 속성을 가진 임금의 경우는 통상임금의 산정에서 포함될 수 없다고 보는 것이 타당하다.

또한 통상임금의 산정 시 이에 포함되어야 할 임금이기 위해서는 '총 근로'에 대한 대가로서의 속성을 가진 것이어야 한다. 이때 총 근로란, 근로기준법 시행령 제6조 제2항 제6호에 따라 도급제에 따른 총 근로시간수를 의미한다고 본다.[64]

통상임금의 판단에 있어 소정근로의 대가로서 속성을 가지고 있는가 여부를 판단하는 것은 매우 중요한 의미를 가진다. 종래 구체적인 사례에서 자주 문제된 것은, 가족수당, 통근수당(교통비), 차량유지비, 사택수당, 급식비(식대), 근속수당, 정근수당 등 복리후생적 · 생활보조적 성격으로 지급되는 것이 통상임금에 포함되는지 여부였다. 이에 대하여 행정해석은 근로시간과 관계없이 지급된다는 이유로 통상임금이 아니라고 보았고,[65] 판례는

60) 사전에 근로자에게 해당 업무에 종사할 것을 상정하여 책정해 놓은 임금이라면, 그 금액이 고정적일 수밖에 없고, 해당 업무에 종사하는 근로자라면 누구나 해당사항이 있을 것이므로 일률성도 인정될 수밖에 없다. 그리고 사전적으로 책정해 놓은 소정근로의 대가로서 임금이라는 속성을 가지고 있으므로, 최소한 1개월에 한 번 이상 정기적으로 지급될 것이 예정되어 있어야 한다. 따라서 정기성도 통상임금은 당연히 갖추고 있다고 보아야 한다.

61) 고용부 예규 제551호(통상임금 산정지침), 2007. 11. 28; 대판 1990. 11. 9, 90다6948; 대판 1996. 2. 9, 95다2227.

62) 대판 1996. 5. 10, 95다2227.

63) 대판 2002. 7. 23, 2000다29370.

64) 김지형, 노동법해설, 1993, 132면.

65) 앞의 고용부 예규 제551호.

지급조건 등에 따라 통상임금에 포함되는 경우도 있다고 판단한 바가 있었다.[66] 사실 이러한 명목의 수당에 대하여 그 명칭만으로 판단할 수는 없다. 그러나 가족수당이든 교통비지원금이든 차량유지비이든 그 명칭과 상관없이 그 수당을 책정해 둔 이유를 살펴보아야 한다. 즉, 해당 업무종사 근로자가 소정의 근로를 제공할 경우 그에 상응하는 대가로서 사용자가 '미리 상정해 놓은 것'인가 여부를 판단하는 것이 중요하다. 따라서 실제로 해당 업무를 수행하였기 때문에 '사후적으로' '실제' 지급받은 임금의 액수와 종류는 통상임금의 산정에서 고려될 필요가 없다.

그러나 판례는 일정 시기에 일정한 급부를 일률적으로 지급하면 소정근로에 대하여 지급하기로 한 것인지 여부에 대하여는 별다른 판단 없이 이를 통상임금으로 판단하는 경향을 보이고 있다.[67] 예를 들어 매년 1회 일정 시기에 일정액의 월동보조비, 체력단련비가 전체 근로자에게 지급되어 왔다면 이는 통상임금에 해당한다고 판단한 바도 있다.[68] 하지만 이러한 판단은 통상임금이라는 개념을 창출하도록 한 노동입법자의 의사를 조화적으로 고려한 것이라 보기 어렵다.

'소정근로의 대가'로서 '통상임금'이란, 이렇듯 처음부터 사전적으로 상정해 놓은 근로(=소정근로)에 대가로서 미리 책정해 놓은 임금을 말한다.

한편 소정근로의 대가가 곧 통상임금을 뜻하는 것은 아니다. 즉 소정임금과 통상임금의 개념은 구별된다. 소정임금은, 해당 근로자에 대한 대가지급액을 뜻하고, 통상임금은 해당 업무종사 근로자의 근로가치에 대한 평가액을 뜻하는 것이기 때문이다. 따라서 해당 업무종사 근로자라면 누구에게나 공통적으로 지급되는 금원이어야만 통상임금이라고 평가하게 된다. 이것이 바로 후에 설명하게 될 통상임금의 일률성 요소이다. 통상임금은 소정임금이면서 동시에 일률성과 고정성, 그리고 정기성을 갖춘 금원이기 때문에, 소정임금보다 그 범위가 좁다고 할 수 있다.

---

66) 예컨대 근속수당에 대하여 대판 1994. 10. 28, 94다26615는 부정하지만, 대판 1992. 5. 12, 92다6570; 대판 2002. 7. 23, 2000다29387은 긍정한다. 또 급식비에 대하여 대판 1996. 5. 10, 95다2227은 긍정하지만, 2003. 4. 22, 2003다10650은 부정한다.

67) 하경효, 임금법제론, 2013, 80면 이하.

68) 대판 1996. 2. 9, 94다19501.

제3절 통상임금에 관한 개념 및 개념 요소 논쟁 2 - '통상임금의 정기성'

Ⅰ. 서 설

근로기준법 시행령 상의 내용에 따르면, "법과 이 영에서 '통상임금'이라 함은 근로자에게 정기적 · 일률적으로 소정근로 또는 총 근로에 대하여 지급하기로 정하여진 시간급 금액 · 일급 금액 · 주급 금액 · 월급 금액 또는 도급 금액을 말한다"고 규정되어 있었고, 이 개념정의는 판례와 행정예규에서도 그대로 받아들여져 왔다.[69] 나아가 판례는 일관된 법해석을 통해 고정성 요소를 더함으로써, 오늘날 통상임금의 개념 요소로는 '소정근로의 대가성'과 '정기성', '일률성' 이외에 '고정성'이 제시되고 있다.[70]

일선 실무가나 학계에서 전원합의체 판결의 절차도 취하지 않고, 나아가 별다른 해명도 없이 대법원이 그 입장을 변경한 경우로서 자주 지적되는 것이 바로 통상임금의 '정기성'에 관한 해석론이다. 즉, 과거 대법원은 수차례 통상임금관련 사건에 대한 판결을 통해 1개월을 초과하는 기간마다 지급되는 임금에 대하여는 통상임금성을 인정해 오고 있지 않았었다. 그러다가 1990년 중반 이후 이러한 입장을 변경하여 1개월을 초과하는 기간마다 지급되는 임금도 통상임금에 포함되어야 한다고 판시하여 오고 있다는 것이다.

69) 다만 법원은 판례를 통해, "소정근로 또는 총 근로의 대상으로 근로자에게 지급되는 금품으로서 그것이 정기적 · 일률적으로 지급되는 것이면 원칙적으로 모두 통상임금에 속하는 임금"이라고 보면서 여기에 더하여 고정성 요건을 판례법리로서 추가하였다. 즉, "근기법의 입법 취지와 통상임금의 기능 및 필요성에 비추어 볼 때 어떤 임금이 통상임금에 해당하려면 그것이 정기적 · 일률적으로 지급되는 고정적인 임금에 속하여야 하므로, 정기적 · 일률적으로 지급되는 것이 아니거나 실제의 근무성적에 따라 지급 여부 및 지급액이 달라지는 것과 같이 고정적인 임금이 아닌 것은 통상임금에 해당하지 아니한다"고 판시하였다(대판 1991. 6. 28, 90다카14758; 대판 1994. 10. 28, 94다26615 등).

70) 대판 1991. 6. 28, 90다카14758; 대판 1994. 10. 28, 94다26615; 대판 2002. 7. 23, 2000다29370; 대판 2003. 4. 22, 2003다10650; 대판 2012. 3. 29, 2010다91046.

사실 통상임금의 정기성 개념과 1임금지급기 간의 제도적 상관성은 2가지 측면에서 중요한 의미를 가진다.

첫 번째는 법제도적 상관성이다. 현행 근로기준법 상 임금지급원리를 규정하면서, 임금은 최대 1개월의 범위 내에서 '정기적'으로 지급되도록 하고 있고, 이에 근거하여 행정예규는 통상임금에 대하여 '1임금산정기간에 지급하기로 정하여진 고정급 입금'으로 규정하고 있다.[71] 과거 대법원도 이러한 정기성의 해석에 있어 1임금지급기(최대 1개월)와의 제도적 밀접성을 염두에 두고, 1임금지급기를 초과한 임금에 대하여는 통상임금으로 인정하지 않았다.

두 번째는 노동현장에서의 임금지급구조와의 관계이다. 우리나라 노동현장에서의 임금지급구조를 살펴보면, 독특하게도 1개월 단위를 초과하여, 예컨대 분기별로, 혹은 2개월 단위로 지급되는 정기상여금이 많이 있고, 또한 이러한 정기상여금이 근로자들에게 지급되는 전체 임금에서 상당히 큰 비중을 차지하고 있다. 실제로 노동현장에서 단체협약 등을 통하여 노사가 임금액결정을 하면서, 1임금지급기를 초과한 정기상여금을 지급하기로 한 데에는 가산임금산정에 있어 그러한 정기상여금은 포함되지 않을 것이라는 묵시적 합의나 인식이 전제되어 있는 경우가 흔히 있다.

대법원이 최근 일련의 판결을 통해, 정기성의 해석을 두고, 굳이 1임금지급기에 국한되지 않고, 정기적 지급으로서의 실질을 가지는 한 정기성이 충족되는 것으로 해석하였다. 이 때문에 노동현장에서의 기존 통상임금 산정이 오계산된 것이라는 주장이 나오면서, 수많은 소송으로 이어지고 있고, 이러한 혼란을 염두에 두고, 학계에서는 학계대로 대법원이 기존의 일관된 대법원 판례 법리를 변경할 필요가 있다고 인정하였다면 마땅히 그 사건을 전원합의체에 회부하여 심판하도록 했어야 했다는 비판을 제기하고 있다.[72] 물론 반대 입장도 있다.[73]

---

71) 행정예규 551호 제3조.

72) 대법원의 입장이 바뀐 것이므로 전원합의체 판결에 의하였어야 했다는 지적으로는 하경효, 임금법제도론, 2013, 125면; 이승길, "상여금의 통상임금에 관한 판례법리의 소고", 가천법학, 2012. 8, 300면; 조영길, "통상임금 해석에 대한 대법원 판단의 문제점과 개선방향", 한국노동법학회 · 노동법이론실무학회 2012년 추계학술대회 자료집, 72면.

73) 도재형, "통상임금의 의의와 범위에 관한 법적 검토", 노동과 법, 2006. 4, 34면 이하.

예컨대 3달에 한 번 지급되는 정기상여금에 대하여도 이를 통상임금 산정 시에 포함시킨다면 이는 기존의 통상임금 산정은 오계산된 것임을 뜻하게 되고, 오계산된 만큼 근로자는 임금을 되돌려 받게 될 것이다. 하지만 근로자 측으로선 반길 일만은 아니다. 사용자 측으로서는 생각지도 못한 임금(회사 경영 측면에서는 '비용')이 지출되었으므로, 이를 향후 다음 임금협상 과정에서 반영할 것이기 때문이다.[74] 결국 이러한 소송은 노사 당사자에게 실무상의 혼란과 불필요한 분쟁비용만 남기게 될 뿐이다.[75]

이하에서는 통상임금의 정기성에 관한 법원의 해석론이 과연 일관성을 잃은 것으로서 전원합의체 판결 절차를 거쳐야 했던 것인지를 해명하면서, 동시에 정기성이라는 개념 요소가 1임금지급기라는 개념과 어떠한 법제도적 상관성을 가지는 지에 대하여 설명하고자 한다.

Ⅱ. 종래의 논쟁

1. 판례의 입장

(1) 초기 판례: '임금지급단위기간내 정기성론'

1임금산정기간이란, 임금의 지급을 위한 산정단위 기간을 말하는데, 현행 근로기준법 상 임금은 적어도 월1회 이상 정기적으로 지급되어야 함을 원

74) 법원의 판결이 근로자에게 '생각지도 못한 돈'을 지급하도록 하는 결과를 가져 온다면 이는 잘못된 판결이라고 본다. 통상임금 소송에서 판결은 근로자로 하여금 '마땅히 근로의 대가로서 받아야 하는데 받지 못한 임금'을 지급받도록 하는 것이어야 한다. 혹여나 최근의 통상임금소송이 '정당하게 받을 줄 알았던 임금'을 받아내는 소송이라면 다행이지만, '생각지도 못한 돈'을 받아낼 수 있다는 식이라면 유감이 아닐 수 없다. 근로자로서는 '생각지도 못한 돈'이 생기게 되어 당장은 좋을지 모르지만, 결과적으로 사용자로서는 당초 노사단체협약 등을 통한 임금 산정에서 미리 예상할 수 없었던 추가부담분을 지출하였으니, 향후 임금액 결정에서는 이러한 부분을 미리 반영, 그 금액을 보전하려고 할 개연성이 높다. 사용자로서는 경영상 임금조로 예정해 놓은 비용의 한도가 미리 정해져 있기 마련이다. 이런 점을 고려하면, 통상임금 산정의 오류로 가산임금 미지급분을 받아내는 것이 고스란히 근로자의 이익으로 귀결된다고 생각하기는 어렵다. 요컨대 근로자에게 있어 과연 '생각지도 못한 돈'인지, 아니면 '원래 받았어야 했는데 받지 못했던 임금'인지를 판단하는 데 있어 중요한 것은 아마도 당초 임금단체협약 체결 당시 노사 당사자의 의도와 생각일 것이다.

75) 그래서 통상임금에 관한 분쟁은, 법률가들에게만 반가운 일일지도 모른다.

칙으로 하고 있다. 1임금산정기간이란, 결과적으로 1개월을 최대단위기간으로 하게 된다. 초기 판례는 1임금지급기인 1개월을 초과하는 기간마다 지급된다는 점을 근거로 통상임금성을 부인해 왔다.[76)][77)] 즉, 초기에 대법원은 "근기법 제19조 제2항과 같은 법 시행령 제31조 제1항 소정의 통상임금이란 근로자에게 정기적 · 일률적으로 소정근로 또는 총 근로에 대하여 지급하기로 정하여진 시간급 금액, 일급 금액, 주급 금액, 월급 금액 또는 도급 금액을 말하며, 이는 근로의 양 및 질에 관계되는 근로의 대가로서 실제 근무일수나 수령액에 구애됨이 없이 정기적 · 일률적으로 1임금산정 기간에 지급하기로 정하여진 고정급 임금을 의미"한다고 판시하여 왔다. 구체적으로 판례가 설시한 바에 따르면, "통상임금이라 함은 근로자에게 정기적, 일률적으로 소정근로 또는 총 근로에 대하여 지급하기로 정하여진 시간급 금액, 일급 금액, 주급 금액, 월급 금액 또는 도급 금액을 말하는 것이므로 1개월을 넘는 기간마다 정기 또는 임시로 기업의 경영실적, 근로자의 근무성적 등을 감안하여 지급되고 있는 상여금은 통상임금의 산정기초가 될 임금에 포함되지 아니한다"고 보았다.[78)] 그 결과 예컨대 근로자들이 3개월마다 정기적으로 상여금을 지급받았고 회사 역시 통상임금을 산정함에 있어서 기본급 이외에 상여금의 월평균금액을 가산하여 산정하여 온 사실관계를 두고, 대법원은 소정근로시간에 대한 대상으로 볼 수 없는 임금(상여금 등 1개월 이상을 단위로 지급되는 임금) 등은 통상임금의 산정범위에서 제외된다고 판시하였다.[79)] 이렇듯 초기 법원은 명확하게 정기성을 임금지급기와 연결시켜 판단하여 왔고, 이러한 법원의 입장대로라면, 적어도 1개월의 범위 내에서 정기적으로 지급되는 임금만이 통상임금의 산정에서 고려될 수 있다고 보게 된다.

76) 대판 1990. 11. 27, 89다카15939; 대판 1990. 12. 26, 90다카12493; 대판 1991. 6. 28, 90다카14758; 대판 1992. 2. 14, 91다17955.

77) 이는 현재 행정해석과 동일하다(고용노동부예규 제47호 「통상임금 산정지침」 (2012. 9. 25. 개정)).

78) 대판 1990. 2. 27, 89다카2292.

79) 대판 1990. 11. 9, 90다6948.

(2) 현재 판례: '단순정기성론'

1996년 2월 9일 대법원은 1개월을 초과하는 기간마다 지급되는 임금이라도, 그것이 '정기적'·'일률적'으로 지급되는 것이면 통상임금에 포함될 수 있다는 입장을 밝혔다.[80] 당시 대법원이 밝힌 바에 따르면, "근로자에게 소정근로 또는 총 근로의 대상으로 지급되는 금품으로서 그것이 정기적·일률적으로 지급되는 것은 통상임금에 속하는 임금이다. 따라서 근로자에 대한 임금이 1개월을 초과하는 기간마다 지급되는 것이라도 그것이 정기적·일률적으로 지급되는 것이면 통상임금에 포함될 수 있는 것이고, 소정근로시간의 근로에 직접적으로 또는 비례적으로 대응하여 지급되는 임금이 아니라 하더라도 그것이 소정근로 또는 총 근로에 대하여 지급되는 임금이 아니라고 할 수 없으므로 그런 사유만으로 그 임금을 통상임금에서 제외할 수는 없다"고 한다.[81]

대판 1996년 2월 9일자 판결을 기점으로 하여 이후 법원은 1개월을 넘는 기간을 단위로 하여 지급되는 정기적 급부라 하더라도, 통상임금 산입대상 금품으로서의 정기성 요건이 충족될 수 있다는 입장을 일관되게 견지해 오고 있다.[82] 예컨대 2개월 또는 3개월 단위로 지급되는 체력단련비, 출퇴근 보조여비,[83] 근속가산금, 교통보조비, 명절휴가비[84]까지도 통상임금의 산정 시 이에 포함되어야 한다고 보았다.

---

80) 대판 1996. 2. 9, 94다19501.

81) 결과적으로 보면 이 사건에서 쟁점인 상여금(매년 4회, 각 3, 6, 9, 12월에 지급)에 대하여, 판례가 통상임금 산정에서 고려할 수 있다고 본 것은 아니다. 단지 통상임금의 개념 요소인 정기성의 해석을 두고, 매 3개월 단위의 상여금에 대하여도 통상임금에의 산입이 허용되는 임금으로서, 소위 정기성 요건을 충족하였다고 해석하였을 뿐이고, 다만 고정적인 급여로서의 성격을 부인함으로써, 통상임금의 산정에 포함시켜서는 안 된다고 보았다. 다만 이 사건에서 판례가 고정적 급여로서의 성격을 부정한 이유로는 다음과 같은 사실관계가 지적되었다. 즉, (i) 입사 1개월 미만인 자에게는 지급되지 않는 점, (ii) 근속기간이 3개월 미만인 자와 휴직·정직·직위해체처분 등으로 상여금 지급기간 중 그 직무에 종사하지 아니한 자, (iii) 상여금 지급기간의 1/2 미만을 근무하고 퇴직한 자에게는 근무일수를 근거로 일할계산하여 지급하도록 규정되어 있는 점이 바로 그것이다.

82) 대판 1996. 3. 22, 95다56767; 대판 1996. 5. 10, 95다2227; 대판 2007. 6. 28, 2006다11388; 대판 2011. 9. 8, 2011다22061; 이에 관한 일반론적 설명으로는 김형배, 노동법, 2013, 375면; 임종률, 노동법, 2013, 392면.

83) 대판 2007. 6. 28, 2006다11388.

84) 대판 2011. 9. 8, 2011다22061.

결국 최근 판례의 입장은, 임금의 정기성은 '주기적'이고 '규칙적'인 지급이기만 하면, 굳이 1임금지급기에 국한될 필요는 없다는 점에서, 1임금지급기를 넘더라도 정기적 · 일률적으로 지급되는 고정적 상여금,[85] 효도휴가비와 월동보조[86] 등은 통상임금에 포함된다고 보아야 한다는 것으로 요약될 수 있을 것이다.

2. 행정해석

종래 행정해석은 통상임금의 정기성에 대하여, 일관되게 1임금지급기 범위 내에서의 정기적 지급으로 파악하여 왔다. 행정예규에 따르면, 통상임금에 대하여 '1임금산정기간에 지급하기로 정하여진 고정급 입금'으로 규정되어 있다(동예규 제551호 제3조). 1임금산정기간이란, 시급 · 주급 · 일급 · 월급이 있을 수 있다. 이러한 행정예규에 따를 경우, 예컨대 월급제를 취하고 있는 회사의 근로자인 경우, 1개월 단위로 임금이 산정되어 정기적으로 지급되는 경우 그 임금은 통상임금의 산정에서 포함될 수 있다는 것이다.[87] 따라서 체력단련비나 효도수당이 수개월 또는 1년마다 지급되는 경우라면 통상임금에서 제외된다고 보는 것이 행정해석의 입장이다.[88] 나아가 연간 기본급의 600%를 정기상여금으로 지급하되, 매월 50%씩 분할 지급하는 경우와 같이 연 단위로 산정되는 경우에는 그것이 비록 매월 분할 지급된다고 하더라도 정기성이 인정되지 않는 것으로 해석된다.[89]

3. 학계에서의 논쟁

통상임금의 정기성에 관한 해석을 두고 학계에서도 견해가 나뉘고 있다. 즉, 초기 판례의 입장과 같이 통상임금은 1임금지급기라는 범위 내에서의 정기적 지급을 의미한다는 견해가 있는가 하면, 이와 달리, 1임금지급시기의 제한을 둘 필요가 없다는 현재의 판례입장을 지지하는 견해도 있다.[90]

85) 대판 1996. 2. 9, 95다 19501; 대판 1996. 5. 10, 95다2227; 대판 2007. 6. 15, 2006다13070

86) 대판 2003. 10. 23, 2003다40589.

87) 하경효, 임금법제론, 2013, 81면 이하.

88) 고용노동부 예규 제551호.

89) 임금 68207-162, 2001. 3. 12.; 임금 68207-207, 2002. 3. 29.

(1) 단순정기성론

우선 시급, 일급, 주급, 월급 기타 월 단위를 넘어서는 기간을 단위로 산정된 임금이라도 정기성 차원에서의 산정 기간 단위는 있는 것이므로 정기성 요건을 충족한다고 보는 견해가 있다.[91] 일 · 주 · 월 외의 일정한 기간이 당연히 1개월 이내를 말한다고 볼 근거가 없다는 것이다.[92] 그리하여 1개월 단위를 넘어서는 정기상여금 역시 월할 계산하는 방식으로 통상임금에 포함시킬 수 있는 것이라고 한다.[93] 단순정기성론을 지지하는 견해는, 정기상여금이 우리 노동현장에서 미리 1년을 단위로 하여 몇 백 퍼센트의 지급 등으로 그 지급기준을 사전에 정하게 되는 바, 이는 해당 근로자에 대한 근로의 가치를 미리 평가해 둔 것으로서, 근로의 대가라는 기본적인 속성을 가지고 있다는 점을 인정해야 한다는 입장에 기초하고 있는 것으로 보인다.

결과적으로 최근 대법원의 입장을 지지하는 이러한 입장에 따르게 되면, 1분기별, 또는 연단위에서 정기적으로 지급되는 상여금에 대하여도 통상임금성을 인정할 수 있게 된다.[94]

(2) 임금지급단위기간내 정기성론

통상임금의 개념 요소로서 정기성에 대하여, 초기 판례의 입장과 마찬가지로 1임금지급단위기간 내에서 정기성을 의미하는 한다고 보아야 한다는 견해도 있다.[95]

---

90) 임종률, 노동법, 2013, 390면 이하. 임종률 교수의 경우, 그 이전까지는 정기적 지급에 관하여 구판례의 입장을 지지한 바 있다가, 최근 자신의 종전 입장을 수정하였다.

91) 김기덕, “최근 판례를 통한 통상임금 법리에 관한 검토”, 노동법포럼, 2006, 279면.

92) 하갑래, “통상임금제도의 변화와 과제”, 노동법이론실무학회 · 한국노동법학회 2012년 추계 학술대회 주제발표 Ⅱ, 34면.

93) 도재형, “통상임금의 범위”, 「노동법연구」(제7호), 서울대학교노동법연구회, 1998, 348면.

94) 김기덕, “최근 판례를 통한 통상임금 법리에 관한 검토”, 279면. 하지만 이러한 견해가 만약 상여금이라는 명칭만을 염두에 둔 것이라면 당초 1996년 2월 9일자 판례의 취지와 조화되기 어렵다. 우선 그 상여금이 근로의 대가인 임금으로서의 속성을 가지는 것인지, 그리고 임금이라 하더라도 소정근로 또는 총 근로의 대가로서 평가할 수 있는 것인지를 살펴서 판단되어야 할 것이다.

95) 하경효, 임금법제론, 2013, 93면 이하; 박지순, “통상임금에 관한 최근 대법원 판결의 의미와 쟁점”, 30면 이하.

이러한 견해는, 정기지급의 원칙과 통상임금의 정의 규정에 비추어 볼 때, 통상임금의 개념 요소로서 '정기성'에 대하여, '소정'근로의 대가로서, 임금으므로(월급제인 경우 1개월) 1개월을 초과하지 않은 범위 내에서 정기적으로 지급되는 것이라는 입장이다. 따라서 1개월을 넘어 지급되는 상여금은 소정근로에 대하여 지급하기로 정하여진 시간급, 일급, 주급, 월급 금액에 해당하지 않으며, 따라서 통상임금에서 제외된다고 보아야 한다고 주장한다.[96] 근기법 시행령 제6조 제2항 제4호는 "월급 금액으로 정한 임금은 월의 통상임금 산정기준 시간 수로 나눈 금액"으로 정하고 있으므로 월급제 근로자에게 상여금은 소정(월)의 근로시간에 대해 지급된 임금으로 해석되기 어렵다는 점을 근거로 들고 있다.[97]

나아가 1개월 단위를 넘어서는 임금에 대하여 통상임금에 포함할 수 있느냐 하는 문제와 관련하여 계산기술상으로나 논리적 측면에서 가산임금의 기초로 산입하는 것은 타당하지 않다는 지적도 있다.[98] 통상 상여금이 분기 또는 반기 단위로 지급되는 경우 상여금이 지급되는 달에 상여금을 포함하여 계산된 통상임금에 따라 가산임금이 지급되어야 한다면, 상여금의 지급 여부와 지급액에 따라 매월 통상임금이 달라지고 연장근로 등에 대한 가산임금도 변동될 수 있다는 것인데, 이는 가산임금을 통상임금을 기초로 산정하여야 한다는 규율 내용에 부합하지 않기 때문이다.[99] 정기상여금은 문언적 의미에 비추어서는 정기성이 인정될 수 있겠지만, 근기법상의 통상임금 개념에서 요구되는 정기적 지급으로서의 속성을 인정할 수는 없다고 본다.[100] 나아가 정기상여금은 분기 또는 1년의 소정근로에 대하여 지급하기로 한 분기급 또는 연급(연봉)으로서의 성질을 가지는 것은 아니라는 점을 근거로서 제시하기도 한다.[101]

96) 하경효, 임금법제론, 2013, 93면 이하.
97) 하경효, 임금법제론, 2013, 93면 이하.
98) 박지순, "통상임금에 관한 최근 대법원 판결의 의미와 쟁점", 30면 이하.
99) 박지순, "통상임금에 관한 최근 대법원 판결의 의미와 쟁점", 30면 이하.
100) 하경효, 임금법제론, 2013, 93면 이하.
101) 김영문, "통상임금의 쟁점과 과제", 노동법이론실무학회 · 한국노동법학회 2012년 추계 학술대회 자료집, 75면.

Ⅲ. 정기성 논쟁에 대한 재평가

1. 문제의 소재: “과연 판례의 입장은 변경되었는가?”

통상임금의 산정에서 고려되어야 할 임금의 속성으로서, 이른바 정기성에 대한 대법원의 입장은 본질적으로 변경된 것일까? 사실 우리 학계에서의 논쟁은 주로 여기에 초점이 맞추어져 있다. 해당 논의의 실체적 당부는 별론으로 하더라도, 만약 대법원의 입장이 변경되었다고 보는 지적이 타당하다면 이는 마땅히 전원합의체 판결을 통했어야 했다는 비판은 설득력이 있어 보인다. 나아가 정부의 행정예규와 행정해석과 배치되는 법원의 판결이 1996년 이래로 계속되어 왔음에도 불구하고, 이에 대한 고려 없이 행정예규를 그대로 유지하여 온 점도 비판의 대상이 될 수 있을 것이다.

이러한 의문에 답하기 위해서는, 정기성에 관하여 입장이 대비되는 판례 두 개를 선정하여, 세밀하게 비교, 분석해 볼 필요가 있다. 특히 1996년 2월 9일자 의료보험조합사건 대법원 판결은 종래 통상임금의 정기성에 관한 해석론을 두고, 우리 대법원이 그 입장을 변경한 것으로 보이는 최초의 것으로 평가되고 있는 바, 먼저 그 사건 사실관계와 판결내용을 살펴보기로 한다.

2. 판례의 비교 및 분석

(1) 의료보험조합 사건 – 대판 1996. 2. 9, 94다19501

1) 사실관계

이 사건 사실관계를 살펴보면 다음과 같다.

본 사건 의료보험조합은 해당 근로자를 포함한 전 직원에게 매년 일정시기에 월 기본급에 대한 일정액을 체력단련비로, 매년 11월에 월 기본급에 대한 일정액을 월동보조비로 원고들을 포함한 전 직원에게 각 지급하여 왔다. 그리고 상여금과 관련하여, 의료보험조합들의 지역의료보험조합운영규정에 의하면, 상여금은 예산의 범위 안에서 매년 3월, 6월, 9월, 12월의 보수지급일에 각각 상여금 지급일 현재 기본급의 100%를 지급하도록 되어 있었다. 다만 입사 1개월 미만인 자에게는 지급되지 않고, 근속기간이 3개월 미만인 자와 휴직 · 정직 · 직위해제처분 등으로 상여금 지급기간 중 그 직무에 종사하지 아니한 자(업무상 부상으로 휴직한 경우를 제외한다), 근속기간이 3개월 이상인 자로서 상여금 지급기간의 2분의 1 미만을 근무하고 퇴직한 자에 대하여는 근무일수를 근거로 '일할계산'하여 지급하도록 규정되어 있었다(1991. 4. 4. 개정된 운영규정 제112조 참조).

2) 판결내용

대법원은 근로기준법 소정의 통상임금은 근로자에게 정기적, 일률적으로 소정근로 또는 총 근로에 대하여 지급하기로 정하여진 시간급금액, 일급금액, 주급금액, 월급금액 또는 도급금액을 말한다는 점을 확인하면서, "근로자에 대한 임금이 1개월을 초과하는 기간마다 지급되는 것이라도 그것이 정기적, 일률적으로 지급되는 것이면 통상임금에 포함될 수 있는 것"이라고 밝혔다.

이어 대법원은 이 사건 판결에서 "이 사건의 경우를 돌이켜 보건대 기록에 의하면, 피고 조합들은 원고들을 포함한 전 직원에게 원심판시와 같이 매년 일정시기에 월 기본급에 대한 일정액을 체력단련비로, 매년 11월에 월 기본급에 대한 일정액을 월동보조비로 원고들을 포함한 전 직원에게 각 지급하여 온 사실을 인정할 수 있는바, 이에 의하면 위 체력단련비나 월동보조비는 모두 소정근로 또는 총 근로에 대하여 지급하기로 한 금품으로서 정기적, 일률적으로 지급되는 고정적인 임금이라 할 것이므로 통상임금에 속한다"고 설시하였다.

결론적으로 "그렇다면 원심이 원심판시의 위 체력단련비와 월동보조비의 각 1/12이 월급 통상임금에 속한다고 판단한 것은 정당하고, 거기에 논지와 같은 위법이 없다."고 판시하였다.[102]

---

102) 최근 논란이 된 금아리무진 사건(대판 2012. 3. 29, 2010다91046)에서도 분기별로 지급되는 정기상여금의 통상임금성이 문제되었다. 즉, 금아리무진 사건 사실관계를 살펴보면, 단체협약 제27조에서 '상여금이 만근 기본급 기준으로 6개월 이상 근무시 350%, 3년 이상 근무시 550%, 8년 이상 근무시 650%, 12년 이상 근무시 750%를 지급'하되, '상여금 지급은 분기별로 지급하며 매분기 말까지 재직한 자로 하고, 퇴직자에 대하여는 월별로 계산 지급한다'고 규정하고 있다. 이 단체협약에 따라 회사는 근로자들에게 상여금을 분기별로 지급하였다. 대법원은 1개월을 초과하여 매 분기별로 지급하는 상여금을 두고, 통상임금으로서의 개념 요소인 정기적 지급성을 갖추고 있는가 여부를 판단하면서 다음과 같이 설시하고 있다. 즉, "통상임금은 근로자에게 소

(2) 동일석유주식회사 사건 – 대판 1990. 2. 27, 89다카2292

1) 사실관계

이 사건에서 원고인 근로자들은 피고회사에 입사하여 유조차의 운전기사로 근무하였다. 당시 회사 소속 근로자의 시업시간은 09:00로 하고, 종업시간은 18:00로 하여 12:00부터 13:00까지는 휴식시간으로 하되 위 소정근로시간을 초과하는 연장근로 및 휴일근로의 경우에는 통상임금의 100분 50을 가산한 연장근로수당 및 휴일근로수당을 지급해 왔다.

그리고 회사는 근로자들에게 상여금으로 3개월마다 일정한 금원을 지급하여 왔고, 원고인 근로자들의 연장근로수당, 휴일근로수당의 산출기초가 되는 통상임금을 산정함에 있어서 기본급 등에 위 상여금의 월평균액을 가산하여 통상임금에 산입하여 왔다.

2) 판결의 내용

이 사건 판결에서 대법원은 통상임금이 정기성 요건에 관하여 다음과 같이 판시하고 있다. 즉, “통상임금이라 함은 근로자에게 정기적, 일률적으로 소정근로 또는 총 근로에 대하여 지급하기로 정하여진 시간급금액, 일급금액, 주급금액, 월급금액 또는 도급금액을 말하는 것이므로(구 근로기준법시행령 제31조 제1항) 1개월을 넘는 기간마다 정기 또는 임시로 기업의 경영실적, 근로자의 근무성적 등을 감안하여 지급되고 있는 상여금은 통상임금의 산정기초가 될 임금에 포함되지 아니한다”고 판시하였다. 즉, 적어도 1개월이 넘는 기간마다 정기로 지급되는 상여금은 통상임금의 정기성 요건을 흠결한 것으로 보고 있는 것이다. 이에 따라 대법원은 “원심이 원고 등의 통상임금을 산정함에 있어 그 판시 상여금의 월평균액을 산입한 것은 통상임금에 관한 법리오해의 위법이 있다”고 결론 내렸다.

정근로 또는 총 근로의 대상으로서 정기적 · 일률적으로 지급하기로 정해진 고정적 임금을 말하므로, 근로자의 실제 근무성적에 따라 지급 여부 및 지급액이 달라지는 항목의 임금은 고정적인 임금이라 할 수 없어 통상임금에 해당하지 아니하나, 근로자에 대한 임금이 1개월을 초과하는 기간마다 지급되는 것이라도 그것이 정기적 · 일률적으로 지급되는 것이면 통상임금에 포함될 수 있다”고 하였다.

3. 소결: 판결의 분석 및 평가

(1) 금품의 성질에 대한 평가론

앞서 제시한 소위 동일석유주식회사 사건 판결(대판 1990. 2. 27, 89다카2292)과 의료보험조합 사건 대법원 판결(대판 1996. 2. 9, 94다19501)의 내용을 비교하여 보면, 적어도 외견상 정기성 요소에 대하여 그 입장을 변경한 것으로 보인다. 왜냐하면 의료보험조합사건에서 대법원은 "근로자에 대한 임금이 1개월을 초과하는 기간마다 지급되는 것이라도… 통상임금에 포함될 수 있는 것"이라고 설시하고 있기 때문이다.[103)]

그러나 통상임금의 정기성에 관한 대법원의 입장에 대하여, 본질적인 변경이 있었다고 보는 것은 지나치게 성급한 판단이라 생각된다. 오히려 판례의 해석론은 일관된다고고도 할 수 있다. 다만 통상임금의 정기성 판단에 대한 대법원의 해석론이 그 방식과 내용에 있어, 형식적 접근에서 벗어나 실질적인 접근을 하고 있을 따름이라고 보는 것이 오히려 타당해 보인다.

이러한 지적의 구체적인 근거는 1996년 의료보험사건 대법원 판결의 결론부분에서 찾을 수 있다. 요컨대 위 사건 판결에서 대법원은, 전 직원에게 매년 일정시기에 '1회'에 한해 월 기본급에 대한 일정액을 체력단련비와 월동보조비로 지급하여 온 사실에 비추어 체력단련비나 월동보조비는 모두 정기적으로 지급되는 고정적인 임금으로서 통상임금에 속한다고 보면서도, 이때 체력단련비와 월동보조비의 '각 1/12'이 월급 통상임금에 속한다고 결

103) 1990년대 중반 이후 통상임금의 정기성을 두고, 1임금지급기 내의 정기적 임금이 아니더라도 통상임금에 해당될 수 있음을 지적한 대법원의 실질적 해석론은 사실 임금지급체계의 변화와도 밀접한 관련성을 가지고 있다. 과거에는 월급제가 일반적인 노사관계에서의 모습이었지만, 1990년대 중반 이후 소위 연봉제가 임금지급방식으로 자리잡았다. 앞서 언급한 대로, 통상임금제도는 '근로의 가치'를 산정해 두기 위한 것이다. 그렇다면 종래 월급제가 주를 이루던 시대에는 근로의 가치도 최대 1월 단위로 산정해 두는 것이 타당하였을 것이며, 따라서 통상임금의 정기성을 해석함에 있어서도 매우 수월하게 판단할 수 있었다. 그러나 연봉제가 자리 잡으면서, 마치 '근로의 가치'가 1년 단위로 평가될 수 있다는 것을 경험하게 되었다. 이로써 통상임금의 정기성을 해석함에 있어 형식적으로 1개월 단위로만 바라보아서는 안 되고, 그 이상의 기간 동안이더라도 그 실질이 매 1임금지급기 단위로 지급되었어야 임금으로서 근로의 가치를 나타내는 것이라면 통상임금 산정 시 포함시켜야 한다고 판단할 필요가 생겨난 것이다. 이러한 점에서 연봉제의 등장과 통상임금의 정기성에 대한 실질적 해석론 등장은 밀접한 관련성이 있다고 판단된다.

론을 내리고 있다. 다시 말해 대법원은 통상임금에 포함시켜 산정할 것인지 여부가 문제된 체력단련비와 월동보조비에 대하여, 그 금액의 전부가 아니라 단지 1/12에 대하여 통상임금성을 인정한 것이다.

연 1회 지급되는 체력단련비와 월동보조비 등 수당 또는 상여금에 대하여도 통상임금 상의 정기성이 인정될 수 있다는 대법원의 판결을 두고, "대법원이 '연 1회' 또는 '연 2회' 등 그 횟수에 상관없이 '일정한 기간마다' 지급되기만 하면 정기성이 긍정되는 것으로 해석하고 있는 것이다" 라고 이해해서는 안 된다. 오히려 대법원은 속내는 다른 데에 있다고 할 수 있다. 즉, 위 사건 대법원의 입장은, 단순히 일정한 단위기간마다의 지급이기 때문에 정기적이라는 것이 아니라, 비록 연 1회 지급되었지만, 그 실질에 비추어 보면, 본래 12분의 1로 매달 나누어서 매달 정기적으로 지급되었어야 할 금품으로서의 속성이 인정된다는 취지로 바라보아야 한다. 결국 대법원의 입장에서 보면, 비록 해당 체력단련비 지급을 연 1회 지급하고 있지만, 실은, 매달 1회 분할하여 지급되어야 하는 것을 한꺼번에 몰아서 지급한 것에 불과하다는 것이고, 따라서 대법원은 해당 금품의 12분의 1을 통상임금에 포함하여 산정하여야 한다는 취지로 판시한 것이다.

결국 대법원은 체력단련비나 월동보조비의 실질이, 해당 업무종사 근로자의 근로에 대한 가치를 미리 평가해 두고, 그러한 업무에 투입되어 근로가 제공될 경우 지급하기로 미리 예정한 '임금'에 속한다고 본 것이라고 할 수 있다.

(2) 대법원의 해석론에 대한 평가

대법원이 바라보는 통상임금의 정기성은 두 가지 의미를 동시에 내포한 것임을 알 수 있다. 첫 번째는 정기성을 해석함에 있어 중요한 것은 해당 금원의 성격이라는 사실이다. 해당 금품이 연 1회 또는 연 3회 지급되었다고 하더라도, 해당 업무 종사 근로자의 근로에 대한 사전적인 가치평가(Arbeitswert)로서의 속성을 지니는 것이라면, 그것은 통상임금의 산정 시 고려되어야 한다. 두 번째는 비록 통상임금에 산정될 수 있는 금품이라 하더라도 구체적으로 통상임금이라고 평가될 수 있는 산입액은 1임금지급기를 단위로 분할한 금액이어야 한다는 점이다. 만약 3개월 분기별로 상여금이 지급되었다면 그 지급 상여금의 12분의 4가 통상임금에 속한다고 판시하게 될 것이다.

정리하자면, 대법원은 1임금지급기를 넘는 정기적 금품이라 하더라도 그 실질이 매임금지급기를 단위로 하여 나누어 지급하여야 할 것인데도, '형식적으로만' 이를 합산하여 일괄지급하는 방식(예컨대 1년에 1회 또는 분기별로 1회 등)을 취한 것이라 평가되는 금원에 대하여는 통상임금의 개념 요소인 정기성을 긍정하고, '해석을 통해' 매 1임금지급기간을 단위로 나눈 금액에 대하여 통상임금으로서의 정기성을 긍정하고 있다.

결국 1임금지급기를 단위로 하여 정기적으로 지급되거나 지급되어야 할 금원에 대하여 통상임금성을 긍정한 것이므로, 대법원의 통상임금의 정기성에 대한 해석과 적용은 본질적으로 변경된 것이라 하기 어렵고, 오히려 일관된 것으로 볼 수 있다.[104] 대법원이 통상임금의 정기성 판단에 대하여 전원합의체의 형식을 빌리지 않고 판결하게 된 이유도 바로 여기에서 찾을 수 있을 것이다.

한편 대법원이 적절히 지적한 대로, 비록 지급방식과 형식에 있어 1임금지급기를 초과한 것이더라도, 그것이 통상임금의 제도적 의의를 고려할 때 통상임금에 산입되어야 마땅한 것이라면, 통상임금산정에서 고려되어야 한다. 그러나 이 대목에서 여전히 고려되어야 할 점이 있다. 대법원은 형식적인 정기성 해석을 경계하고, 그 지급 금원의 실질을 살펴야 한다는 입장이지만, 자칫 그 결과가 오히려 실체적 정당성을 왜곡할 위험을 내포하고 있음에 유의해야 한다. 예를 들어, 단체협약에서 노사가 임금에 관한 협약을 체결하면서, 체력단련비로 1임금지급기(예컨대 1개월) 단위로 20만원을 지급하려다가, 행정해석에 따를 경우, 통상임금에 포함되는 것이 부담스럽자, 사용자가 체력단련비를 6개월에 1회 지급하되, 150만원을 지급하기로 하는 경우가 얼마든지 있을 수 있다. 이러한 경우, 실은 체력단련비 150만원을 6분의 1로 하여 통상임금에 산입하는 것은 타당하지 않다. 오히려 20만원의 6개월치인 120만원을 6분의 1로 나눈 20만원이 1임금지급기 내 정기지급

104) 다만 통상임금의 정기성을 형식적 지급방식에만 주목하다가, 그 지급형식보다는 그 실질을 중시하게 되었다는 것을 변화로 지적한다면 그러한 변화에 대한 지적은 설득력이 있다.

액으로서 통상임금에 포함되어야 한다. 그런데 과연 대법원이 해석론이 이러한 점까지를 합리적으로 분별해 내고 있을 지는 의문이 아닐 수 없다. 설사 분별해내고자 한다 하더라도 그 판단이 대단히 어려울 수 있다. 그런데 정작 통상임금의 산정은 수시로 노동실무자에 의해 이루어져야 하고, 따라서 실무자로서 손쉽게 통상임금 해당성 여부가 판단될 수 있어야 옳다.[105] 이러한 점을 감안해 본다면, 통상임금제도에 대한 입법정책적인 과제는 아직 남아 있는 셈이다.

Ⅳ. 통상임금의 정기성 해석과 1임금지급기

1. 문제의 소재

앞서 대법원의 정기성 해석론에 대하여 설명하면서, 여전히 대법원은 1임금지급기와 통상임금의 정기성과의 관계를 매우 긴밀하게 연결시키고 있음을 지적한 바가 있다. 과연 1임금지급기의 개념이 왜 통상임금제도와 밀접한 상관성을 가질 수밖에 없는가에 대하여 검토해 볼 필요가 있다.

2. 통상임금의 사전적 임금으로서의 속성과 '1임금지급기'

(1) 근로계약 상의 임금 등에 대한 서면주의

현행 근로기준법 상에서는 임금의 지급과 관련하여 여러 가지 규제를 가하고 있다. 근로기준법 제17조에 따르면, 사용자는 근로계약을 체결할 때에 근로자에게 중요한 근로조건 특히 임금과 관련한 근로조건을 명시하도록 강제하고 있다. 특히 이 경우 임금의 구성항목 · 계산방법 · 지급방법에 관한 사항은 서면으로 명시하고 근로자의 요구가 있으면 그 근로자에게 교부하여야 한다고 규정하고 있다.

105) 종래 우리 법원은 통상임금에 산입되어야 할 금원에 대하여, 노사 당사자가 협약 등을 통해 합의해 놓은 사항이 있더라도 그 합의의 효력을 원칙적으로 부정하고 있다. 하지만 통상임금의 기능적 의의와 실질을 감안할 때 이러한 법원의 입장이 과연 타당한 것인지는 의문이 아닐 수 없다.

(2) 임금정기불의 원칙

현행 근로기준법 제43조에서 임금의 지급 시기 등에 관하여 규제를 두고 있다. 근로기준법 제43조 제1항에서는 "임금은 통화(通貨)로 직접 근로자에게 그 전액을 지급하여야 한다. 다만, 법령 또는 단체협약에 특별한 규정이 있는 경우에는 임금의 일부를 공제하거나 통화 이외의 것으로 지급할 수 있다."고 규정하고 있고, 동조 제2항에서는 "임금은 매월 1회 이상 일정한 날짜를 정하여 지급하여야 한다. 다만, 임시로 지급하는 임금, 수당, 그 밖에 이에 준하는 것 또는 대통령령으로 정하는 임금에 대하여는 그러하지 아니하다."고 규정하고 있다.

원칙상 임금은 원칙상 월 1회 이상 일정한 날짜를 정하여 지급되어야 한다.[106] 임금지급에 있어 소위 '정기불의 원칙'을 견지하되 그 최대 단위기간은 '월'로 정하고 있다.[107] 따라서 분기별로 임금을 지급하거나, 연 1회 임금을 지급할 수는 없다. 다만, 임시로 지급하는 임금, 수당, 그 밖에 이에 준하는 것 또는 대통령령으로 정하는 임금에 대하여는 그러하지 아니하다고 규정하고 있는바, 여기에 해당하는 금품은 동법 시행령 제23조에 열거되어 있다.[108]

---

106) 이러한 정기지급의 원칙은 사용자가 임금을 부정기적으로 지급하거나 장기간 지급하지 아니하는 경우 근로자가 생활영위에 필요한 자금을 충분히 확보할 수 없기 때문에 이를 방지하기 위한 것이라고 한다(하경효, 임금법제론, 2013, 169면).

107) 임금지급의 원칙은 근로자의 임금수취권을 보장한다는 취지에 비추어 강행규정성을 갖는다고 볼 수 있다. 그런데 이러한 임금지급원칙의 강행규정성으로 인하여 근로자의 사적 재산영역에 속하는 임금채권에 대한 근로자의 처분의 자유가 완전히 배제되어야 하는 지에 대하여 의문을 제기하는 견해도 있다. 즉, 임금지급원칙의 강행규정성은 근로자의 자유의사에 기한 임금채권에 대한 처분의 가능성까지 완전히 배제시키는 것은 아니라고 보아야 한다는 것이다(하경효, 임금법제론, 2013, 176면 이하 참고).

108) 이에 따르면, "법 제43조제2항 단서에서 임시로 지급하는 임금, 수당, 그 밖에 이에 준하는 것 또는 대통령령으로 정하는 임금이란 다음 각 호의 것을 말한다. 1. 1개월을 초과하는 기간의 출근 성적에 따라 지급하는 정근수당 2. 1개월을 초과하는 일정 기간을 계속하여 근무한 경우에 지급되는 근속수당 3. 1개월을 초과하는 기간에 걸친 사유에 따라 산정되는 장려금, 능률수당 또는 상여금 4. 그 밖에 부정기적으로 지급되는 모든 수당"이라고 규정하고 있다. 성과배분상여금의 경우는 1개월을 초과하는 기간에 걸친 사유에 따라 산정되는 상여금에 해당할 수 있다. 이러한 예외를 규정한 이유는 성과상여금의 경우, 기발생한 성과를 사후적으로 배분하는 것이기 때문이다. 그러므로 성과배분상여금의 경우 그 배분의 방식 설정은 사용자의 자유로운 결정에 맡기더라도 상관이 없다고 보아야 한다.

(3) 평 가

통상임금은 실제로 지급된 금액이 아니라 노사 간 또는 개별근로계약 당사자 간에 '소정근로 또는 총 근로'에 대하여 지급하기로 정한 임금을 의미하고, 연장 · 야간 및 휴일근로수당 등을 산정하기 위한 사전적(事前的) 개념이다.[109]

근로계약 상에서 제시되어야 할 임금의 구성항목 · 계산방법 · 지급방법 등의 사항은 사실 통상임금과 매우 밀접한 관계를 가진다. 그 이유는 계약체결과정에서 미리 제시되고, 합의의 대상이 되는 임금은, '통상의 근로조건 하에서 제공되는 근로'[110]에 대하여 지급되도록 '예정'해 놓은 임금에 관한 것이다. 사실 이러한 사전적 임금으로서 고정되어 있는 것이 바로 통상임금이다. 통상의 근로가 제공되었을 때 지급하기로 예정된 임금이 바로 통상임금이기 때문이며, 이것은 곧 해당업무종사 근로자의 시간당 근로가치를 금액으로 환산해 놓은 것이기도 하다.

미리 예정된 통상적인 근로에서 벗어나, 연장근로를 하거나 야간근로를 제공할 경우 가산임금을 지급하게 될 경우 그 계산방식을 미리 책정해 놓을 수 있다. 이러한 비통상적인 상황을 가상적으로 전제하고, 미리 임금액을 확정해 놓을 수는 없기 때문이다. 이러한 점이 사후적 임금으로서 평균임금과 다른 점이기도 하다.

따라서 근로계약 상에서 제시되거나 서면으로 확정되어야 할 임금에 관한 사항에서, 가장 핵심적인 것이 바로 통상임금이라고 할 수 있다. 그렇다면 통상임금은 근로기준법 상의 제반 임금지급원칙의 적용을 받는 가장 전형적인 임금이라고 할 수 있다.

---

109) 이에 반하여 평균임금은 '이를 산정하여야 할 사유가 발생한 날 이전 3개월 동안에 그 근로자에게 지급된 임금의 총액'을 그 기간의 총일수로 나눈 금액을 말하므로, 실제로 지급된 금액을 의미하는 사후적(事後的) 개념으로서 1일의 평균임금으로 산정된다(하경효, 임금법제론, 2013, 81면).

110) 필자는 이를 '통상근로'라고 한다. 근로와 임금의 계약법적 관계성을 고려한다면, 통상임금의 개념이 있다면, 통상근로라는 개념이 있어야 한다. 즉, 통상임금은 곧 통상근로의 대가인 것이다.

3. 통상임금의 제도적 기능과 '1임금지급기'

(1) 통상임금의 제도적 기능

통상임금은 각종 가산임금 등의 산정기초가 되는 임금단위 또는 기준이다.[111] 또한 기업 내부 기준으로, 근로자에 대한 휴가비, 체력단련비, 정근수당 등의 산정에 있어서도 통상임금이 기준으로 활용되기도 한다.[112] 이렇듯 통상임금은 가산임금의 산정기초가 되는 임금으로서 시간외, 야간, 휴일근로 시의 수당을 산정하기 위해서는 미리 정하여져 있는 것으로서,[113] – 시간외나 휴일, 야간이 아닌 – 통상의 근로를 제공하는 것을 전제로 하여 미리 고정적으로 확정해 놓은 근로의 가치에 대한 환산금액이다. 요컨대 야간근로에 대하여는 통상근로의 몇 배(할증율) 가치로 평가하겠다는 취지로 가산임금이 지급되는 것이다. 통상임금이 개념 속성상 고정적이면서 정기적이어야 하는 이유도 이러한 사전적 개념으로서의 속성에 기인한 것이다.

(2) 통상임금의 정기적 지급대상으로서의 임금성

사전에 고정적으로 통상임금을 통상의 근로에 대한 대가를 미리 산정해 놓은 것이라 할 때, 통상임금은 1임금지급기와 불가결의 상관성을 가지게 된다. 우선 (i) 근로의 대가의 산정을 최대 1개월로 하여 둔 이상, 해당 근로에 대한 사전적이고 추상적인 가치 역시 임금제공단위기간을 단위로 하여 산정해 두는 것이 논리적이기 때문이다. 근로에 대한 대가로서 임금이 정기적으로 지급되어야 하는 것이 근로기준법 상의 요구이고, 이때 지급되는 임금에는 통상의 근로에 대한 근로가치평가액인 통상임금이 내포되어야 하는 것은 당연하기 때문이다. 또한 (ii) 통상임금의 제도적 기능상 근로의 가치를 미리 평가해 놓은 것이라는 점을 염두에 둔다면, 그 근로의 가치평가액은 임금지급 단위별로 산정하여 지급되도록 하는 것이 옳다는 점에서도 그러하다. 예컨대 월급제인 경우, 그 업무의 내용이 동일하다는 전제로 할 때 3월달의 사전적 근로가치와 4월달의 사전적 근로가치가 달라질 수는

111) 이철수, "통상임금의 법리", 노동법연구, 1993, 289면.
112) 하경효, 임금법제론, 2013, 81면.
113) 대판 1990. 11. 27, 89다카15939.

없다.[114] 물론 구체적으로 해당 근로자가 근로의 대가인 임금을 얼마나 지급받는가의 문제와는 구별되어야 한다. 이러한 사후적 임금액은 소위 평균임금과 관련된 개념이기 때문이다.

V. 결론 및 평가

1. 종래 대법원은 1개월을 넘는 기간마다 정기로 지급되고 있는 상여금은 통상임금의 산정기초가 될 임금에 포함되지 아니한다는 입장을 견지하였으나, 이후 1996년 의료보험조합 사건을 계기로 하여 그 입장이 변경되었다는 평가가 많다. 또한 이러한 이유로 대법원이 전원합의체판결의 형식을 취하지 않은 채 입장변경을 한 것을 두고 많은 비판이 제기되고 있다. 하지만 이러한 지적은 동의하기 어렵다. 소위 변경된 대법원의 입장은 단지 1임금지급기 내의 지급이 아니라도 정기성이 있다는 식으로 단정하는 것은 잘못이기 때문이다. 대법원의 본래 취지는, 1임금지급기를 넘어 지급되는 정기적 금품에 대하여 그 '실질'이 본래 매임금지급기를 단위로 하여 나누어 지급하여야 할 것인데도, 형식적으로만 이를 합산하여 연 1회 또는 분기별 1회 등으로 일괄지급하는 사례에서, 통상임금의 정기성을 긍정하여야 한다는 데 있다. 그렇다면 이러한 대법원의 지적은, 정기성을 해석함에 있어 지나치게 형식만을 살필 것이 아니라 그 실질을 따져 판단하여야 한다는 것일 뿐, 본질적으로 통상임금의 정기성에 대한 종래의 입장을 변경한 것으로 보기는 어렵다. 만약 형식적으로 1임금지급기 내에 정기적으로 지급된 금품이더라도 그것이 해당 업무 종사 근로자의 근로가치를 미리 평가한 것이 아니라면 법원은 또한 해당 금품의 통상임금성을 부정할 것이다.

114) 예컨대 시간당 임금이 30만원인 업무에 종사하는 시간급 근로자의 경우, 해당 근로자의 근로가치는 시간당 30만원인 셈이다. 그런데 사후적으로 해당 근로자는 임금을 60만원 받을 수도 있고, 아예 한 푼도 받지 못할 수도 있다. 각각 하루 2시간 일한 경우이거나, 아예 결근을 한 경우가 이에 해당할 것이다. 하지만 그럼에도 불구하고 해당 업무종사 근로자의 근로가치는 여전히 시간당 30만원이며, 따라서 해당 근로자의 통상임금은 시간당 30만원이라고 할 수 있다. 이에 따라 해당 근로자가 야간근로를 하면, 그 가산임금 산정 기준은 통상임금이 되어야 한다. 따라서 시간당 30만원을 기준으로 하여 가산율을 곱한 액수를 야간근로수당으로 지급하게 된다.

결국 법원의 입장에서 변화를 찾을 수는 없다. 다만 대법원의 그러한 실질적 평가방식이 자칫 노사 간 합의를 통해 임금을 결정하는 메커니즘에 혼동을 초래할 수도 있음을 앞서 지적한 바 있다. 근로의 가치에 대한 노사 간의 합리적 책정이 부정되고, 뜻하지 않은 이득과 손실을 근로자와 사용자에게 부과하는 결과를 가져올 수도 있다. 결국 오늘날 빈번하는 통상임금관련 분쟁의 결과가 근로자의 보호는커녕 노사 모두에게 쓸데없는 소모적인 비용만을 남기게 될 우려도 있음을 간과해서는 안 된다.

2. 나아가 대법원은 과거나 현재나 통상임금의 정기성 개념을 해석함에 있어, 일관되게 1임금지급기와의 관계를 밀접하게 고려하고 있다. 비록 형식적으로 1임금지급기를 초과하여 정기적으로 지급되는 금원에 대하여는 그 1회 지급금에 대하여 1임금지급기(1개월)로 분할하여 그 '분할액'에 대하여만 통상임금으로 보고 있다. 즉, 매 1개월 단위로 정기 지급되었을 경우에 해당되는 금액만을 통상임금으로 본다.

3. 통상임금의 정기성이란, 1임금지급기 내의 정기성을 의미한다고 보는 것은 근로기준법 상의 임금지급원리에 비추어서도 당연히 긍정되어야 한다. 현행 근로기준법에서는 임금에 대하여 1개월 이내 정기불 원칙을 명시해 놓고 있다. 생계의 수단이 되는 임금에 대하여, 계획적인 수입과 지출이 가능하도록 함으로써 생활유지에 기여하기 위하여 적어도 1개월 이내의 기간 중 특정일에 임금을 정기적으로 지급하도록 한 것이다. 이 규정은 모든 임금이 반드시 정기불원칙에 따라야 한다는 의미가 아니다. 실제로 수시로 이루어지는 야간, 연장근로 등에 대하여 그 대가로서 임금은 '수시로' 지급되는 경우가 흔히 있다. 이러한 임금은 비록 수시로 지급되더라도 근로기준법 상 문제될 것이 없다. 그렇다면 정기불의 원칙은 적어도 임금에서 일정부분은 정기성을 반드시 견지해야 한다는 의미임을 알 수 있다.

근로기준법 상 임금이 반드시 정기적으로 지불되도록 한다는 것은, 그 임금이 이미 사전적으로 확정되어 있거나 확정될 수 있음을 개념상 전제한 것임에 유의해야 한다. 근로계약관계에서 약정된 통상의 근로에 대한 대가부분은 '미리' 확정된다. 따라서 그 부분에 해당하는 임금은 반드시 정기적으로 지급될 것이 요구되며, 그 이외에 수시로 제공된 근로에 대한 대가는 반드시 정기불이어야 할 필요는 없다. 결론적으로 근로기준법 상 임금정기불의 원칙이 가장 전형적으로 적용되어야 할 임금은, '통상임금'에 해당되는 금원이며, 따라서 통상임금의 정기성이란, 근로기준법상 임금의 정기불원칙과 그 내용상 동일한 것으로 보아야 한다.

4. 입법정책론적으로 보면, 통상임금에 포함되어야 할 금원의 내용을 간명하게 규정해 둘 필요가 있다. 마치 평균임금에 대하여 그 계산방식을 개념화하여 규정해 두었듯이, 통상임금도 노동실무자가 손쉽게 계산할 수 있도록 해주는 것이 옳다. 통상임금은 법정 수당 특히 가산임금을 지급하는 방식으로 고안해 놓은 도구개념이기 때문이다. 이런 점에서 현재의 대법원 입장대로 1임금지급기에 형식적으로 국한되지 않고, 그 실질을 따져 보라는 요구가 틀린 것은 아니지만, 현실성은 없다. 노동현장에서의 회계실무자에게는 보다 명확하고 간편한 기준이 절실하다는 점을 간과한 것이기 때문이다. 일본에서, 1임금지급기 내에서의 정기성을 명문으로 고수하게 된 것도 노동실무자의 '계산상의 편의' 때문이었다는 점은 시사하는 바가 크다. 통상임금제도의 간명화를 위해 향후 통상임금을 1임금지급기를 단위로 하여 정기적으로 지급되는 금품으로 법률상 명시하게 되면 결과적으로 통상임금이 줄어들게 되어 근로자에게 불이익한 것이라는 주장도 있을 수 있다. 하지만 이는 지나치게 성급한 판단이다. 노동시장은 그러한 입법적 변화에 다시 적응하여, 통상임금에 해당한다면, 1개월을 초과하여 지급되던 각종수당들을 노사 합의를 통해 매 1개월 단위로 '분할'하여 '정기' 지급되도록 할 것이기 때문이다.

제4절 통상임금에 관한 개념 및 개념 요소 논쟁 3 - '통상임금의 일률성'

Ⅰ. 서설: 일률성 요건의 개념적 의의

통상임금의 개념 요소로서 중요한 것이 바로 '일률성'이다. 일률성이라는 개념적 요소가 통상임금에게 가지는 의미는 '소정근로'와의 관계에서 파악되어져야 한다. 앞서 통상임금의 기능적 의의가 업무종사 근로자의 근로가치를 미리 산정하여 평가해둠으로써 가산임금 산정 및 지급을 용이하게 만들기 위함임을 설명한 바가 있다. 그런데 통상임금의 개념은, 일률성이라는 개념으로 말미암아 개별 근로자의 개인적 고유노동가치가 아니라, 해당 업무 또는 해당 사업장에 종사하는 근로자 모두에게 적용되는 공통적인 근로가치를 반영하는 것이어야 함을 알 수 있다. 따라서 소정근로의 대가 즉, 소정임금과 통상임금은 다르다. 통상임금은 소정임금의 속성을 가질 뿐 소정임금이 곧 통상임금으로 볼 수는 없다.[115]

흥미로운 점은 연봉제와의 관계에서 드러난다. 사용자와 근로자는 개별적 합의로 연봉계약을 체결한다. 그 연봉 액수는 근로자마다 달리 정해진다. 이때 연봉액수는 해당 근로자의 근로가치를 의미하는 것이기도 하다. 개별 근로자의 연봉을 시간 단위로 나눈 금액이 얼마인가에 따라, 근로자의 개별적 근로가치가 확인될 수 있다. 이러한 연봉제에 의해 확인되는 근로자의 근로가치는 개별 근로자마다의 고유한 능력이나 경력 등이 반영된 것이다. 하지만 이러한 개별 근로자마다의 근로가치는 통상임금의 개념과 직결되지 않는다. 그 이유가 바로 일률성 요건이다. 해당 업무 종사자이기 때문에 공통적으로 반영, 책정되는 근로가치로서의 금품이 바로 통상임금인 것이다.[116] 요약하면 연봉액을 시간수로 나눈 금액은 시간당 계산된 '인적가치'에 대한 평가액이고, 통상임금은 시간당 계산된 해당업무 종사하는 모든 근로자의 '근로의 가치'에 대한 평가액이라는 점에서 구별된다.

Ⅱ. 일률성에 대한 해석논쟁

1. 초기 판례

초기 판례에서는 일률성 요건에 대하여 '전체 근로자'에게 지급되는 것을 의미하는 것으로 보았다.[117] 이때 모든 근로자란, 하나의 사업장 단위를 전

115) 이에 대하여는 앞서 '소정근로의 대가성'을 설명하면서 자세히 서술한 바 있다.
116) 이러한 이유로 필자는 연봉제 근로자인 경우에는 통상임금 산정이 불필요할 정도로 명확하다고 평가하는 것에 대하여는 동의할 수 없다.

제로 한 전체 근로자를 의미하였다. 그리하여, 예컨대 부양가족이 있는 근로자에게만 지급되는 가족수당은 통상임금에 포함되지 않는다는 것이 판례의 입장이었다.[118] 다른 한편 병원에서의 근로자를 예로 하면, 수술실 간호사나 병상간호사는 물론 병원행정직원 등 해당 병원 내 모든 근로자에게 지급되는 임금이 일률성 요건을 충족하는 금원으로 파악하였던 것이다.

2. 최근 판례

일률성 요건은 기본적으로 해당 명목의 임금에 대한 수령권자로서 근로자에 대한 것이다. 즉, 해당 금품의 지급대상에 관한 개념 요소가 바로 일률성 요건이다. 일률성 요건을 두고 판례는 현재 그 입장을 변경하였다.[119] 비록 사업장 내 모든 근로자에게 일률적으로 지급되는 것은 아니더라도, 일정한 조건 또는 기준에 달한 모든 근로자에게 지급되는 것이면 일률성이라는 개념 요소를 충족한 것으로 본다.[120] '일률적' 지급은 전체 근로자에게 지급되는 경우만을 의미하는 것[121]이 아니라 일정한 고정적인 조건을 갖춘 근로자(예컨대 생산직, 위험업무 종사자, 부양가족 있는 자)라면 모두 지급되는 경우도 포함된다고 보아야 할 것이다.[122] 예컨대 근로자에게 출근일에 한하여 일정금액 상당의 식사를 현물로 제공하되, 식사를 제공받지 아니하는 근로자에게는 동액 상당의 구판장이용 쿠폰을 지급한 경우에는 일률성이 인정된다.[123] 왜냐하면 해당 사업장 근로자가 출근이라는 일정한 조건을 충족하는 한, 현물의 식사가 제공되든 혹은 그에 상응하는 구판장쿠폰이든 지급

117) 대판 1994. 5. 24, 93다31979; 대판 2003. 4. 22, 2003다10650.
118) 대판 2003. 4. 22, 2003다10650.
119) 대판 2011. 8. 25, 2010다63393; 대판 2011. 9. 8, 2011다22061.
120) 대판 2011. 8. 25, 2010다63393; 대판 2011. 9. 8, 2011다22061.
121) 대판 2011. 8. 25, 2010다63393; 대판 2011. 9. 8, 2011다22061.
122) 대판 1993. 5. 27, 92다20316; 대판 1994. 5. 24, 93다31979; 대판 2005. 9. 9, 2004다41217.
123) 대판 1993. 5. 27, 92다20316. 이와는 반대로, 자가운전보조금이 그 지급대상을 정함에 있어 5년 이상의 근속이라는 일률적인 조건 외에도 차량의 소유라는 비일률적인 조건까지 함께 부과하고 있어 전체적으로는 비일률적인 조건에 의하여 그 지급 여부가 결정되고 있고, 또 다른 조건이 모두 동일한 근로자라도 차량을 소유하지 않은 경우 자가운전보조금을 보전할 만한 다른 수당 등을 지급받은 정황도 존재하지 않는 등 실제로도 비일률적으로 지급되어 온 경우는 일률성이 부정된 사례(부산지판 2008. 11. 21, 2008가합6390, 2008가합17260)도 있다.

받게 되기 때문이다.

다른 한편 일률성 요건과 관련하여 주로 논쟁의 대상이 되어 온 것이 바로 가족수당이다. 즉, 부양가족이 있는 자에게는 가족수당이 지급되도록 한 경우가 있다. 가족수당은 따라서 부양가족이 없는 경우에는 지급되지 아니한다. 또한 가족수당이 지급되는 경우라도 부양가족의 수에 따라 차등적으로 지급되도록 하는 것이 통상적이다. 이러한 경우에 가족수당을 일률성 요건에 충족하는 임금으로 볼 수 있을 것인가? 이에 대하여 대법원은 부양가족이 있는 자에게만 지급되거나 부양가족의 수에 따라 지급되는 가족수당은 일률적으로 지급된 것으로 볼 수 없다는 입장이다. 즉, 가족수당은 일률적 지급이 아니라는 이유로 통상임금의 범위에서 제외시키고 있다.[124] 예외적인 경우이지만, 부양가족이 없는 근로자에게도 비록 부양가족 있는 근로자의 절반이기는 하지만, 가족수당을 지급하는 경우에는 해당 금원(즉, 가족수당의 절반에 해당하는 금원)은 사실상 임금에 해당하고, 더 나아가 근로자들에게 일률적으로 지급되는 금원으로 볼 수 있을 것이다.[125] 이러한 사실관계에서 추단해 볼 수 있듯이 그 명칭이 비록 가족수당이라고 하더라도 그 가족수당의 지급실태에 따라 이를 사실상 임금으로 볼 수 있고, 경우에 따라서는 일률적인 임금지급대상으로서 통상임금 산정 시 고려해야 할 금원으로 인정될 여지도 있다. 그러므로 그 사실관계를 잘 살펴서 판단해야 한다.[126]

3. 평 가

통상임금의 일률성 요건이란, 사업장 내 '전체' 근로자에게 지급되는 경우만을 의미하는 것[127]이 아니라 일정한 고정적인 조건을 갖춘 근로자라면 모두 지급되어야 하는 것을 의미한다고 할 것이다. 이러한 점에서 최근의 판례 입장은 타당하다.[128] 앞서 판례의 입장에서 언급된 것처럼 반드시 해

124) 대판 2000. 12. 22, 99다10806.
125) 대판 1992. 7. 14, 91다5501; 인천지판 2008. 11. 27, 2008가합1664.
126) 이 때문에 판례도 비록 명칭은 가족수당이지만, 이에 대하여 다양한 결론을 내고 있다(대판 2003. 10. 9, 2003다30777; 대판 1994. 10. 28, 94다26615).
127) 대판 2003. 4. 22, 2003다10650(부양가족이 있는 근로자에게만 지급되는 가족수당은 통상임금에 포함되지 않는다).
128) 대판 1993. 5. 27, 92다20316; 대판 1994. 5. 24, 93다31979; 대판 2005. 9. 9, 2004다

당 사업장 '전체' 근로자를 대상범위로 하는 것은 아니다. 다른 한편 일률성 요건 충족 여부를 판단함에 있어, 그 판단 대상이 되는 근로자의 범위를 획정하는 것이 필요하다. 이에 관하여 다음과 같은 점에 유의해야 한다. 즉, 일률적인가 그렇지 않은가에 대한 판단대상 범위는 근로자의 업무나 근로자가 처해 있는 고정적 여건과 밀접하게 관련되어 있다는 점이다.

일률성은 동일한 근로조건, 예컨대 근로시간은 1일 8시간으로 동일하므로, 주로 업무의 내용에 따라 같은 사업장에 소속된 근로자라 하더라도 사전에 책정된 소정근로의 대가 액수가 다르게 정해질 수 있다. 예컨대 생산직, 위험업무 종사자 등에게는 사용자가 사전에 특별히 그 수당을 책정해 두기 마련이다. 이른바 자격수당, 직책수당, 벽지수당 등이 그러한 예가 될 것이다. 이렇듯 동일한 업무종사 근로자들인 경우에 일률적으로 지급되는 임금으로서의 금품이라면 통상임금 산정에서 포함되어야 한다. 이와 다른 업무에 종사하는 근로자들에게는 지급되지 않더라도 일률성 요건을 침해하는 것은 아니다. 해당 업무종사 근로자들에게 요구되는 근로의 질과 양에 따라 해당 업무종사 근로자의 근로가치를 평가해 놓은 것이 통상임금이므로, 그러한 근로가치에 상응한 임금은 업무의 내용이나 장소에 따라 다를 수 있고 또 달라야 하기 때문이다. 그러나 동일한 업무에 종사하는 근로자인 이상, 이에 해당하는 모든 근로자에게 동일한 조건으로 지급되어야만 일률성 요건을 충족하게 됨은 물론이다.

Ⅲ. 법이론적 문제점 및 소결

앞서 언급한 바와 같이 임금이 일률성 요건을 충족함으로써 통상임금의 개념범위에 포함되어야 한다는 것은, 일정한 조건이나 기준에 해당하는 근로자들에게 일률적으로 지급되는 속성이 있어야 함을 말하는 것이다.[129] 이러한 일률성 요소에 의해, 개별 근로자 개개인에 대한 '인적 가치' 평가가 아니라 해당 업무 종사 근로자의 '근로에 대한 가치'가 통상임금에서 반영

41217

129) 같은 취지로는 하경효, 임금법제론, 2013, 96면 이하.

되어야 한다는 점이 분명히 드러나게 된다.

그런데 일률성 요건의 해석은 다음에서 설명하게 되는 고정성 요건과 중첩되거나 그 판단이 모호한 경우가 있다. 이 점은 향후 통상임금에 관한 법률 분쟁에서 상당히 어려운 쟁점으로 부각될 가능성이 높다.

예컨대 버스회사에서 운전업무를 담당하는 기사에게는 특별히 교통목욕비를 제공하는 경우가 있다. 교통목욕비는 운전업무를 수행하는 근로자에게 근로를 제공한 일수에 따라 지급하게 된다. 그런데 교통목욕비는 운전업무에 종사하는 근로자이기만 하면 지급되는 속성의 임금이다. 따라서 교통목욕비는 '운전업무를 실행하기만 하면' 이라고 하는 고정적 조건을 가지며, 그러한 고정적 조건에 충족되는 근로자에게 '일률적으로' 지급된다. 이러한 관점에서 보면 교통목욕비는 통상임금에 포섭될 가능성이 있다. 버스회사 내 다른 사무직 근로자와는 구별되는 것으로서 운전기사근로자에게만 책정된 근로의 가치평가액으로 파악될 여지도 있다. 그러나 다른 한편 이러한 교통목욕비는 고정적 조건에는 부합하는 것이지만, 그 조건이 근로제공 여부에 결부되어 있다는 문제가 있다. 근로를 제공한 날에만 교통목욕비가 제공되는 결과가 되는데, 이렇게 되면, 이하에서 설명하게 되는 바와 같이 고정성 요건을 충족하지 않아 통상임금에 포섭될 수 없다고 보아야 한다. 모든 승무원들에게 실제 승무일에 한정하여 1일당 2,000원의 교통비를 지급한 것은 실제 근무일수나 근무실적에 따라 지급액이 변경되어 정기적 · 일률적으로 지급되는 고정적인 임금이 아니므로 통상임금에 포함된다고 보기 어렵다는 판결이나,[130] 매 근무일마다 근로자에게 지급한 교통비는 실제 근무일수나 근무실적에 따라 지급액이 변경되어 정기적 · 일률적으로 지급되는 고정적인 임금이 아니므로 통상임금에 포함되지 아니한다는 판결[131]은 바로 이러한 맥락에서 나온 것이다.

---

130) 서울고법 2012. 12. 21, 2012나38980.

131) 대판 2002. 7. 23, 200다29370. 아울러 하급심 판결 중에는 오전 일찍 또는 저녁 늦게 출근, 퇴근하는 승무 운전자 근무시간의 특성상 출 · 퇴근 명목으로 회사에 출근하여 승무한 운전자에 한하여 1일 1,700원을 지급하거나 종일 근무하는 경우 3,400원을 지급하기로 정한 교통비는 근로자들의 실제의 근무성적에 따라 그 지급 여부 및 지급액이 좌우되어 일률적으로 지급된 고정적 임금이라고 할 수 없으므로 통상임금에 속한다고 볼 수 없다고 판시한 경우도 있다(부산지법 2012. 05. 25, 2010가합21095).

특정 업무에 종사하는 근로자라면 특별히 그 근로의 특수성을 감안하여 책정한 금원이라면 그것은 근로의 가치를 평가한 것으로 보아야 하는 것이 타당해 보이지만, 통상임금의 개념은 여기에 더하여 고정성이라고 하는 개념을 검토하도록 한다. 이러한 결과 통상임금 관련 법률 분쟁에서 여러 가지 논리적 모호성이 유발되고, 나아가 노동현실과 노사의 법감정으로부터 법원의 판결이 괴리되는 문제가 발생하고 있다. 이하에서 자세히 살펴보기로 한다.

제5절 통상임금에 관한 개념 및 개념 요소 논쟁 4 - '통상임금의 고정성'

Ⅰ. 서 설

종래 대법원은 "소정근로 또는 총 근로의 대상(對償)으로 근로자에게 지급되는 금품으로서 그것이 정기적 · 일률적으로 지급되는 것이면 원칙적으로 모두 통상임금에 속한다 할 것이다."라고 하여 정기성, 일률성, 고정성을 제시하여 왔다. 그런데 최근 대법원은 소위 '금아리무진 사건' 판결을 통해 1개월 단위를 초과하여 분기별로 지급되는 정기상여금도 통상임금에 포함되어 산정되어야 한다는 취지로 판시하였다.[132] 이 판결이 계기가 되어, 통상임금의 산정 범위에 대한 논란이 매우 뜨겁게 달아 오르고 있다. 특히 금아리무진 사건 판결이 새삼 주목을 받은 이유는 정기상여금의 통상임금성을 다룬 종전의 대법원 판례와 비교할 때 정기상여금에 대한 '고정성' 판단이 변경, 확장된 것으로 보이기 때문이다.[133] 이러한 외견상의 입장변화는

---

132) 원심판결은 대구고법 2010. 10. 7, 2009나6992.

133) 정기성에 관한 판례의 입장도 변경되었다고 하나, 이러한 변경은 이미 1990년대 중반부터 발견되므로, 비록 금아리무진 사건에서도 판례가 1임금지급기를 초과하는 기간을 단위로 하여 지급되는 정기상여금도 통상임금에 포섭되어야 한다고 설시하였는 바, 이는 새삼스러운 것은 아니라고 할 것이다. 개인적으로 필자는 정기성과 관련한 대법원의 입장이 변경되었다고 보지 않는다. 적어도 해석론상 대법원의 정기성 판단은 논리적 일관성을 유지하고 있다고 본다. 다음 기회에 정기성에 대하여 자세

노동현장에서 매우 복잡한 문제를 유발하였다. 금아리무진 사건 판결을 계기로 연이은 통상임금소송이 이를 말해주고 있다. 사실 고정성 요건은 근로기준법 시행령에 근거한 것이 아니다. 법원의 해석론을 통해 형성된 개념이다. 이렇게 법률상 명시적인 요건도 아닌 고정성 요건에 근거하여, 과거에는 통상임금성을 부정하여 오던 정기상여금에 대하여 다시금 통상임금성을 긍정하는 판단을 하였으니, 그 혼란은 더욱 가중될 수밖에 없었다.

실제로 '고정적인 임금'으로서의 속성, 즉, '고정성' 요건과 관련하여 노동법학계나 실무계에서 명확하지 않은 측면이 있다. 즉, 판례를 통해 제시된 통상임금의 개념 요소인 고정성은, 통상임금에 관한 개념 논쟁에서 가장 핵심적인 것임에도 불구하고, 정작 그 판단에 있어 개념적 모호성이 남아 있고, 따라서 논리적 일관성을 견지하기가 쉽지 않다는 문제가 있다. 금아리무진 사건 판결 이후 고정성 해석의 혼란은 또다시 소위 한국GM 판결로 이어지고 있다. 2013년 7월 26일자 서울고등법원은 한국GM 사무직 직원 1025명이 업적연봉을 통상임금에 포함해 계산한 시간외근로수당과 연월차수당 지급하라며 사측을 상대로 낸 임금 소송 항소심에서 1심과 달리 상여금 성격인 업적연봉도 고정성이 있어 통상임금에 포함된다는 취지로 판결을 내리면서 혼란은 심화되고 있다.[134] 이것은 바로 '고정성'에 대한 개념적 모호성, 특히 '고정적 조건'이라는 '일률성' 요소와의 혼동에서 기인한 것이라 볼 수 있다. 결과적으로 통상임금의 고정성 판단 분쟁과 이에 대한 사법적 판단은, 그 판단의 결과가 현실적이고 구체적 타당성과 동떨어지거나, 고정적 조건 개념과의 혼동 때문에 노사 당사자에게 혼란만 가중시키는 결과를 가져오고 있다.

이하에서는, (i) 통상임금이 개념 요소로서 판례를 통해 '발견'된 고정성 개념이 과연 통상임금개념 요소로서 필요한 것인지, (ii) 필요하다면 그 법이론적 당위성은 어디에서 찾을 수 있는지, (iii) 나아가 고정성 요건에 대한 법원의 해석론이 가지는 문제점은 무엇인지를 각각 설명하고자 한다. 이를 근거로, (iv) 최근 금아리무진 사건 판례에서 고정성요건에 대한 해석론

히 다루도록 한다.

134) http://www.mt.co.kr/view/mtview.php?type=1&no=2013072710212792466&outlink=1

을 재평가하고자 한다.

Ⅱ. 통상임금의 개념 요소로서 '고정성'

1. 개념 요소로서 '고정성'의 의미

통상임금의 개념 요소로서 고정성이란, 해당 임금이 실제 근무성적에 따라 그 지급여부나 그 지급액이 달라지지 않아야 한다는 것을 뜻한다. 따라서 만약 근로자에게 근로의 대가로서 지급되기로 미리 예정된 금품이 실제 근무여부나 성적에 따라 그 지급 여부와 지급금액이 달라지는 것이라면 이는 고정성을 갖춘 금품이 아니며, 따라서 이렇듯 고정적인 임금으로서의 속성을 가지는 것이 아니라면 결과적으로 통상임금의 산정에서 산입될 수 없는 것이라 평가하게 된다. 사실 최근 논란이 된 금아리무진 사건 판결에서도 이러한 고정성 판단은 정기상여금의 통상임금 포함 여부에 대한 판단에서 중요한 역할을 수행하였다. 그렇다면 통상임금의 개념 요소로서 고정성은 어디에 근거한 것일까? 이하에서 살펴보기로 한다.

2. 고정성요건의 '발견'과 법관법

(1) 통상임금의 정의에 관한 명문화 과정

법원은 통상임금에 대하여 근로자에게 소정근로 또는 총 근로의 대상으로서 정기적·일률적으로 지급하기로 정해진 고정적 임금을 말한다고 판시하고 있다. 그러나 앞서 언급한 바와 같이 현행 노동법제 상에서 통상임금에 관한 정의를 규정하고 있는 법규정은 없다. 단지 근로기준법 시행령에 - 모법인 근로기준법에서 위임된 바도 없이 - 규정되어 있을 따름이다. 통상임금에 대한 정의규정이 처음 근로기준법 시행령에 자리잡은 것은 1982년 근로기준법 시행령 개정[135]을 통해서였다. 1982년 근로기준법 시행령 개정 과정에서 "법과 이 영에서 '통상임금'이라 함은 근로자에게 정기적·일률적

---

135) 대통령령 제10898호, 1982. 8. 13, 일부 개정.

으로 소정근로 또는 총 근로에 대하여 지급하기로 정하여진 시간급 금액·일급 금액·주급 금액·월급 금액 또는 도급 금액을 말한다"라는 조항이 신설되었다.[136] 이러한 시행령 상의 통상임금에 관한 규정 내용은 현재에 이르고 있고, 오늘날 행정해석에서도 그대로 존중되고 있다.[137]

(2) 법관법을 통한 고정성 요소의 발견

앞서 언급된 바대로, 통상임금의 개념 요소로는 '소정근로의 대가성', '정기성', '일률성', '고정성'이 언급되고 있다.[138] 그런데 이와 관련하여 흥미로운 사실이 있다. 바로 근로기준법 시행령 상의 통상임금 정의규정 문언에는 (i) 소정근로의 대가성, (ii) 정기성, (iii) 일률성 외에 '고정성'에 관한 문구는 없다는 사실이다. 하지만 판례는 이미 오래 전부터 통상임금의 개념 해석론을 통해 이른바 통상임금의 개념 요소로서 '고정성' 요건을 인정해오고 있었다. 예컨대 대법원은 1978년 10월 10일자 판결에서도 오늘날 현행 판례와 마찬가지로 "소정근로 또는 총 근로의 대상으로 근로자에게 지급되는 금품으로서 그것이 정기적·일률적으로 지급되는 것이면 원칙적으로 모두 통상임금에 속하는 임금이라 할 것이나, 근기법의 입법 취지와 통상임금의 기능 및 필요성에 비추어 볼 때 어떤 임금이 통상임금에 해당하려면 그것이 정기적·일률적으로 지급되는 고정적인 임금에 속하여야 하므로, 정기적·일률적으로 지급되는 것이 아니거나 실제의 근무성적에 따라 지급 여부 및 지급액이 달라지는 것과 같이 고정적인 임금이 아닌 것은 통상임금에 해당하지 아니한다"[139]고 판시하였던 바가 있었다.

법원은 근로기준법 시행령 상에 통상임금 개념이 명정되기 이전부터 이미 통상임금의 개념 요소로서 '고정성'을 인정하고 있었고, 이를 통상임금

---

136) 하경효, 임금법제론, 2013, 80면.

137) 고용노동부 행정해석에 따르면, 통상임금이란 사용자가 근로자에게 정기적 일률적으로 소정근로 또는 총 근로에 대하여 지급하기로 정하여진 시간급 금액·일급 금액·주급 금액·월급 금액 또는 도급 금액을 의미하며(근기법 시행령 제6조) 1임금산정 기간에 지급하기로 정하여진 고정급 임금을 말한다(임금근로시간정책팀-854, 2006. 4. 14).

138) 같은 취지로 하경효, 임금법제론, 2013, 80면.

139) 대판 1978. 10. 10, 78다1372; 대판 1994. 10. 28, 94다26615; 대판 2002. 7. 23, 2000다29370; 대판 2003. 4. 22, 2003다10650; 대판 2012. 3. 29, 2010다91046 등.

해당성 여부에 대한 판단에서 중요한 요소로서 고려함으로써, 사실상 법관법(Richterrecht)으로서 고정성 요소를 확립해 놓고 있는 셈이다.

3. 통상임금의 개념 요소로서 고정성에 관한 법관법 형성의 당위성

(1) 고정성 요소 발견의 당위성에 대한 판례의 해명

법원은 통상임금의 산정에서 포함되어야 할 임금인지 여부를 판단함에 있어 고정성을 고려하도록 하고 있는 바, 이렇게 법원이 통상임금의 개념 요소로서 고정성을 제시하고 있는 법이론적 당위성은 어디에서 찾을 수 있을까?

이러한 의문에 대하여 판례는 다음과 같이 설명하고 있다. 즉, 법원은 판례에서 "근로기준법의 입법 취지와 통상임금의 기능 및 필요성에 비추어 볼 때 어떤 임금이 통상임금에 해당하려면 그것이 정기적 · 일률적으로 지급되는 것이 아니거나 실제의 근무성적에 따라 지급 여부 및 지급액이 달라지는 것과 같이 '고정적인 임금'이 아닌 것은 통상임금에 해당하지 아니한다."고 설시하고 있다. 고정성 요소의 당위성을 '통상임금의 기능과 필요성, 그리고 근로기준법의 입법취지'에서 구하고 있는 것이다. 하지만 정작 근로기준법의 입법취지가 어떠하고, 통상임금의 기능은 무엇이며, 나아가 그러한 통상임금개념이 왜 필요한 것인지에 대하여 명확하게 판례에서 설명하지는 않고 있다. 다만 약간의 설명을 덧붙이고 있을 뿐이다. 이를 구체적으로 살펴보면, "근로기준법이 평균임금의 최저한을 보장하고 시간외근로수당 · 야간근로수당 · 휴일근로수당과 같은 할증임금, 해고예고수당 등을 산정하는 기준이 되는 통상임금을 인정하고 있는 입법취지와 통상임금의 기능 및 필요성에 비추어 볼 때 어떤 임금이 통상임금에 해당하려면 그것이 정기적, 일률적으로 지급되는 고정적인 임금에 속하여야 한다"[140]라고 설시하고 있다. 하지만 설시된 내용만으로는 그 해명이 충분할 수 없다. 휴일근로수당이나 야간근로수당 등 할증임금의 산정 기준으로서 통상임금이 도대체 어떤 입법취지와 기능 및 필요성을 가진다는 것인지에 대하여 구체적으로 설명하고 있지 않기 때문이다. 법원의 판결 내용이 불친절해 보이는

140) 대판 1996. 2. 9, 94다19501.

이유도 여기에 있다.

이하에서 보다 구체적으로 살펴본다.

(2) 고정성의 법관법 형성의 당위성근거(i): '법정 수당의 지급산정 기준으로서 통상임금'

'통상임금은 고정적인 임금이어야 한다'는 판례의 해석론은 먼저 통상임금의 기능 및 필요성 에 근거한 것이라 한다. 그렇다면 통상임금의 '기능과 필요성'이란 무엇을 뜻하는 것일까?

현행 노동법 상 통상임금의 기능과 필요성이란, 결국 노동법 상 지급되어야 할 각종 법정 수당의 산정 기준으로서의 기능과 필요성을 의미한다고 볼 것이다. 통상임금은 근로기준법 상 연장 · 야간 및 휴일근로 시의 가산임금의 산정기준(근기법 제56조), 연차유급휴가수당(동법 제60조) 등의 지급기준으로서 '기능'하며, 따라서 이러한 법정 수당을 산정해 내는 데 '필요'하기 때문이다.

그런데, 통상임금이 산정기준이 되어야 하는 각종 수당들은 공통점이 있다. 그것은 바로, '근로자의 근로에 대한 가치'를 미리 산정해 내는 것이 필요하다는 사실이다. 즉, 근로의 가치를 산정해 냄으로써 각종 수당의 지급액이 적절하게 결정될 수 있게 된다. 예컨대 야간, 연장 등 가산수당은 근로자가 본래 예정된 통상의 근로 여건보다 열악한 상황에서 근로를 제공한 경우이므로 이를 가산하여 지급하는 경우인데, 이때 얼마를 지급하는 것이 적절한가를 판단함에 있어서 중요한 것은 해당 업무수행자인 근로자의 근로가치를 올바르게 평가해 내는 일일 것이다.[141] 통상의 근로시간이 아니라 야간에 근로를 제공하였기 때문에 지불되어야 할 특별 근로의 대가는 통상의 근로시간 내 근로의 가치에 일정한 할증율을 더해주는 방식이 되어야 할 것이기 때문이다.[142] 뒤에 살펴보는 바와 같이 평균임금은 – 비록 잣대,

141) Hromadka/Maschamann, Arbeitsrecht, Bd.1, 2005, S.236.

142) 독일에서 근로의 가치를 평가한 금액의 산정은, 예컨대 업무의 내용상 추위에서 일을 해야 하는 경우나, 반대로 더위에서 일을 해야 하는 경우(BAG 22. 4. 1987, NZA 1987, S. 858), 기타 화염에서 일을 해야 하는 경우 등 위험성이나 난해성 등 일정한 근로조건 상의 특성을 반영하여 그 대가 산정이 이루어진다. 다시 말하면 상온에서 일을 하는 근로자보다는 화염에서 일을 하는 근로자의 근로가치를 높게 평가하게 된다. 왜냐하면 이러한 근로조건은 근로자의 업무수행의무의 난도를 높이게 되고,

또는 수단개념이라는 점에서 통상임금개념과 동일하지만 – 근로자의 실제 임금수준에 따른 생활수준을 가늠하는 잣대로서 창안된 개념이라는 점에서 통상임금과 구별된다.

이러한 제도적 기능과 필요성에 비추어 보면, 통상임금은 근로자가 통상의 근로조건 하에서 근로를 제공할 경우에 지급되도록 예정된 임금으로서, 해당업무 종사 근로자의 근로가치를 '미리 산정해 놓은 것'이라 개념화할 수 있을 것이다.

통상임금은 개념상 '미리 산정해 놓은 것'이기 때문에, 처음부터 그 금액이 '고정적'이며 확정적이라는 속성을 가질 수밖에 없다. 사전에 정해지는 근로의 가치를 금액으로 정해 놓았다면, 이는 사후적으로 해당 근로자가 실제 근로를 제공하였는가 여부나, 혹은 근로자의 근무성적에 따라 변경된다는 말과는 서로 어울리지 않기 때문이다. 따라서 통상임금이 고정적인 임금이어야 한다는 판례의 지적은 타당한 것이다.

(3) 고정성의 법관법 형성의 당위성근거(ii): '평균임금의 최저기준으로서 통상임금'

근로기준법 상에서 통상임금의 또 다른 기능과 필요성은 바로 '평균임금의 최저 금액으로서의 의미'에서 찾을 수 있을 것이다(근기법 제2조 제2항). 근로기준법 상 평균임금의 개념은, 이를 산정하여야 할 사유가 발생한 날 이전 3개월 동안에 그 근로자에게 지급된 임금의 총액을 그 기간의 총일수로 나눈 금액으로 정의되어 있다(근기법 제2조 제1항 제6호). 그리고 이러한 방식으로 산출된 평균임금은 근로기준법 상의 휴업수당, 연차휴가수당, 재해보상급여 및 제재감급액의 산정에 있어 기준이 되고, 또한 근로자퇴직급여보장법 상의 퇴직금과 산업재해보상보험법 상의 제반 보험급여의 산정기준이 된다.[143]

그만큼 근로자의 부담이 높다고 보기 때문이다. 사실 통상임금은 이러한 점을 감안한 것이라고 할 수 있다. 즉, 상온에서 일을 하는 근로자와 화염작업근로자의 통상임금은 그래서 다를 수 있다. 야간근로를 하였다는 것은, 일시적이지만 추가적인 부담을 지면서 근로를 제공한 경우를 의미한다. 따라서 일시적으로 야간근로에 대한 추가적인 대가를 산정해 주게 된다. 이때 그 추가적인 대가는 그 근로자의 통상의 근로에 대한 근로가치에 가산하는 방식을 취하는 것이 수월하다.

143) 하경효, 임금법제론, 2013, 81면.

평균임금이 산정기준이 되는 수당이나 금품은, 해당 금품의 수령자인 근로자의 실질적인 소득생활수준을 합리적으로 반영하여 그 구체적인 지급금액을 확정하는 것이 요구되는 공통점이 있다. 요컨대 노동관계법령이 평균임금을 기초로 하여 일련의 법정급부 등을 산정하도록 한 것은 이를 통하여 근로자가 통상적인 생활을 할 수 있도록 보장하고자 하는 것에 있으며, 따라서 평균임금은 당초 통상의 생활임금을 사실대로 반영하는 것을 산정의 기본원리로 하여야 한다는 사실은 판례를 통해 이미 확인된 바이기도 하다.[144] 예컨대 퇴직 이후의 생활유지를 위해 지급되도록 하고 있는 퇴직금의 경우, 그 금액을 산정함에 있어 중요한 것은 해당 근로자의 '실제로 취득한' 소득이다. 그러한 소득 수준이 해당 근로자의 생활수준을 가늠할 수 있는 잣대이기 때문이다. 이를 반영하기 위해 창출된 개념이 바로 평균임금인 것이다. 이러한 평균임금은 개념상, 최종 3개월 동안 실제 지급받은 임금을 산정 대상으로 하기 때문에, 경우에 따라서는 이를 산정하기 곤란한 경우가 있을 수 있다. 최종 3개월 동안 질병 휴직을 하는 경우도 그러하다. 이러한 경우 만약 사후적으로 실제 지급받은 임금은 0이지만, 그렇다고 하여 그것을 해당 근로자의 생활수준으로 평가하는 것은 잘못이기 때문이다.

결국 평균임금은 사후적으로 실제 지급된 임금액을 산정대상으로 한 개념이기 때문에, 경우에 따라서는 근로기준법 상의 제반 수당 지급의무가 형해화되는 수가 있다. 이러한 위험에 대비하여 근로기준법에서는 사후적인 상황변화에 좌우되지 않는 소위 '사전적' 개념으로서 통상임금을 그러한 경우에 대체하여 활용하도록 함으로써, 근로자 보호에 이바지하고 있는 것이다.

결국 통상임금이 평균임금의 최저한도로서 기능하도록 입법자가 규범설계를 해 둔 것은, 통상임금이 사전적으로 확정된 것이고, 사후적인 상황변화에 따라 가변적이지 않아야 한다는 것을 염두에 둔 것이라 할 수 있다. 입법자가 평균임금의 가변성에 따른 부작용을 통상임금의 '고정성'으로 보완할 필요가 있었던 셈이다.

---

144) 대판 1991. 4. 26, 90누2772; 대판 2010. 4. 15, 2009다99396 등.

4. 소 결

이상의 사실을 통해 우리가 알 수 있는 것은, 통상임금이 근로자의 근로가치를 금액으로 미리 산정해 놓은 것이고, 따라서 그 금액은 미리 사전적으로 확정된 것이어야 한다는 점이다. 따라서 통상임금은 사후적으로 실제 근로여부에 따라, 혹은 근무성적에 따라 가변적일 수가 없는 것이다. 통상임금이 고정성이라 바로 그런 점에서 개념 요소로서의 인정되어야 할 당위성을 가진다. 법원이 비록 시행령 상에서 명시하고 있지 않음에도 불구하고 법관법으로서 통상임금의 고정성을 인정하는 이유도 바로 여기에서 찾을 수 있다.

Ⅲ. 개별 수당에 대한 고정성 판단 예

1. 수당별 고정성 충족 여부

(1) 장기근속수당

대법원은, 장기근속수당도 근로의 양 또는 질에 무관하게 은혜적으로 지급되는 것이 아니라[145] 일정 근속연수에 달한 자에게 실제의 근무성적과는 상관없이 매월 일정액을 지급하여 온 것으로서 정기적 · 일률적으로 지급되는 고정적인 임금이므로, 통상임금에 속한다고 보아야 할 것이라고 판단[146]하였던 바가 있었다. 근속연수는 획일적이고 추상적인 근로가치평가기준이라고 볼 수 있다. 즉, 장기근속수당이 근속연수가 동일한 근로자인 경우 동일하게 지급되는 일률성을 갖추고 있고, 나아가 그러한 근속연수에 따른 추가적인 지급이 업무의 숙련도를 미리 예측하여 해당 업무종사 근로자에 대한 근로가치를 사전적으로 평가한 것이라고 볼 수 있다면, 이러한 장기근속

145) 종래에는 일정 근속년수 이상 근속한 근로자에게 지급한 근속수당, 정근수당 등에 대하여 은혜적 수당으로 보고, 통상임금에 포함되지 않는다고 판단하였던 바도 있었다(대판 1992. 5. 22, 92다7306). 이를 두고 판례의 입장이 본질적으로 변경된 것이라 단정하기는 어렵다. 왜냐하면 단지 근속수당이라는 명칭만이 아니라 근속수당의 실제 내용을 살펴 판단해야 하기 때문이다.

146) 대판 2000. 12. 22, 99다10806.

수당은 통상임금의 범주 내에 포함될 수 있을 것이다.

예를 들면 다음과 같다. 근속기간이 10년 차인 근로자 갑과 동일한 업무를 수행하는 근속연수 2년 차 근로자 을이 있다고 하자. 이때 갑과 을의 근로제공에 대한 가치 평가는 사전적으로 다르게 평가될 수 있다. 하지만 을 역시도 10년 차 근속연수를 가진다면 동일한 근로가치를 인정받게 된다. 다만 실제로 갑과 을이 사후적으로 받게 되는 임금의 액수는 다를 수 있다. 오히려 을이 더 많을 수 있다. 을이 연장, 야간근로를 많이 한 경우가 그런 경우이다. 하지만 통상임금에 해당하는 근로가치는 여전히 - 근속연수가 많은 - 갑이 높다고 평가할 수 있게 된다.

(2) 고열작업수당: '특히 고열업무수당[147]과의 개념 구별 필요성'

대법원은 월 작업일수의 50% 이상을 고열작업장에서 근무하면 고열작업수당이 지급되나, 그 미만인 경우에는 지급되지 않은 사례에서, 고열작업수당은 통상임금의 산정에서 고려될 필요가 없다고 판시한 바가 있다.[148]

이러한 판례의 입장은 일응 설득력이 있다. 고열작업에 투입되어 해당 근무를 할 것인가 말 것인가는 사전적인 근로가치의 평가와 아무런 상관이 없기 때문이다. 오로지 근로자의 선택에 달린 문제다. 이는 마치 특정 근로자가 야간근로에 참여할 것인가 말 것인가를 선택하는 것과 마찬가지이다. 따라서 근로자의 구체적인 판단에 의해 그 지급여부나 지급액이 좌우되는 것은 고정성개념에 반하는 것이다. 고열작업수당을 받는다면, 사후적으로 수령하게 되는 근로의 대가 즉, 임금의 액수가 높아질 뿐, 해당 업무종사 근로자의 근로가치가 높아지는 것이 아니기 때문이다. 따라서 통상임금의 산정에서 포함될 수 없다는 판례의 지적은 타당하다.

그러나 여기에서 유의해야 할 점이 있다. 그것은 바로 고열작업이 포함되는 업무장소나 업무내용이기 때문에 해당 업무에 종사하는 근로자에 대하여 미리 고정적 수당(예컨대 고열업무수당)이 배정되어 있다면, 그러한 고정적 수당(고열업무수당)은 통상임금에 포함되는 금품이라고 보아야 한다는

---

147) 필자가 개념상의 구별을 위하여 고열작업수당과 다른 고열업무수당이라는 개념을 사용하였다.

148) 대판 2005. 9. 9, 2004다41217.

사실이다.[149] 그 이유는 간단하다. 업무의 내용에 따라 사용자는 해당 업무에 투입될 근로자의 수고(근로제공에 있어 고충)를 합리적으로 차별하여 산정해 놓을 수 있으며, 이러한 차별적 산정은 오히려 당연한 것이기 때문이다. 이는 마치 버스회사에서 운전업무에 투입되는 근로자에 대하여 행정직 근로자와 달리 위험수당을 지급하는 경우와 같다. 이러한 위험수당은 해당 업무 종사 근로자에 대한 근로가치를 위험수당만큼 더 높게 평가하기 위함이므로, 통상임금의 산정 시 포함되어야 한다.

고열업무의 수행이 예정된 업무 종사 근로자의 경우, 다른 행정직 근로자와 달리 '고열업무수당'을 일률적이고 정기적으로 받게 되는 경우가 있을 수 있다. 이와는 다르게 실제 고열작업에 투입되어 업무를 수행한 것이 월 작업일수의 50%이상이 되는 경우 '고열수당'도 받게 된다. 이러한 경우 고열업무수당은 통상임금의 산정에서 포함되어야 하지만 고열수당은 그렇지 않다고 보아야 한다. 고열업무수당은 해당 업무에 투입될 근로자에 대한 사전적인 근로가치를 평가한 것이고, 고열수당은 특정 근로자가 해당 업무를 실제로 수행하였는가에 따라 지급되는 사후적인 임금일 뿐이기 때문이다. 앞서 설명한 바대로, 통상임금은 사후적으로 특정 근로자가 얼마의 임금을 수령하게 되었는가의 문제와는 그 차원을 달리 하는 개념이다.

(3) 업적연봉

최근 하급심 판례에서 업적연봉이 문제된 바가 있었다.[150] 판례에서 확정한 사실관계에 따르면, 회사는 근로자의 근속연수가 1개월 미만일 때는 상여금을 지급하지 않고, 1개월 이상 3개월 미만일 때에는 지급액의 50%, 3개월 이상 6개월 미만일 때는 지급액의 75%, 6개월 이상일 때는 100%를 지급하는 기준에 의하여 상여금을 지급하여 오다가, 회사가 2000. 1. 1.부터 이사, 부장, 차장, 및 과장 직급에 대하여, 2002. 10. 17.부터 사무직원 중 대리, 사원직급에 대하여 연봉제를 각 실시하면서 매년 2월, 4월, 5월, 6월, 8월, 10월, 12월에 각 100%씩 지급하던 상여금을 업적연봉의 형태로 전환하여 지급하여 왔다. 그리고 전년도 휴직기간을 제외한 근무기간이 3개월보

149) 대판 2005. 9. 9, 2004다41217.
150) 인천지판 2008. 11. 27, 2008가합1664.

다 많은 직원을 대상으로 인사평가를 한 다음 업적연봉을 결정하고 이를 12개월로 나누어 지급하되, 업적연봉의 차등인상분을 “A: 100%, B: 75%, C: 50%, D: 25%, E: 0%”로 정하여 인사평가 등급에 따라 업적연봉의 결정 금액에 있어 상당한 차이가 있었다. 그리고 회사는 연봉제 실시 이후 기본급은 고정급의 형태로, 업적연봉은 인사평가에 금액이 변동되는 변동급의 형태로 운영하다가 2006. 3. 1.에 이르러 기본급에 대하여도 인사평가를 통하여 차등적으로 임금인상을 하여 왔다. 이러한 사실관계를 바탕으로 하여, 업적연봉에 대한 통상임금 산정 시 포함여부가 문제된 사안에서 판례는, 연봉제 실시 이후 기존의 상여금 지급에 대체하여 전년도의 근무실적에 따라 업적연봉을 지급받았고, 그 금액은 인사평가 등급에 따라 상당한 차이가 발생하였으며, 회사는 실제 근로를 제공하지 아니한 휴직자들에 대하여는 업적연봉을 전혀 지급하지 아니한 경우, 이러한 업적연봉의 취지 및 유래, 운영형태 등에 비추어 업적연봉은 그 지급 여부 및 지급액이 결국 회사 근로자들의 근무성적에 따라 좌우되게 되어 그것이 고정적 임금이라 할 수 없어 통상임금에 속하지 않는다고 판시한 바 있다.[151]

이러한 판례의 입장은 다음과 같이 해석되어야 한다. 업적연봉의 지급 여부나 액수가 실제로 해당 근로자가 어떠한 근로를 제공하였는가에 따라 사후적으로 확정될 수 있는 것이므로, 처음부터 통상임금의 고정성 요건을 충족한 것으로 보기 어렵다. 앞서 고열작업수당과 관련한 판례에서 이미 설명하였던 바와 같이, 통상임금이란 일정 업무 종사 근로자라면 기대되는 근로에 대하여 그 가치를 평가해 두는 것이므로, 사전적으로 고정성을 지니게 됨은 당연한 것이다. 그런데 만약 특정 근로자의 구체적인 판단이나 실제 특정 근로자가 초래한 근로성과에 따라 가변적인 임금이 있다면, 이러한 임금은 특정 근로자의 실제적인 근로제공에 대한 대가일 뿐, 사전적인 해당 업무 종사 근로자에 대한 근로가치의 평가라고 볼 수는 없는 것이다.

(4) 비행수당

항공기승무원에게 실제 비행시간에 따라 구분하여 지급하는 비행수당은

---

151) 인천지판 2008. 11. 27, 2008가합1664.

고정적으로 지급되는 수당이 아니라 실제의 근무성적에 따라 그 지급 여부 및 지급액이 달라지는 것이고, 또한 이 · 착륙수당은 승무원이 국내선에 탑승하게 되는 경우에 한하여 이 · 착륙 횟수에 따라 지급되는 것임을 알 수 있어 그것이 정기적, 일률적으로 지급되는 것이라고 할 수 없으며, 승무원이 해외에서 체류하는 기간 동안 지급하는 현지식비는 국제선에 승무하는 경우에만 지급되는 것이고 더욱이 체류지역마다 그 지급 단가가 다를 뿐만 아니라 그 지급액도 근로제공과는 무관하게 단지 체류시간에 비례하여 지급되는 것이어서, 모두 통상임금에 해당하지 않는다고 한 사례도 있다.[152)]

이러한 사례에서 법원의 판단은 설득력이 있다. 해당 근로자의 구체적인 판단과 실제 근로의 제공 여부에 따라 지급되는 임금의 액수가 달라지거나, 급기야 아예 수령할 수 없는 임금의 경우는 통상임금의 개념 요소로서 고정성을 갖추지 못한 경우로 보아야 하기 때문이다. 이처럼 실제 비행에 참여하였는가에 따라 달리 지급되는 비행수당과 달리, 항공기 승무원으로서의 업무를 수행하게 되면, 행정직 근로자와 달리 비행위험수당이 배정되는 경우가 흔히 있다. 이러한 비행위험수당은 해당 업무에 배치되는 모든 근로자 즉, 항공기 승무원이라면 고정적으로 지급이 예정된 금원이라고 할 수 있다. 물론 비행위험수당이 실제로 지급되었는가 여부는 중요하지 않다. 왜냐하면 통상임금은 해당 업무종사 근로자에 대한 근로가치를 사전적으로 확정해 놓은 것일 뿐, 실제로 그 임금을 수령하였는가 여부는 중요하지 않기 때문이다. 예컨대 항공기승무원으로 채용되기는 하였지만, 최근 3개월간 질병으로 인해 휴직을 한 상태라면, 해당 근로자에게 비행위험수당이 지급되었을 리가 없다. 하지만 해당 근로자가 급기야 퇴직을 하게 되면, 퇴직금 산정을 하여야 할 것인데, 이때 휴직에 따라 평균임금산정액은 현저히 낮을

152) 대판 1996. 6. 28, 95다24074. 그 외에도 다음과 같은 판단 사례도 있다. 항공기승무원에 대하여 지급되는 60시간분의 비행수당(이를 보장수당 또는 보장비행수당이라고 한다)은 일반승무원의 경우 월간 실제 승무시간이 최저 승무시간에 미달하는 경우에는 보장수당이 지급되지 않고, 월간 승무기준시간인 75시간을 초과하는 경우에는 75시간에 상당하는 비행수당과 초과 부분에 대하여는 가산 지급되는 비행수당이 함께 지급되며, 승무결근자(MISSED FLIGHT 월 1회 이상인 자)나 무단결근자 등에 대하여는 비록 그 실제 근무시간이 최저 승무시간을 초과하는 경우에도 보장수당이 지급되지 않는 경우, 이러한 비행수당은 통상임금에 포함되지 않는다(대판 1990. 11. 9, 90다카6948).

것이다. 이러한 경우 통상임금에 따라 산정하게 된다. 이래야 하는 이유는 통상임금은 사후적으로 해당 근로자가 어느 정도의 실제 근로제공을 하였는가 여부와 상관없이 사전적으로 책정해 놓은 해당 업무종사 근로자의 근로가치이기 때문이다. 따라서 퇴직금 지급에서 통상임금을 기준으로 하여 산정이 이루어질 것이다.

(5) 정기상여금

종래 대법원은 상여금에 대하여 근로의 대상으로서의 임금에 처음부터 포섭될 수 없다는 입장이었다. 즉, 대법원은 "회사가 근로자들에게 지급한 '성과금'은 경영실적이나 무쟁의 달성 여부에 따라 그 지급 여부나 지급금액이 달라지는 경영성과의 일부 분배로 볼 수 있을 뿐, 근로의 대상으로서의 임금이라 할 수 없으므로, 퇴직금 산정의 기초가 되는 평균임금에 포함되지 않는다"고 보았다.[153] 즉, 상여금의 경우 그 지급사유의 발생이 불확정하고 일시적으로 지급되므로, 이러한 경우 상여금은 임금이라고 할 수 없다[154]는 것이다.

또한 종래 법원은 비록 정기적으로 지급되는 것이더라도 그것이 1개월을 넘는 기간마다 지급되는 것이고, 기업의 경영실적이나 근무성적에 의해 좌우되는 상여금이라면, 통상임금에 포함되어야 할 임금이라고 볼 수 없다고 판시하여 왔다. 예컨대 근무일수를 근거로 일할계산하여 지급하도록 규정되어 있는 점에 비추어 상여금의 지급 여부 및 그 지급액은 결국 피고 조합들 소속 임 · 직원들의 실제의 근무성적에 따라 좌우되게 되어 그것이 고정적인 임금이라 할 수 없으므로 통상임금에 속한다고 할 수 없다"고 판단함으로써 통상임금성을 인정하지는 않았다.[155] 또한 취업규칙에서 (i) 1년 이상의 근속자에게는 설날에 기본급의 50%를, 추석에 기본급의 50%를 지급하고 (ii) 1년 미만의 근속자에게는 일정액만을 지급하며, (iii) 상여금 지급일 이전에 퇴사한 자에게는 지급대상기간의 일부를 근무하였다고 하더라도 상여금을 지급하지 아니한다고 규정하고 있는데, 실제로는 상여금을 1년

---

153) 대판 2006. 2. 23, 2005다54029.
154) 대판 2006. 2. 23, 2005다54029.
155) 대판 1996. 2. 9, 94다19501.

미만의 근속기간에 대하여는 근무일수에 비례하여 지급하여 온 사례에서, 상여금이 통상임금산정 시 산입되어야 할 것인가를 두고 다툰 사건에서, 법원은 해당 상여금에 대하여, 근로자들이 상여금 지급일까지 근무하였는지 여부와 1년의 근속기간을 충족하였는지 여부 등과 같은 실제 근무성적에 의하여 지급 여부와 지급액이 달라진다는 점에 주목하여 상여금의 고정적 급여로서의 속성을 부인하였던 바 있다. 즉, 본 사례에서 상여금은 통상임금의 산정에서 고려될 수 없다고 본 것이다.[156]

2. 평 가

통상임금의 산정 시 포함되어야 할 임금이기 위해서는 고정성 요건을 충족하여야 한다는 것이 판례와 학계의 지배적인 견해에 해당된다. 그런데 이때 고정성이란, 사실 통상임금의 기능적 본질과 매우 밀접한 관련성을 가진다. 이러한 점에서 통상임금 여부를 두고 나타나게 되는 법률분쟁에서 고정성 요건을 판단하는 것은 매우 중요한 부분이 될 것이다.

고정성 요건은 통상임금이 가산임금을 지급하기 위한 도구개념으로서 창출된 것이며, 그러한 도구개념으로 활용되기 위해 통상적인 근로상황을 전제로 하여 고정적으로 확정해 놓은 근로의 가치라는 점을 분명하게 확인해 주는 요건이기 때문이다. 예컨대 고열작업부서에 배치된 근로자인 경우, 행정직 근로자와 달리 고열업무수당을 받게 될 것이다. 이러한 고열업무수당은 고열작업부서에 배치된 근로자라면 누구나 수령하게 될 것이며(일률성), 이때 그 액수는 고정적일 것(예컨대 월 30만원)이다. 그런데 이러한 고열작업부서에 배치되었다고 하여 모든 근로자가 동일한 일수만큼 고열작업에 직접 투입되어 근로를 제공하게 되는 것은 아니다. 어떤 근로자는 월 20일, 어떤 근로자는 월 10일 간 고열작업을 수행하였을 수 있다. 만약 회사에서, 월 20일 이상 직접 고열작업에 참여한 근로자에 대하여는 고열작업수당(예컨대 매월 40만원)을 지급한다고 하면, 이때 고열작업수당은 근로의 대가로서 임금이기는 하지만, '고정적'인 임금으로 보기 어렵다. 처음부터 예정된 해당 부서 근로자에 대한 근로가치의 평가라고 보기 어렵고, 오히려 사후적

156) 대판 2007. 4. 12, 2006다81974.

으로 특정 근로자가 스스로 판단하여 근로를 제공함으로써 얻게 되는 사후적인 임금일 뿐이다. 따라서 통상임금에 고열작업수당은 포함될 수 없는 것이다.

다른 한편 다음과 같은 예에서도 분명하게 개념구별이 가능하다. 당초 수술실에서 근무하게 될 간호사의 경우, 1일 8시간 근로할 경우, 매월 200만원이 지급되고, 병상 간호사의 경우 동일한 통상적 근로조건 하에서 매월 180만원이 지급되도록 하는 경우, 이는 각 해당 업무 간호사의 통상임금이면서, 동시에 해당 업무 종사 근로자의 근로가치를 사전에 산정해 놓은 것이라고도 할 수 있다.

하지만 구체적으로 A라는 수술실간호사는 자신의 질병으로 결근을 하다가 급기야 사직하게 되면, 최종 3개월 동안 임금을 받지 못하였으므로, 평균임금이 아닌 통상임금으로 퇴직금을 산정하게 될 것이다. 이때 통상임금이란, 실제로 A간호사의 실제 근로에 대한 대가로서 '받은' 임금과는 아무런 상관이 없다. 같은 맥락에서 B간호사는 수술실에서 수술을 하는 도중 실수를 하여 병원에 많은 손해를 유발하였더라도, B간호사의 통상임금에는 아무런 변화가 있을 수 없다. 이것이 바로 '고정성'이다. 요컨대 고정성 요건은, 해당 금품의 성격이 실제 근로제공됨에 따라 사후적으로 지급받게 되는 임금으로서의 성격을 갖는 것인지, 아니면 사전적으로 해당 업무종사 근로자라면 지급받아야 할 고정적 임금으로서 근로가치평가액에 해당하는 것인지를 판단하는 핵심지표이다.

이로써 우리는 명확하게 고정성 요건을 기준으로 하여 통상임금에의 산입 여부를 판단할 수 있다. 그런데 최근 판례에서, 실제 근로제공에 대한 사후적인 대가로서의 속성을 가지는 금품을 두고, 통상임금의 개념 범위에 포함되는 것으로 판단한 예가 있어서 논란이 되고 있다. 이에 대하여 다시금 살펴볼 필요가 있다.

Ⅳ. 고정성 요건 판단 방식과 그 문제점

1. 논의의 개요

앞서 통상임금의 개념 요소로서 판례가 일관되게 고정성을 견지하는 데에는 근로기준법의 입법취지와 통상임금제도의 기능 및 필요성에 기초하고 있음을 살펴보았다. 더불어 통상임금의 개념 요소 중 가장 핵심적인 것임도 이미 확인한 바가 있다.

그런데 고정성 요소는 두 가지 측면에서 문제를 유발하고 있다. 첫 번째는 고정성 판단의 난해성이다. 실제 사례에서 과연 해당 금원이 고정성 요건을 충족하고 있는지 여부를 판단하는 것이 간단치 않다. 이는 특히 고정성 요건과 일률성 요건의 교차점에서 발생한다. 다시 말하면, 고정성과 – 일률성 판단에서 문제되는 – 고정적 조건에 대한 판단이 서로 혼동될 수 있고, 또 실제로 그렇게 혼동되고 있다.

두 번째는 고정성 요건을 엄격하게 해석하고 그를 통해 통상임금 해당성 여부를 가려내는 과정에서, 그 판단 결과가 비록 논리적인 일관성에도 불구하고 분쟁의 당사자나 노동현장에서의 법감정과는 상당한 괴리를 보이는 문제점이 있다. 이하에서 자세히 살펴보기로 한다.

2. 고정성 판단과 고정적 조건 판단의 모호성

(1) 종래의 판단방식과 그 문제점

1) 판단방식

종래 판례에서 설시된 바에 따르면, '고정성'의 의미는 '실제 근로여부'나 '근무성적' 등에 의해 지급 여부나 지급액이 달라지지 않아야 한다는 것을 뜻한다. 요컨대 실제 근로여부나 근무성적 등에 따라 그 금액이 변동적인 속성을 가진 금품이라면 통상임금의 개념에 포섭될 수 없다고 한다. 예컨대 만약 근로자에게 지급될 금품이 '개근' 또는 '만근'이라는 요건의 충족 여부에 따라 아예 근로자에게 지급되지 아니할 수 있거나 또는 그 지급액이 달라지는 경우에는 고정성 요건이 충족되지 않은 것으로 본다. 즉, 이러한 경우는 고정적 지급 임금이 아니므로, 통상임금의 개념 범위 내에 포섭되지 않는다는 것이 판례의 입장이다.[157]

같은 맥락에서 만약 회사에서 지급되기로 한 월차수당이 근로자의 월차 휴가일 근무 여부에 따라 지급 여부가 결정되는 속성의 것이라면, 법원은 이러한 월차수당에 대하여 통상임금의 산정에서 포함될 수 없다고 보게 된다. 실제 근로제공을 할 것인가 여부에 대한 근로자의 결정이 '가변적'이라는 것은 곧 월차수당의 지급 여부가 '가변적'이라는 것을 뜻한다. 왜냐하면 월차휴가일에 근로자가 실제로 근로를 제공할 것인지 여부에 대하여 스스로 판단하게 될 것이며, 그 판단에 따라 월차수당을 받게 될 것인지, 혹은 얼마를 받게 될 지가 사전적으로 확정되는 등 고정적이지 않고, 가변적이기 때문이다. 그렇다면 이러한 월차수당은 통상임금에 산입되기 위한 개념 요소로서 고정성 요건을 흠결한 것으로 보아야 하며, 이것이 바로 법원이 해당 사건에서 월차수당을 통상임금 산정에서 배제한 이유라고 볼 수 있다.

구체적인 예를 들어 비교해 보기로 한다.

(예시 1)
버스회사에서 운전업무를 담당하는 근로자에게 안전운전수당을 매달 정기적으로 책정하여 지급하되, 다만 그 구체적인 지급액은 해당 운전 근로자의 운전업무에의 근속연수에 비례하여 매 1년당 1만원을 가산하여 최대 10만원으로 책정되어 있다.

(예시 2)
버스회사에서 운전업무를 담당하는 근로자에게 안전운전수당을 매달 정기적으로 책정하여 지급하되, 다만 그 지급액은 실제로 운전한 일수가 20일이 넘는 근로자를 상대로 하여 매 초과 1일당 5천원을 추가로 지급하도록 하였다.

비록 가상적인 사례이기는 하지만, 위 예시 1의 사례와 예시 2의 사례에서, 안전운전수당의 법적 성격은 다르다고 할 수 있다. 즉, 통상임금의 개념 요소인 '고정적' 임금 여부와 관련하여 양자는 달리 평가되어야 한다. 우선

---

157) 대판 2003. 6. 13, 2002다74282.

예시 1에서와 같은 경우, 안전운전수당은 근속연수에 따라 비례적으로 책정되어 있지만, 고정적인 임금이라고 할 수 있다. 왜냐하면 사후적으로 해당 근로자의 의지와 선택에 의해 가변적으로 변경되는 것이 아니기 때문이다. 일정한 비례적 책정 기준에 따라, 고정적으로 지급되는 임금으로서의 속성을 가진 것이라 할 수 있다.

이와 달리 예시 2에서와 같은 안전운전수당은 고정적인 임금이라고 볼 수 없다. 왜냐하면 안전운전수당을 구체적으로 얼마나 수령하게 될 지는 해당 근로자의 의지와 선택에 맡겨져 있기 때문이다. 다시 말하면 해당 근로자의 근로제공량에 의해 구체적인 안전운전수당의 액수가 달리 정해지므로 고정적인 임금이라고 볼 수 없다.

위의 두 예시사례에서 보듯이, 비록 구체적인 액수가 특정액수로 고정되어 있지 않은 것은 양 사례가 마찬가지이지만, 그럼에도 불구하고 전자는 고정적 임금으로, 후자는 가변적인 사후적 임금으로 평가할 수 있다. 따라서 전자는 통상임금의 산정에서 포함되어야 하는 수당으로, 후자는 통상임금의 산정에서 포함될 수 없는 수당이라고 보아야 한다.

결국 대법원은 수당이나, 상여금 등 그 명칭에 상관없이 그 금품이 (i) 소정근로의 대가로서 지급하기로 한 금품이고, (ii) 정기성, (iii) 일률성을 가지고, (iv) 고정성을 갖춘 경우에 통상임금의 산정에 포함되어야 한다는 입장을 견지하고 있음을 알 수 있다. 그리고 고정성이란, 실제 근로여부나 근무성적에 상관없이 고정적으로 지급되는 금품인가를 가지고 판단하고 있다. 근로자가 월차휴가일에 근로를 할 것인지 여부를 선택함에 따라 그 지급 여부가 결정되는 월차수당과 소정근무일수의 개근 여부에 따라 그 지급 여부가 결정되는 주휴수당은 모두 통상임금에 포함되지 아니한다"고 하여 월차수당과 주휴수당의 고정성을 부정한다.[158] 이러한 방식이 어느 정도 일관되게 적용되고 있는 것도 사실이다. 대법원이 근로의 양 또는 질에 무관하게 일정 근속연수에 달한 근로자에게 실제 근무성적에 상관없이 매월 일정액을 장기근속수당으로 지급하여 온 경우에 고정성을 긍정한 사례에서도 드러난다.[159]

---

158) 대판 2007. 4. 12, 2006다81974.
159) 대판 2000. 12. 22, 99다10806.

2) 문제의 소재

앞서 법원의 고정성 판단에 대한 방식에 대하여 실제 근로여부나 근무성적에 따라 변경되는 임금인가 여부가 그 핵심 판단기준임을 살펴보았다. 그런데 문제는 고정성 요건에 대한 판단이 언제나 명료한 것은 아니라는 데 있다. 현실적으로 보면, 고정성에 대한 판단이 통상임금의 또 다른 개념 요소로서 제시되는 일률성 요건과 그 판단에 있어 교차되고 따라서 혼동을 유발하는 점이 있다. 특히 일률성 판단에 있어 고정적 조건이라는 개념과 이와는 별도로 고정성을 의미하는 고정적 지급성 개념의 구별이 모호한 경우가 있다.

(2) '고정적 조건'과 '고정성' 간의 관계

대법원은 1993. 5. 11, 93다4816 선고 판결에서, 출근일에 한하여 현물로 제공되거나 구매권으로 지급되는 식대보조비가 통상임금에 포함된다고 판단한 바가 있었다.

위 사건 사실관계에서 나타난 바에 따르면, 피고인 회사가 전 근로자에게 출근일에 한하여 일정 금액 상당의 식사를 현물로 제공하되, 식사를 제공받지 아니하는 근로자에게는 위 금원에 상당하는 구판장이용 구매권(쿠폰)을 지급하여 왔다. 이때 식대보조비에 대하여 대법원은 "식대보조비가 일급금액으로 정해진 것으로서 그 지급조건 및 내용 등에 비추어 근로의 대가로 정기적, 일률적으로 지급된 임금이라고 봄이 상당하다"고 판단하였다.

본 사건에서 '출근일에 한하여' 현물을 이용하지 않는 근로자에게 지급되는 쿠폰의 경우, 그 지급조건이나 내용이 근로의 대가로서 일률성을 충족한 것으로 보았다. 요컨대 '출근을 한' 근로자에게만 지급되는 임금이라면 이는 '출근하였을 것'이라는 고정적인 조건이 제시된 경우로 볼 수 있다. 따라서 출근을 한 근로자라면(=조건), 식대보조비는 그런 조건을 충족한 모든 근로자에게 지급된다는 것을 뜻하므로 일률성 요건을 충족하는 것으로 보아야 하기 때문이다. 일응 법원의 판단은 타당해 보인다. 그런데 이러한 법원의 판단은 고정성과 관련하여서는 여전히 의문을 남기고 있다.

왜냐하면 출근일에 한하여 지급된다는 것은, 곧 근로자가 출근을 하여야만 지급받는다는 것이고, 이것은 다시 말하면 근로자의 실제 근로제공이 있어야만 지급되는 금원임을 의미하는 것이다. 그렇다면 이러한 금원은 고정성이라는 요건과 조화될 수 없다. 왜냐하면 "실제 근로를 제공하였는지 여부에 따라 그 임금의 지급여부가 달라지는가?"라고 하는 고정적 임금지급요건 판단에 비추어 본다면 이른바 통상임금의 개념 요소인 고정성을 긍정할 수 없기 때문이다. 이는 법원 역시 고정성 판단에 있어 혼동이 있음을 보여주는 대목이라 할 수 있다.

노동현장에서 회계 직원에 의해 수시로 산정되어야 할 통상임금인데, 과연 법원에서 조차 이렇게 모호하게 판단이 이루어지는 방식을 사용하라고 요구하는 것이 타당한 것인가? 향후 통상임금의 개념이 매우 '기술적'이고 '간명한' 것으로 재정립되어야 할 당위성이 바로 여기에 있다.

3. 고정성 판단의 논리정합성과 노동현실 간의 괴리 - 정기상여금에 관한 대법원의 판례 비교를 중심으로

(1) 개 요

법원의 고정성 판단이 갖는 두 번째 문제점으로는, 노동현실과 법논리 사이의 간극이 크다는 점이 지적될 수 있을 것이다. 사실 이 점이 최근 금아리무진 사건 대법원 판결이 현장에서 막대한 혼란과 논쟁을 유발한 이유라고 할 수 있다. 이하에서는 논란이 된 금아리무진 사건과 과거 대법원 판례를 비교하는 방식을 통해 고정성 판단의 결과가 과연 구체적 타당성을 갖추고 있는가를 검토하고자 한다.

(2) 금아리무진 사건 상의 정기상여금 사례 - 대판 2012. 3. 29, 2010다91046

1) 사실관계

상여금은 단체협약에 의하면 근속기간에 따라 달리 지급되었지만, 동일한 근속기간에 대하여는 동일한 액수의 상여금이 지급되었다. 상여금의 지급에 관한 단체협약 제27조는 다음과 같이 상여급지급에 관하여 정하고 있다.

단체협약 제27조

- 각 회사는 차량 조합원에게 다음에 의한 상여금을 지급한다.

구 분	6개월 이상	3년 이상	8년 이상	12년 이상
비 율	350%	550%	650%	750%

- 상여금 지급은 만근 기본급 기준으로 한다.
- 상여금 지급은 분기별로 지급하며 매 분기 말까지 재직한 자로 하고, 익월 급여지급일에 지급한다. 단, 퇴직자에 대해서는 월별로 계산 지급한다.
- 입사일에서 6개월 경과 후 해당 분기 지급분부터 지급하되, 6개월 경과 후 최초 해당 분기 지급률은 1년 지급률의 1/2을 지급한다.

앞서 보듯이 이 사건 단체협약 제27조에서 '상여금이 만근 기본급 기준으로 6개월 이상 근무시 350%, 3년 이상 근무시 550%, 8년 이상 근무시 650%, 12년 이상 근무시 750%를 지급'하되, '상여금 지급은 분기별로 지급하며 매분기 말까지 재직한 자로 하고, 퇴직자에 대하여는 월별로 계산 지급한다'고 규정하고 있다. 이 단체협약에 따라 회사는 근로자들에게 상여금을 분기별로 지급하였다. 이에 대하여 근로자들은 근속수당과 상여금도 통상임금에 속하므로 이를 포함하여 시급통상임금을 산정하고 이를 기초로 산정한 제 수당을 지급할 것을 요구하는 소송을 제기한 사안이다.

2) 쟁점 및 원심 판례

고정성 판단과 관련하여 이 사건 사실 관계에서 문제되는 것은, 단체협약 제27조에 따라 상여금을 분기별로 지급하여 온 사실을 두고, 이러한 상여금의 지급 여부 및 그 지급액이 근로자의 실제 근무성적 등에 따라 좌우되는 것인가 여부이다.

먼저 1심법원인 대구지방법원[160]은 상여금에 대하여 다음과 같은 점에 주목하였다. 즉, 회사가 노사합의에 따라 '모든' 운전기사에게 '매 분기 말까지 재직하면' 익월 급여지급일에 만근 기본급을 기준으로 상여금을 지급하고, 퇴직자에게도 월별로 계산 지급하라고 한 사실에 주목하였다. 이러한

160) 대구지판 2009. 8. 12, 2007가단131125.

사실을 두고 1심법원은 본 사건 상여금에 대하여, 근로의 대상인 임금으로서의 성질을 갖는 것으로 보았고, 나아가 매 분기 말까지 재직하면 근로자는 당연히 상여금을 지급받는 이상 이는 정기적 · 일률적으로 지급되는 것이라고 판단하였다. 이에 따라 본 사건에서 문제된 상여금에 대하여 특별한 사정이 없는 한 소정근로의 양 또는 질에 대하여 지급되는 고정적이고 평균적인 일반임금으로서 통상임금의 범위에 속한다고 판단하였다.

한편 항소심인 대구고등법원의 판단[161]은 1심법원과 달랐다. 2심법원은 "이 사건 단체협약 제27조에서 '상여금이 만근 기본급 기준으로 6개월 이상 근무시 350%, 3년 이상 근무 시 550%, 8년 이상 근무 시 650%, 12년 이상 근무 시 750%를 지급하되, 상여금 지급은 분기별로 지급하며 매 분기 말까지 재직한 자로 하고, 퇴직자에 대하여는 월별로 계산 지급한다'고 규정하고 있고, 피고는 원고들에게 이 사건 단체협약에 따라 상여금을 분기별로 지급하였다는 사실을 인정한 후, 이를 기초로 하여 상여금의 지급 여부 및 지급액이 근로자의 실제 근무성적 등에 따라 좌우되는 것으로서 통상임금에 포함되지 않는다"고 판단하였다.

즉, 대구고등법원은 상여금의 지급 여부와 지급액이 근로자의 실제 근로의 양과 근무성적에 따라 달라지는 것에 주목하고, 이에 근거하여 본 사건 상여금이 고정적이지 않아 통상임금의 산정 시 고려될 수 없다고 판단한 것이다.

3) 대법원

이 사건 원심판결에 대하여 대법원은 다음과 같이 판시하였다. 즉, "이 사건 상여금은 피고가 6개월을 초과하여 계속 근무한 근로자에게 근속년수의 증가에 따라 미리 정해놓은 각 비율을 적용하여 산정한 금액을 분기별로 지급하는 것으로서, 매월 월급 형태로 지급되는 근속수당과 달리 분기별로 지급되기는 하지만 그러한 사정만으로 통상임금이 아니라고 단정할 수 없다"고 보았다.

그런데 문제는 고정성 판단이다. 고정성을 두고 대법원의 판단은 원심의 그것과 달랐다. 이와 관련하여 대법원은, "이 사건 단체협약 제27조에 '상여

161) 대구고판 2010. 10. 7, 2009나6692.

금 지급은 매 분기 말까지 재직한 자로 하고'라고 규정하면서도 곧이어 '퇴직자에 대해서는 월별로 계산 지급한다'고 추가로 규정함으로써 상여금 지급 대상에서 중도퇴직자를 제외한 것으로 볼 수 없다. 또한 상여금 지급대상에 관한 위 규정의 의미가 기본급 등과 마찬가지로 비록 근로자가 상여금 지급대상 기간 중에 퇴직하더라도 퇴직 이후 기간에 대하여는 상여금을 지급할 수 없지만, 재직기간에 비례하여 상여금을 지급하겠다는 것이라면, 이 사건 상여금은 그 지급 여부 및 지급액이 근로자의 실제 근무성적 등에 따라 좌우되는 것이라 할 수 없고, 오히려 그 금액이 확정된 것이라고 할 수 있다. 따라서 재직기간에 비례하여 상여금을 지급하고 있는 이 사건 상여금은 정기적 · 일률적으로 지급되는 고정적인 임금인 통상임금에 해당한다고 볼 여지가 있다."고 판시하였다.

이 사건에서 대법원의 고정성 판단에 대한 평가는 다음에서 살펴보게 될 의료보험조합 사건과 비교하여 후술하기로 한다.

(3) 의료보험조합 정기상여금 사례 – 대판 1996. 2. 9, 94다19501

이 사건에서 문제된 것은 체력단련비와 월동보조비, 그리고 상여금이 통상임금에 포함될 수 있는가 여부였다.

1) 사실관계

우선 의료보험조합은 해당 근로자를 포함한 전 직원에게 매년 일정시기에 월 기본급에 대한 일정액을 체력단련비로, 매년 11월에 월 기본급에 대한 일정액을 월동보조비로 원고들을 포함한 전 직원에게 각 지급하여 왔다. 그리고 상여금과 관련하여서는 다음과 같다. 의료보험조합들의 지역의료보험조합운영규정에 의하면, 상여금은 예산의 범위 안에서 매년 3월, 6월, 9월, 12월의 보수지급일에 각각 상여금 지급일 현재 기본급의 100%를 지급한다. 다만 입사 1개월 미만인 자에게는 지급되지 않고, 근속기간이 3개월 미만인 자와 휴직 · 정직 · 직위해제처분 등으로 상여금 지급기간 중 그 직무에 종사하지 아니한 자(업무상 부상으로 휴직한 경우를 제외한다), 근속기간이 3개월 이상인 자로서 상여금 지급기간의 2분의 1 미만을 근무하고 퇴직한 자에 대하여는 근무일수를 근거로 '일할계산'하여 지급하도록 규정되어 있었다(1991. 4. 4. 개정된 운영규정 제112조 참조).

2) 대법원의 판단

이 사건에 대하여 대법원은 체력단련비와 월동보조비에 대하여 판시하였다. 이에 의하면 위 체력단련비나 월동보조비는 모두 소정근로 또는 총 근로에 대하여 지급하기로 한 금품으로서 정기적, 일률적으로 지급되는 고정적인 임금이라 할 것이므로 통상임금에 속한다고 보고, 체력단련비와 월동보조비의 각 1/12이 월급 통상임금에 속한다고 판단하였다.

다른 한편 상여금에 관한 판단에서 대법원은 다음과 같이 판시하였다. 즉, 대법원은, 의료보험조합들의 지역의료보험조합운영규정에 의거, 상여금은 예산의 범위 안에서 매년 3월, 6월, 9월, 12월의 보수지급일에 각각 상여금 지급일 현재 기본급의 100%를 지급하는 것이고, 다만 입사 1개월 미만인 자에게는 지급되지 않고, 근속기간이 3개월 미만인 자와 휴직 · 정직 · 직위해제처분 등으로 상여금 지급기간 중 그 직무에 종사하지 아니한 자(업무상 부상으로 휴직한 경우를 제외한다), 근속기간이 3개월 이상인 자로서 상여금 지급기간의 2분의 1 미만을 근무하고 퇴직한 자에 대하여는 '근무일수'를 근거로 일할계산하여 지급하도록 규정되어 있는 점(1991. 4. 4. 개정된 운영규정 제112조 참조)에 비추어 상여금의 지급 여부 및 그 지급액은 결국 피고 조합들 소속 임 · 직원들의 실제의 근무성적에 따라 좌우되게 되어 그것이 고정적인 임금이라고 할 수 없으므로 통상임금에 속한다고 할 수 없다고 판단하였다.[162]

(4) 판례의 비교 분석 및 평가

1) "정기상여금에 대한 판례의 입장은 변경되었는가?"

우선 의료보험조합 사건에서, 정기 상여금은 매년 3월, 6월, 9월, 12월의 보수지급일에 각각 상여금 지급일 현재 기본급의 100%를 지급되는 것이

162) 그러므로 원심이 원고들의 1991년도 통상임금을 산정함에 있어서 상여금이 통상임금에 포함되는 것으로 보아 이를 토대로 원고들의 시간급 통상임금을 산정한 것은 통상임금의 법리를 그르친 위법을 범하였다 할 것이고 이는 판결에 영향을 미쳤음이 분명하므로 이 부분 상고이유는 이 점에서 이유가 있다고 판시하였다(대판 1996. 2. 9, 94다19501).

원칙이었다. 다른 한편 금아리무진 사건에서 정기상여금은 만근 기본급 기준으로 6개월 이상 근무시 350%, 3년 이상 근무시 550%, 8년 이상 근무시 650%, 12년 이상 근무시 750%를 지급하되, 상여금 지급은 분기별로 지급되는 것이 원칙이었다.

그 금액이 다를 뿐, 3월, 6월, 9월 및 12월의 보수지급일에 지급되는 의료보험조합사건 상의 정기상여금과 비록 액수는 조건에 따라 다르지만 분기별로 지급되는 금아리무진 사건 상의 정기상여금은 그 실질에 있어 차이를 발견하기 어렵다.

하지만 최근 판례인 금아리무진 사건에서는 법원이 정기상여금에 대하여 통상임금 산정 시 포함하여야 한다는 취지로 판시하였고, 과거 판례인 의료보험조합 사건에서는 정기상여금에 대하여 통상임금성을 부인하였다. 적어도 외견상으로만 보면, 위의 두 사건에서 정기상여금에 관한 통상임금성 판단에서 대법원의 입장은 서로 엇갈리고 있다는 평가가 가능하다. 이러한 점 때문에 금아리무진 사건 판결을 계기로 하여, 정기상여금에 대한 통상임금성에 대한 대법원의 입장이 바뀐 것이라는 지적이 나왔고, 노동현장에서 이러한 지적은 상당한 사회적 이슈가 되었다.

결론적으로 말한다면, 대법원이 전원합의체 판결로써 종래의 입장을 변경하였다는 지적은 타당하지 않다. 오히려 대법원은 정기상여금의 통상임금성에 대하여 논리적으로 일관된 판단을 하고 있다고 보아야 한다. 그 이유는 위 두 사건 사실관계의 미묘한 차이 때문이다. 이하에서 자세히 살펴보기로 한다.

2) 각 사안 별 정기상여금 계산방식의 차이

판결 대상이 된 사건 사실관계를 다시금 되짚어 보면, <u>의료보험조합사건에서 문제된 정기상여금은, '근무일수'를 근거로 '일할계산'하여 지급된 것임을 알 수 있다.</u> 구체적으로 살펴보면, 지역의료보험조합운영규정에 의거하여 매년 3월, 6월, 9월, 12월의 보수지급일에 기본급의 100%를 지급하되, 입사 1개월 미만인 자에게는 지급되지 않고, 근속기간이 3개월 미만인 자와 휴직 · 정직 · 직위해제처분 등으로 상여금 지급기간 중 그 직무에 종사하지 아니한 자(업무상 부상으로 휴직한 경우를 제외한다), 근속기간이 3개월 이상인 자로서 상여금 지급기간의 2분의 1 미만을 근무하고 퇴직한 자에 대하여는 근무일수를 근거로 '일할계산'하여 지급하였던 사건이다.

이와 달리 금아리무진 사건에서의 정기상여금은, 단체협약 제27조에 의거, 중도퇴직자에 대하여는 '재직여부를 기준으로 하여 월별로 계산 지급'하도록 하는 방식을 취하고 있다. 구체적으로 살펴보면, 단체협약 제27조에 근거하여 분기별로 지급되는데, 요컨대 '상여금이 만근 기본급 기준으로 6개월 이상 근무시 350%, 3년 이상 근무시 550%, 8년 이상 근무시 650%, 12년 이상 근무시 750%를 지급'하되, '상여금 지급은 분기별로 지급하며 매분기 말까지 재직한 자'로 하였던 사건이다.

요컨대 금아리무진 사건과 의료보험조합사건에서 정기상여금은 그 산정방식에서 차이는 보이는데, 전자는 '재직여부를 기준'으로 한 '월할계산방식'을, 후자는 '근로일수'를 기준으로 한 '일할계산방식'으로 하고 있다.

3) 계산방식의 차이가 갖는 의미 재검토

통상임금의 고정성 여부를 판단함에 있어, 해당 금원의 계산방식은 대단히 중요한 의미를 갖는다. 왜냐하면 실제의 근무성적에 따라 지급여부 및 지급액이 달라지는 임금은 고정적인 임금이라 할 수 없어 통상임금에 해당하지 아니하기 때문이다.

의료보험조합 정기상여금 사건의 경우, 중도퇴직자에 대한 정기상여금 지급이 근로일수를 기준으로 일할계산방식을 취하고 있는 바, 이러한 경우 정기상여금의 고정성은 부정되어야 한다. 근로일수를 기준으로 한다는 것은, 해당 근로자의 실제 근로 여부가 기준이 되어, 결과적으로 정기상여금 지급여부 및 금액에 변경을 가져올 수밖에 없기 때문이다.

하지만 금아리무진 사건 상의 정기상여금은 이와 달리 평가될 수 있다. 금아리무진 사건 정기상여금은, 이른바 '재직기간'를 기준으로 하여 '월할계산방식'을 취하고 있는 바, 이러한 경우 정기상여금의 고정성은 긍정될 수밖에 없기 때문이다.

'재직기간을 기준으로 하여 월할 계산하는 방식이란', 실제로 근로제공을 하였는가 여부와는 상관이 없다. 재직기간은 실제 근로제공을 하였는가 여부와는 별개이기 때문이다. 예컨대 무단결근한 근로자라 하더라도 해고되기 이전까지 - 실제 근로여부와 관계없이 - 그 재직기간은 지속하는 것이다.

따라서 금아리무진 사건 정기상여금에 대하여 통상임금의 고정성을 인정한 대법원의 입장은 종래의 입장과 다르지 않으며, 대법원의 고정성 판단법리는 논리적으로 일관되다고 할 수 있다. 그러나 이러한 논리적 일관성이 반드시 지지되어야 할 것은 아니라 생각된다. 논리에 집착하는 바람에 오히려 구체적 타당성이라는 중요한 요소를 간과한 것은 아닌지, 나아가 노동현실과 동떨어진 판단은 아닌지를 되새겨 볼 필요가 있다.

4. '논리와 현실의 괴리'

(1) '근로의 가치평가액'으로서의 통상임금

앞서 비교대상으로 놓고 살펴본 의료보험조합 사건 정기상여금이나 금아리무진 사건 정기상여금은 - 비록 단체협약이나 취업규칙 상의 내용에 따라 그 액수나 수급자격 등에서 차이가 있지만, - 사용자나 근로자에게 있어 그것이 가지는 본질적인 의미는 사실상 같다고 보아야 한다. 즉, 당해 사업장에서 비록 계산방식은 다르지만, 정기상여금을 근로자에게 지급하는 목적과 의미가 의료보험조합이나 금아리무진 사례에서 본질적으로 다르다고 단정하기란 쉽지 않다.

그럼에도 불구하고, 단지 정기상여금의 지급에 있어 그 계산방식의 차이 때문에 통상임금인가 여부를 달리 판단하는 것은, 지나치게 형식논리적인 것이 아닌가 하는 비판이 가능하다.

통상임금이 근로자의 근로가치를 산정해 내기 위한 필요성 때문에 형성된 개념으로 볼 경우,[163] 과연 정기상여금의 지급에 있어 재직기간을 기준으로 하여 월할계산하는 정기상여금은 근로의 가치 평가에 해당하고, 근로일수를 기준으로 하여 일할 계산하는 정기상여금은 그러하지 않다고 평가할 수 있을까?

오히려 대법원은 해당 정기상여금이 미리 예정해 놓은 근로자의 근로가치를 나타내주는 금원인가를 살폈어야 했다고 본다. 이러한 점에서 고정성

---

163) 독일에서의 추가 수당 산정에서도 근로의 가치를 평가하게 된다(Hromadka/Maschamann, Arbeitsrecht, Bd.1, 2005, S.236).

요소에 대한 법원은 해석론은 지나친 형식논리적 해석론이라는 비판이 가능하다.

(2) 고정성 요소에 대한 해석론 상의 문제점

금아리무진 사건 판결에서 보여준 대법원의 고정성 판단과 해석론은 통상임금 또는 평균임금과 같은 도구개념의 해석론을 치밀하게 고려하지 못했고, 그 결과 형식논리에 치중한 판단이 되고 말았다.

통상임금과 평균임금은 모두 도구개념이라는 점에서 동일하다. 이러한 도구개념을 해석함에 있어 중요한 것은 그 도구를 사용하여 지급하게 되는 본래의 목적제도의 취지가 올바르게 살아나도록 하는 일이다. 이를 위해 평균임금은 해당 근로자의 실질적인 생활수준을 반영할 수 있어야 하고, 통상임금은 해당 근로자의 근로가치가 잘 반영될 수 있어야 한다. 만약 형식적인 해석을 통할 경우, 그러한 개념도구로서의 의미를 잘 살릴 수 없다면, 유연한 해석을 통해 본래의 제도취지를 살리도록 해야 한다. 법원도 이러한 점을 충분히 알고 있으며 또한 그렇게 해석하여 왔다. 예컨대 평균임금의 개념은 근로기준법에 명정되어 있음에도 불구하고, 경우에 따라서는 해당 규정의 내용을 유연하게 해석한다. 예컨대 법원은 평균임금의 개념을 퇴직금 산정 사안에 적용함에 있어 “퇴직금제도는 근로자의 통상의 생활을 종전과 같이 보장하기 위한 것이므로, 퇴직금 지급 사유가 발생하였을 때 그 지급하여야 할 금액의 산출 기초가 되는 ‘그 사유가 발생한 날 이전 3개월간에 그 근로자에 대하여 지급된 임금’이 특별한 사유로 인하여 통상의 경우보다 현저하게 많을 경우에도 이를 그대로 평균임금 산정의 기초로 삼는다면 이는 근로자의 통상의 생활을 종전과 같이 보장하려는 제도의 근본취지에 어긋난다고 하지 않을 수 없다.”[164]고 설시하고 있다. 비록 명문의 규정은 사유발생일전 3개월이라고 되어 있지만, 평균임금이라는 도구 개념 자체가 ‘근로자의 통상적인 임금수입과 그에 따른 생활수준을 가늠할 수 있도록 하는 데 기여하기 위해 도출된 기준금액’이라는 점을 고려했기 때문이다.[165]

---

164) 대판 2006. 11. 9, 2006다42313.
165) 대판 1998. 1. 20, 97다18936 등 참조.

이렇듯 엄격한 요건해석이 필요할 것 같은 상황에서 법원이 유연한 개념요건 해석을 하게 된 배경에는 바로 앞서 설명한 평균임금개념의 '도구성'이 있다. 실제로 근로기준법 상 정의내려진 평균임금의 개념 정의를 살펴보면, 평균임금의 제도적 취지보다는 계산방식을 기재한 것에 불과하다는 점을 알 수 있다. 따라서 도구개념의 해석에서 중요한 것은 그 도구를 사용하여 지급하게 될 '본래의 제도가 왜곡되지 않도록 하는 것'이다.

통상임금은 근로자의 통상적인 근로에 대한 금전적 가치를 평가하기 위해 도출된 기준금액이다. 근로의 가치를 시간당으로 산정해 두어야, 추가적인 노동력의 제공이 이루어지는 경우 그에 대한 대가를 산정하여 줄 수 있기 때문이다. 이러한 목적을 달성하기 위해 창출된 도구개념이 바로 통상임금이다. 따라서 이러한 취지를 잘 살릴 수 있도록 통상임금의 개념해석은 유연하게 이루어질 수 있다고 보아야 한다.

그런데 금번 금아리무진 사건 판결에서 대법원은 도구개념의 해석론에 충실하지 못했다. 요컨대 구체적인 노사관계 현실을 감안하여 해당 정기상여금이 가지는 본질적인 의미를 찾았어야 했다. 그리하여 해당 금원이 사전적으로 근로자의 근로가치를 예정해 둔 것인지를 살폈어야 했다. 이러한 데 대한 충분한 고려 없이 단지 겉으로 드러난 고정성 판단 공식을 적용한 것은 타당하지 않다. 대법원은 통상임금의 제도적 기능과 의미를 고려하여, 법관법으로서 고정성 개념을 형상화해 놓았다. 그렇지만 정작 그 고정성이 해석과 적용에 있어서는 대법원이 통상임금의 제도적 기능과 필요성을 고려하지 않은 셈이 되었다.

(3) 입법기술적 문제점

앞서 설명한 바와 같이 평균임금은 근로자의 실질적인 생활수준을 반영하는 것이어야 하고, 그 방식으로 입법자는 근로기준법 제2조 상의 계산방식을 인위적으로 설정해 놓았다고 할 수 있다. 통상임금은 근로자의 근로가치를 반영하여야 하고, 그 방식으로 근로기준법 시행령 상에 설정해 두었다고 말할 수 있다. 그런데 문제는 평균임금의 계산방식과 달리 통상임금의 산정은 대단히 추상적이며 모호하다는 데 있다. 실제 노동현장에서 실무자들은 엄청나게 자주 통상임금을 기초로 하여 가산임금을 산정하여 지급하여야 하는데, 이렇게 모호한 개념을 두어서는 혼란만 가중될 수밖에 없다. 누구하나 자신있게 통상임금을 계산해 낼 수 없을 지경이다. 특히 통상임금이 기초가 된 가산임금지급문제가 노동형벌의 대상이 된다는 점에서 보면 문제의 심각성은 더해진다. 적어도 평균임금의 정의 규정만큼이나 기술적으로 명료한 개념제시가 필요해 보인다. 요컨대 근로의 가치를 징표한다는 취지에서 기술적으로 이러저러한 산정방식을 제시하면 된다.[166] 그 보다 간편하고, 실질적으로 가장 효율적인 것은 노사 간 단체협약 등으로 합의해 놓은 바가 될 수 있을 것이다.[167]

Ⅴ. 소 결

1. 통상임금의 고정성은 법원이 단지 해석을 통해서 인정해 오고 있다. 고정성이란, 실제 근로여부나 근무성적에 따라 지급되는 금원의 액수가 달라지지 않는 것을 말한다. 그러니까 통상임금은 사전적으로 미리 확정된 금원으로서의 속성을 가져야 한다는 것이다. 비록 시행령이기는 하지만 명문의 개념 정의 문언 상 발견할 수 없는 이러한 고정성 요소를 법원이 인정하는 근거는 다음과 같다.

2. 통상임금은 각종 가산 수당을 지급함에 있어 기준으로 활용하기 위해 창출된 도구개념이다. 다만 특정업무에 종사하는 근로자의 근로에 대하여 사전적으로 지급하기로 예정된 금품으로서 본질을 가지며, 이는 사실상 해당 업무종사 근로자의 근로 가치를 미리 획정해 놓은 것이라 할 수 있다. 그래야만 추가적인 근로제공에 대하여 합리적인 가산금액을 산정할 수 있다. 또한 사후적으로 지급받은 모든 임금을 계산의 대상으로 하는 평균임금은 본질적으로 가변적인 속성을 가진다. 사후적으로 실제 받은 임금이 통상

166) 예컨대 평균임금의 경우, 최종 3개월 동안 지급받은 임금을 산정 대상으로 하는데, 굳이 최종 3개월이어야 하는 법이론적 당위성은 없다. 단지 입법자가 그렇게 결단을 내린 것이다. 통상임금도 마찬가지이다. 근로의 가치를 징표하면 족하고, 그 방식은 명료하게 입법자가 정해 주면 된다고 본다.

167) 그러나 우리 법원은 당사자 간의 통상임금에 대한 합의의 효력을 부인한다. 비교법적으로 보나, 통상임금의 제도적 필요성으로 보나 이러한 법원의 판단은 대단히 의문이 아닐 수 없다. 이 점에 대하여는 후에 다시 다루기로 한다.

의 경우보다 더 많을 수도, 혹은 더 적을 수도 있기 때문이다. 통상임금은 이러한 평균임금이 가변성을 보완하여, 평균임금의 최저기준으로 기능하기도 한다. 이러한 통상임금의 필요성과 기능에 비추어 보면, 통상임금은 반드시 사전적으로 미리 확정될 수 있는 것, 즉 고정성이 갖추어져야 함을 알 수 있다. 통상임금의 고정성 요소를 법원이 발견해 내고, 이를 해석상 견지하는 이유가 바로 여기에 있는 것이다.

3. 최근 금아리무진 사건에서 대법원은 정기상여금을 통상임금에 포함시켜야 한다는 취지의 판결을 하였다. 정기상여금은 고정성이 인정될 수 없어 통상임금에 포함시키지 아니하였던 종래 대법원 판결과는 상반된 것이었고, 이것이 바로 논란을 유발한 원인이 되었다. 하지만 이러한 기존의 평가는 잘못된 것이다. 적어도 고정성에 관한 한 대법원의 해석론은 과거나 현재나 바뀐 것이 없다. 기본적으로 대법원은 '근무 여부에 따라' '그 지급 여부가 달라지는 것'에 대하여는 고정성 흠결을 이유로 통상임금에 포함시키지 않는다. 특히 종래 자주 문제가 된 월차수당[168]과 주휴수당 혹은 정기상여금의 경우, 주로 개근여부나 근무일수에 따라 그 지급 여부가 결정되는 것이었다. 근무일수란, 결국 근로제공여부를 기준으로 삼는다는 것을 뜻하므로, 가변적인 것이고, 따라서 고정성을 인정할 수 없게 된다. 하지만 최근 논란이 된 금아리무진 정기상여금의 경우는 종래 자주 문제되어 온 정기상여금의 경우와 비교할 때 지급 계산 방식과 다르다는 데 주목할 필요가 있다. 즉, 금아리무진 사건의 경우 정기상여금은 실제 근로일수가 아니라, '재직기간'을 기준으로 하여 월할계산하여 지급하는 방식을 취하고 있다. 재직기간은 실제 근로 여부와 상관없이 계산되는 것이므로 고정성이 긍정될 수 있었던 것이다.

4. 이러한 법관의 해석론은 비록 논리적으로 일관된 면은 있지만, 노동현실과 지나치게 괴리된 모습을 보여주고 있다. 당장 의료보험조합 사건과 금아리무진 사건을 비교해 봐도 알 수 있다. 비록 정기상여금의 지급방식과 산정방식이 각각의 사례에서 달리 나타나고 있지만, 그 본질에 있어 정기상여금이 갖는 의미는 근로자나 사용자가 모두에게 있어 동일한 것으로 보아

168) 대판 2005. 9. 9, 2004다41217.

야 한다. 하지만 단지 계산방식이 다르다는 것을 두고, 본질적으로 다른 속성의 금원으로 평가하는 것은 법적 혼란만 유발할 따름이다.

5. 판례에서 지적되었듯이, 통상임금의 기능과 필요성, 그리고 근로기준법 상의 입법취지에 비추어 통상임금은 가변적인 속성의 임금일 수는 없다. 사전적으로 확정될 수 있는 고정적인 임금이어야 한다. 그러나 고정성 요소에 대한 해석을 함에 있어 중요한 것은 고정성 그 자체의 충족이 아니라, 본질적으로 해당 금품이 근로자의 근로가치를 반영하기 위한 것인가를 면밀히 살피는 일이다. 비록 해당 금품이 고정성을 가지고 있더라도, 처음부터 근로의 가치평가액으로서 평가할 수 없다면, 마땅히 이를 배제하는 것이 옳다. 법원은 금아리무진 사건에서 문제된 정기상여금의 고정성을 판단함에 있어서도 이러한 점을 염두에 두었어야 했다.

제6절 소결: 통상임금의 개념 요소에 대한 법이론적 재평가

Ⅰ. 도구개념으로서의 통상임금 해석방식

1. 도구개념(Mittelsbegriff)에 대한 해석방법론

“도구(Mittel) 그 자체가 곧 목적(Zweck)일 수는 없다.”

각종 법령에서는 일정한 사회정책적 목적을 달성하기 위해 법제도를 구비해 놓게 된다. 그 법제도를 온존하게 시행하는데 필요한 경우 인위적으로 도구개념을 창설하는 경우가 흔히 있다. 그 대표적인 예가 평균임금 또는 통상임금이라는 개념이다. 평균임금이나 통상임금이라는 개념은, 그 자체로서 노동법적 제도실현적 의미를 가지는 것이 아니다. 오히려 퇴직금지급제도 또는 연장근로수당제도라는 법정책적 제도를 올바르고 합리적으로 구현하도록 하기 위해 도구적 차원에서 만든 것이다.

이러한 도구적 개념은 당초 구현하고자 하는 제도의 특징과 내용에 부합하도록 해석되고, 적용되어야 한다. 도구와 제도가 지향하는 목적이 상호 괴리되거나, 전도되는 경우는 없어야 한다. 도구는 궁극적으로 그 제도가 지향하는 목적을 충분히 합리적으로 구현시킬 수 있도록 해석, 적용되어야 옳다. 따라서 도구개념에 대한 '독자적'인 해석론은 대단히 위험할 수 있다. 왜냐하면 당초 제도의 목적을 올바르게 구현할 수 없게 될 위험이 크기 때문이다. 그러므로 당초 그러한 도구개념을 통해 구현하고자 하는 제도목적을 먼저 분명히 하는 것이 매우 중요하다.

2. 통상임금의 도구개념적 해석방법론

앞서 언급한 바와 같이 평균임금이라는 개념이나 통상임금이라는 개념이나 그 개념 자체가 독자적인 임금 형태가 아니고, 오히려 노동법상에서 보장하고 있는 급여금의 지급을 산정하는데 필요한 산정기준이라는 사실이다. 예컨대 평균임금은 근로자에 대한 퇴직금,[169] 휴업수당,[170] 연차유급휴가수당,[171] 재해보상금[172] 및 근로자에 대한 제재로서의 감급액[173] 그리고 산재보험법 상에서 규율하고 있는 보험급여[174]를 '산출'하는 데 제공되는 '기준'인 것이다.

다른 한편 통상임금은 통상의 근로일이나 근로시간에 대해 통상적으로 지급되는 임금, 즉, 약정된 시간급, 일당 등을 말한다. 그런데 이러한 통상임금은, 기준 근로일이나 근로시간을 초과하는 것에 대한 대가를 계산하기 위한 기준으로 사용되는 개념이다. 주로 연장근로나 야간근로, 휴일근로 등 근로자에게 특수한 상황에서의 근로 제공에 대한 대가로서, '추가적인' 급여가 지급되어야 하는 상황을 염두에 둔 것이다. 요컨대 가산임금을 지급해야 하는 경우, 그 가산임금의 구체적인 액수를 산정하는 사용되는 개념이 바로 '통상임금'이다.

평균임금과 통상임금의 내용을 어떻게 파악하느냐에 따라 급여금의 산출

---

169) 근로자퇴직급여보장법 제8조 제1항.
170) 근로기준법 제46조.
171) 근로기준법 제60조 제5항.
172) 근로기준법 제79조 내지 제85조.
173) 근로기준법 제95조.
174) 산업재해보상보험법 제39조 내지 제43조.

액은 달라진다.[175] 평균임금이나 통상임금이 높다는 것은, 그 자체로서 의미를 갖는다기 보다는 그 금액이 높음에 따라 실제로는 노동법상 지급되어야 할 특정 급여의 액수가 높게 결정된다는 것을 뜻하게 된다. 그런데 통상임금과 평균임금에 관한 개념을 해석하는 데 있어, 각각 근로기준법 시행령 제6조와 근로기준법 제2조 상의 명문규정을 지나치게 문언적으로만 해석을 하는 경향이 있다. 실은 통상임금과 평균임금이라는 개념을 새롭게 형성한 이유를 살펴서, 그 개념 형성의 목적에 부합하도록 해석하는 것이 필요하다.

3. 평가 및 소결

통상임금의 개념 요소로서, (i) 소정근로 또는 총 근로의 대가성, (ii) 정기성, (iii) 일률성, (iv) 고정성에 관하여 자세히 설명하였다. 물론 그 이전에 근로의 대가로서 임금의 속성을 가진 금원임은 당연히 전제되어 있다. 위에서 언급한 (i) 내지 (iv)의 개념 요소들은 사실상 하나의 기능적 관련성 하에 놓여 있음을 알 수 있다. 이러한 요소들이 밀접하게 관련되어, 궁극적으로는 특정 업무에 종사하는 모든 근로자의 근로에 대하여 미리 산정해 놓은 '근로가치'를 반영하게 된다.

소정근로의 대가성은, 근로계약 상에 미리 규격화해 놓은 사전적 근로의 대가임을 말하는 것이고, 통상임금은 사전적으로 정해 놓은 임금이므로 가장 전형적인 정기불원칙의 적용대상이라고 할 수 있다. 나아가 규격화된 통상근로의 가치를 미리 평가해 놓은 것이므로, 당연히 고정적인 임금으로서의 속성을 가지게 된다.[176] 그리고 일률성이라는 개념 요소로부터, 근로가치로서의 통상임금은 개별적인 근로자의 구체적인 근로능력 평가가 아니라, 특정 업무에 소속되어 근로를 제공하게 될 모든 근로자에게 공통으로 기대되는 근로가치평가액이어야 함을 알 수 있다. 해당 업무에 종사하는 모든 근로자에게 기대되는 공통된 근로가치를 산정한 것이고, 개별 근로자의

---

175) 김형배, 노동법, 2013, 372면.

176) 통상임금은 해당 업무종사 근로자들의 근로가치에 대한 평가로서 사전적인 속성을 가진다. 그러므로 실제 근로를 어떻게 어느 정도 제공하였는가와 밀접하게 관련된 사후적인 임금과는 관련이 없다. 따라서 사후적인 실제 근로제공의 양과 질에 따라 그 임금액이 가변적일 수도 없다. 즉, 처음부터 고정적인 속성을 지니게 되는 것은 당연한 것이다.

속성에 따라 지급여부가 정해지는 것은 업무에 대한 근로가치평가가 아니라 해당 근로자에 대한 근로가치평가가 되고 만다. 일률성 요건으로 인해, 현행 근로기준법 상의 통상임금은 '근로'의 가치를 징표하는 것이지, '근로자'의 가치를 평가하는 것은 아님을 유의할 필요가 있다.

결국 통상임금의 개념 요소로서 열거되고 있는 4가지 요소(소정근로의 대가/정기성/일률성/고정성)는 '해당 업무종사 근로자의 근로에 대한 가치평가'를 반영한 금원인가에 올바르게 대답하기 위한 '세부적 지표'라고 할 수 있다. 다시 말하면, 통상임금인가 여부를 판단함에 있어, 위의 네 가지 개념요소를 동시적으로 고려함으로써, 가장 효율적으로 근로의 가치평가기준성 여부를 판단할 수 있게 된다.

Ⅱ. 정기상여금의 통상임금해당성 관련 분쟁의 의미 재평가

1. 정기상여금에 대하여도 통상임금 산정에서 포함되어야 할 고정적 임금으로 해석하면서, 노동현장에서 많은 논란을 불러 일으켰고, 아울러 학계에서도 주목받고 있다.[177] 종래 정기상여금에 관한 대법원의 판례는 주로 가변적인 사후적 임금에 관한 것이었던 반면, 최근 금아리무진 사건 판례는 비례적이기는 하지만 고정적인 임금으로서의 속성을 가지는 상여금에 관한 것이었다는 점에 유의해야 한다. 따라서 정기상여금에 대하여 판례가 본질적으로 변경되어, 이제 통상임금의 개념 범위 내에 포섭시켜야 한다는 것으로 이해하는 것은 지나치게 앞서가는 주장이며 설득력이 없다.

2. 그럼에도 불구하고 이 판례가 지니는 해석론적 의미와 당사자에게 미치는 현실적 파급영향이 매우 크다고 할 수 있다. 이 판례를 계기로, 통상임금을 기준으로 지급되어야 할 많은 수당들이 오계산된 것이 되고, 이를

177) 이 판결에 대하여 대법원이 '정기상여금은 통상임금이다'라고 직접적으로 명백히 언급한 바가 없으므로 정기상여금의 고정성을 인정한 판례로 평가할 필요는 없다는 견해도 있다(이정, "통상임금에 대한 판례법리의 재검토", 노동법학, 제43호, 한국노동법학회, 2012, 201면).

추후 되돌려 받을 수 있게 된다는 점에서 근로자들에게는 반가운 일이 아닐 수 없다. 하지만 반드시 그렇지 만은 않을 것 같다. 왜냐하면 관련 분쟁의 소지를 안고 있는 사용자들 중에는 "향후에는 아예 상여금을 지급하지 않겠다. 그러면 간단한 거 아니냐?"고 되묻곤 하기 때문이다. 상여금을 지급받지 못한다면, 이는 근로자에게 여간 불리한 것이 아니다.

3. 노동법 제도 상에서 아이러니한 결과가 초래되는 경우를 흔히 발견할 수 있다. 예컨대 출퇴근을 위해 제공하는 회사차량에서 재해가 발생하면, 업무상 재해로 평가받게 된다. 이러한 사실을 두고, "아예 사용자가 근로자를 위한 출퇴근 차량을 제공하지 않으면 그런 걱정을 할 필요도 없는 것 아닌가?"라고 지적하는 것도 같은 맥락에 있다.

제 6 장
임금결정메커니즘과 통상임금결정메커니즘

제1절 임금결정메커니즘과 노동법적 규제

Ⅰ. 논의의 방향 및 개요

"임금의 수준은 '어떻게' 정해지는가?" 임금결정메커니즘을 해명하는 것은 바로 이러한 물음에 대답하는 것에 다름 아니다.

임금결정메커니즘과 임금 지급 방식 등 임금에 대한 노동법적 규제는 본질적으로 구별된다. 임금결정메커니즘은 임금을 확정하는 과정을 뜻하고, 임금지급방식이나 그 채권에 대한 보호 등은 이미 규범적으로 '확정'된 임금에 대한 보호이기 때문이다. 따라서 임금결정메커니즘은 임금의 내용을 구체적으로 결정하는 일련의 내부과정체계라고 할 수 있는 반면, 임금채권에 대한 보호나 지급방식의 문제는 이미 결정된 임금을 어떻게 '취급'해야 하는가에 관한 노동법적 규제에 관한 것이다.

흥미로운 점은 임금이 근로계약 상 가장 중요한 반대급부 내용이고, 근로자의 근로제공 '이유'이기도 한데, 정작 임금에 대한 노동법적 규제는 외부적인 지급 방식에 집중되어 있다는 사실이다. 이는 다른 한편 임금의 구체적인 액수 등 그 구체적인 임금 내용을 확정하는 과정에서 노동법적 규제는 대단히 소극적이라는 것을 뜻한다. 근로기준법에서는 임금의 구성항목 · 계산방법 · 지급방법 등에 대하여는 이를 명시한 서면을 근로자에게 교부하여야 하고, 다만, 단체협약 또는 취업규칙의 변경 등 대통령령으로 정하는 사유로 인하여 변경되는 경우에는 근로자의 요구가 있으면 그 근로자에게 교부하여야 한다고 규정하고 있다.[1] 이 역시 임금 그 자체에 대한 규제이지, 임금이 결정되는 과정에 개입하는 규제는 아니다. 임금의 구성항목이든 계산방법이든 지급방법이든 기본적으로는 당사자 간의 계약적 합의를 바탕으로 하게 되며, 이에 대한 서면작성과 근로자에 대한 제시필요성을 노동법적으로 제시하여 놓고 있을 뿐이다.

---

1) 근로기준법 제17조 제1항 제1호, 동조 제2항 참조.

Ⅱ. 임금에 대한 합의

1. 노사 합의를 통한 임금결정

임금의 결정은 원칙적으로 노사합의에 따른다. 근로자와 사용자의 근로계약 체결에 있어 임금은 가장 중요한 합의사항이 된다. 다만 이때 근로자의 계약당사자로서의 지위가 사용자에 비해 열위에 있어서, 이러한 계약적 비대등성을 극복하기 위해 노동조합을 결성할 수 있도록 하였다. 오늘날 노동조합과 사용자 간의 합의 즉, 단체협약이 임금의 구체적인 내용을 결정하는 기본 원리다.

2. 묵시적 합의를 통한 임금결정

비록 보수로서 임금에 대한 당사자 간의 합의형성은 근로계약의 본질적 구성요소이지만, 만약 당사자 간에 보수로서 임금에 관한 합의가 결여되거나, 이것이 무효가 되면,[2] 직무수행(Dienstleistung)이 사정에 따라 보수의 지급에 관한 묵시적(stillschweigend) 합의가 있는 것으로 보아야 한다(독일 민법 §612 I BGB). 즉, 독일민법(BGB) 제612조 제1항의 의제를 통해 계약이 보수에 관한 합의의 결여로 무효가 되지는 않는다. 이때 묵시적인 당사자 간의 임금합의의 구체적인 내용은, 노무제공(Arbeitsleistung)의 관행(Verkehrssitte), 노무제공의 범위와 그 지속기간, 그리고 노무의 정기적인 제공 여부나, 근로제공의무자의 노동력제공에 있어 적격성이나 완전성 등이 고려되어야 한다.

---

2) BAG 10.3.1960 AP Nr. 2 zu §138 BGB; 5.8.1963 AP Nr. 20 zu §612 BGB; 25.1.1989 AP Nr. 2 zu §2 BeschFG 1985; 28.9.1994 AP Nr. 38 zu §2 BeschFG 1985.

Ⅲ. 임금에 관한 노동법적 규제

1. 형식규제

사용자가 근로계약을 체결하면서, 그 노동력 제공자에게 지불하게 되는 보수에 대하여는 명시적인 합의를 하게 된다. 이러한 합의는 명시적 또는 묵시적으로 이루어질 수 있으나, 현행 근로기준법에서는 근로계약의 내용 중 임금에 관하여는 이를 서면으로 기재하도록 하고 있다. 즉, 사용자는 근로계약을 체결할 때에 근로자에게 특히 임금의 구성항목과 그 계산방법 그리고 임금의 지급방법에 대하여는 이를 반드시 서면으로 명시하고 근로자의 요구가 있으면 그 근로자에게 교부하여야 한다.

근로기준법 제17조 (근로조건의 명시)

사용자는 근로계약을 체결할 때에 근로자에게 임금, 소정근로시간, 제55조에 따른 휴일, 제60조에 따른 연차 유급휴가, 그 밖에 대통령령으로 정하는 근로조건을 명시하여야 한다. 이 경우 임금의 구성항목 · 계산방법 · 지급방법, 소정근로시간, 제55조에 따른 휴일 및 제60조에 따른 연차 유급휴가에 관한 사항은 서면으로 명시하고 근로자의 요구가 있으면 그 근로자에게 교부하여야 한다.

근로기준법 시행령 제8조 (명시하여야 할 근로조건)

① 법 제17조 전단에서 "그 밖에 대통령령으로 정하는 근로조건"이란 다음 각 호의 사항을 말한다.

1. 취업의 장소와 종사하여야 할 업무에 관한 사항
2. 법 제93조제1호부터 제12호까지의 규정에서 정한 사항
3. 사업장의 부속 기숙사에 근로자를 기숙하게 하는 경우에는 기숙사 규칙에서 정한 사항

2. 내용 규제(Inhaltskontrolle)

(1) 차별금지원리와 임금 내용 규제

1) 헌법 상의 임금 내용 규제 원리

현행 헌법 제32조 상에서는 임금제도와 관련하여 다음 세 가지 원리를 기본권 차원에서 언급하고 있다. 첫 번째는 적정임금의 보장원리(헌법 제32조 제1항)이고, 두 번째는 최저임금보장원리이며(헌법 제32조 제1항), 세 번째는 임금과 관련하여 여성근로자에 대한 부당한 차별을 금지하도록 하는 차별금지원리(헌법 제32조 제4항)이다.

2) 임금에 있어 차별금지원칙과 '근로기준법'

임금에 있어 노동법적 규제로 가장 대표적인 것은, 차별금지원칙이다. 임금지급에 있어 차별은 금지된다. 즉 동일한 조건 하에서 근로자에 대한 임금은 동일하여야 한다. 이른바 동일임금원칙이 적용되는 것이다.[3] 이와 관련하여 우선 우리 헌법 제32조 제4항에서는 여성 근로자에 대한 임금에 있어 부당한 차별을 금지하고 있다. 그리고 현행 근로기준법 제6조에서는 "사용자는 근로자에 대하여 남녀의 성을 이유로 차별적 대우를 하지 못하고, 국적 · 신앙 또는 사회적 신분을 이유로 근로조건에 대한 차별적 처우를 하지 못한다."고 규정하고 있다.

> **헌법 제32조**
> ④ 여자의 근로는 특별한 보호를 받으며, 고용 · 임금 및 근로조건에 있어서 부당한 차별을 받지 아니한다.

임금에 있어 차별금지원칙은 외국의 입법례에서도 흔히 발견된다. 임금에 있어 차별금지에 대하여 1980년 8월 13일 유럽연합수정법(EG-Anpassungsgesetz (BGBl. I S. 1308))에 규정을 두면서, 유럽연합회원국들은 해당 원칙을 법규정으로 국내법화해야 할 의무가 있었다. 독일은 처음에는 이러한 원리를 민법(BGB) 상에 규정해 놓았다. 즉 독일 민법 제612조 제3항에 임금지급에 있

3) BAG 19.8.1992 AP Nr. 102 zu §242 BGB Gleichbehandlung = NZA 93, 171.

어 차별금지원칙을 명시해 놓았다. 또한 독일 민법 제134조에 의거, 동일임금지급원칙에 반하는 노사 당사자 개인 또는 노동조합과 사용자 간의 사업장협약(Individual- oder Kollektivvereinbarungen)은 선량한 풍속 기타 사회질서에 반하는 것으로서 무효가 된다.[4] 이후 독일은, 평등대우원칙의 실현을 위한 유럽지침의 전환에 관한 법률(Gesetz zur Umsetzung europäischer Richtlinien zur Verwirklichung des Grundsatzes der Gleichbehandlung) Art. 3 Nr. 14를 통해서 독일민법(BGB) 제612조 제3항을 삭제하고, 이른바 일반원칙법규를 따로 마련하였다. 그것이 바로 일반평등대우법이다. 오늘날 독일에서는 일반평등대우법(AGG) 제1조 및 제7조로부터 임금동일지급의 원칙이 도출된다고 본다. 구체적으로 일반평등대우법(AGG) 제1조에 따르면, 인종을 이유로 한 또는 출신 민족(ethnische Herkunft), 성별, 종교나 세계관(Weltanschauung), 장애(Behinderung), 나이 내지 성적 정체성으로 인한 불이익(Benachteiligung)은 배제된다.

3) 차별의 합리적 사유에 관한 판단

또한 남녀 성별에 따른 상이한 임금의 지급은 AGG 제8조 제1항에 의거, 수행되어야 할 업무의 내용이나 특성 그리고 그 업무수행을 위한 조건 때문에 본질적으로 성별을 구별하는 것이 필요적으로 요구되는 경우에만 허용된다. 따라서 근로자가 예컨대 성별이나 국적, 사회적 신분을 이유로 하여 임금의 내용에 있어 차별이 있어서는 안 된다. 동일한 근로조건과 내용을 전제로 하는 한, 근로자가 여성이든, 남성이든 동일한 임금을 받아야 한다. 임금에 있어 차이가 있다면, 그것은 합리적 이유를 근거로 한 것이어야 한다. 예컨대 독일 연방노동법원은 여성근로자의 수행업무가 그 특성상 육체적 업무활동량이 상대적으로 적었던 상황에서 사용자는 이를 근거로 하여 해당 업종 근로자에 대한 임금을 적게 지급하였는데,[5] 이에 대하여 법원은 비록 그 업종의 특성상 여성근로자들이 많은 경우에라도 해당 업무수행이 갖는 고유한 성격에 비추어 그러한 차별은 합리적 이유가 있는 것으

---

4) Vgl. BAG 23.9.1992 AP Nr. 1 zu §612 BGB Diskriminierung = NZA 98, 891; 16.6.1993 AP Nr. 26 zu §2 BeschFG 1985.

5) EuGH 1.7.1986 AP Nr. 13 zu Art. 119 EWG-Vertrag.

로서 유효하다고 판단하였던 바가 있다(rechtswirksam).[6]

한편 독일연방노동법원(BAG)은 업무수행 장소와 관련하여, 여성근로자의 임금을 남성근로자의 임금보다 적게 지급한 것에 대하여 판단한 바가 있었다. 즉, 특정 여성 근로자의 근로장소가 그 여건 면에서 다른 남성 근로자에 비해 우월한 경우에, 그러한 근로환경 상의 조건등을 고려(Berücksichtigung der Umwelteinflüsse)하여, 해당 업무에의 종사가 상대적으로 용이하고 강도면에서 약하다고 판단하는 것은 잘못이 아니라고 한다. 다만, 연방노동법원은 근로장소에 대한 환경평가를 충분히 하지 아니하고, 단지 남성 근로자에게만 수당(Zulage)을 지급하고, 해당 여성 근로자들에게는 이를 제외한 사례에서, 이는 남성 근로자의 일부에 대해서만 우대(Bevorzugung)의 근거가 존재하는 경우로서 여성들이 불리하다는 추정을 할 수 있다고 판시한 적도 있다.[7] 따라서 차별에 있어 합리적 사유가 존재하는 것인가 여부는 매우 실질적이면서도 면밀하게 판단되어져야 한다.

4) 평 가

임금차별금지원칙은 일반적으로 받아들여지는 노동법상의 원리이다. 임금차별금지원칙은 다만 임금결정메커니즘이라는 관점에서 보면 매우 이례적이라고도 할 수 있다. 왜냐하면 노사 당사자가 합의로써 정해 놓은 임금의 구체적인 결정액을 변경시키는 결과를 초래하기 때문이다. 말 그대로 임금내용에 대한 규제가 된다. 예컨대 운전업무에 종사하는 여성 근로자에 대하여, 월급을 170만원으로 정해 놓았다면, 일단 월급이 왜 170만원이어야 하는가와 같은 의문에는 답할 이유가 없다. 노사 당사자가 해당 업무의 내용과 근로조건 등을 종합적으로 고려하여, 근로계약에 관한 합의를 하였기 때문이다. 하지만 그 월급이 동일한 근로조건 하에 놓인 남성 근로자에 비해 30만원이 적고, 그 30만원이 적은데 대하여 합리적 사유를 찾을 수 없다면, 해당 여성근로자의 임금은 200만원이 된다. 결국 임금내용에 대한 노동법적 규제가 이루어지는 셈이다.

---

6) BAG 15.1.1955 AP Nr. 4 zu Art. 3 GG.

7) BAG 11.9.1974 AP Nr. 39 zu §242 BGB Gleichbehandlung; 9.9.1981 AP Nr. 117 zu Art. 3 GG.

(2) 임금의 '하한'에 대한 규제와 '최저임금법'

1) 임금 결정의 최저 기준과 계약내용의 자유에 대한 제한

임금의 수준과 관련하여 우선 헌법 상 적정임금을 보장하도록 하고 있는바, 사실 어떤 수준의 임금을 적정임금이라고 볼 수 있을지는 대단히 모호하며, 이에 따라 국가로 하여금 노력의무를 부과하고 있다.

원칙적으로 임금의 수준을 어느 정도로 정할 것인가에 관하여는 계약자유원칙이 적용된다. 하지만 지나치게 적은 보수가 약정된다면, 이것은 공서양속에 반하는 경우로서 우리 민법 상 무효로 판단될 여지는 남아 있다. 마찬가지로 독일민법(BGB)의 경우에는 동법 제138조 제2항에 따라 공서양속에 반하는 경우에 그 계약을 무효로 할 수 있다. 이러한 민사법 원리에서 한걸음 더 나아가 최저임금법 상의 최저 임금이나 단체협약에서 달리 정하여 놓은 것이 있다면, 당사자 간의 합의는 그 이상의 경우에만 존중된다. 만약 그 이하로 정해 놓았다면 임금은 최저임금이나 단체협약에서 정해 놓은 임금이 지급되어야 한다. 물론 단체협약 상의 임금이 적용되는 경우란, 당사자들이 단체협약에 구속되는(Tarifgebunden) 경우임을 전제로 한다.[8)]

하지만 국가에 대하여 적어도 최저 임금은 보장하도록 최저임금제 시행을 헌법적으로 명령하고 있다. 헌법 제32조 제1항에서는 국민이 향유해야 할 근로의 권리를 명정하면서, 아울러 국가로 하여금 법률이 정하는 바에 의하여 최저임금제를 시행하도록 의무화하고 있다. 이러한 헌법 상의 명령에 따라 우리나라는 최저임금법이 제정, 시행되고 있다.

헌법 제32조
① 모든 국민은 근로의 권리를 가진다. 국가는 사회적 · 경제적 방법으로 근로자의 고용의 증진과 적정임금의 보장에 노력하여야 하며, 법률이 정하는 바에 의하여 최저임금제를 시행하여야 한다.

---

8) BAG 17.10.1995 AP Nr. 132 zu §242 BGB Gleichbehandlung = NZA 96, 656; 17.11.1998 AP Nr. 162 zu §242 BGB Gleichbehandlung = NZA 99, 606.

2) 최저임금법을 통한 임금내용규제

가. 최저임금법의 입법취지와 목적

앞서 언급한 바와 같이 최저임금제도는 헌법 규정을 통해 - 기본권적 차원에서 - 이미 예정되어 있다는 점에 주목할 필요가 있다. 현행 노동법령상 임금의 구체적인 수준에 대한 강행적 규제는, 그 임금의 '하한'을 규제하는 방식으로 이루어지고 있다. 이러한 하한규제방식을 구체화한 법률이 바로 '최저임금법'이다.

현행 최저임금법 제1조에서는 해당 법체계의 입법목적은 다음과 같이 제시되어 있다. 최저임금은 "근로자에 대하여 임금의 최저수준을 보장하여 근로자의 생활안정과 노동력의 질적 향상을 꾀함으로써 국민경제의 건전한 발전에 이바지하는 것을 목적으로 한다"는 것이다. 앞서 법규정 내용에서도 알 수 있듯이, 최저임금법은 근로자의 '생활안정'을 핵심 목표로 하고 있다.

당사자 간의 계약 내용 형성의 자유를 적어도 최저 임금 수준 이상에서만 허용하는 방식을 취한다는 점이 노동법 체계에서 최저임금법이 갖는 의의라고 할 수 있다. 이에 근거하여 근로자와 사용자는 최저임금법에 기초하여 결정되는 최저임금 수준을 상회하는 임금을 '계약적 합의'의 틀 내에서 확정하게 된다.

나. 최저임금법의 적용범위와 효력

최저임금법은 근로자를 사용하는 '모든' 사업 또는 사업장에 적용하되, 다만, 동거하는 친족만을 사용하는 사업과 가사(家事) 사용인에게는 적용하지 아니한다. 그리고 최저임금법은 선원법의 적용을 받는 선원과 선원을 사용하는 선박의 소유자에게는 적용하지 아니한다(최저임금법 제3조). 이때 "선원"이란 이 법이 적용되는 선박에서 근로를 제공하기 위하여 고용된 사람을 말하며, "선박소유자"란 선주, 선주로부터 선박의 운항에 대한 책임을 위탁받고 이 법에 따른 선박소유자의 권리 및 책임과 의무를 인수하기로 동의한 선박관리업자, 대리인, 선체용선자(船體傭船者) 등을 말한다(선원법 제2조).

최저임금제도를 통해 사용자는 최저임금의 적용을 받는 근로자에게 최저임금액 이상의 임금을 지급하여야 한다(최저임금법 제6조 제1항). 그리고 최저임금의 적용을 받는 근로자와 사용자 사이의 근로계약 중 최저임금액에 미치지 못하는 금액을 임금으로 정한 부분은 무효로 하며, 이 경우 무효로 된 부분은 이 법으로 정한 최저임금액과 동일한 임금을 지급하기로 한 것으로 본다(최저임금법 제6조 제3항).

다. 최저임금액의 산정 문제

현행 최저임금법에서는 다음 어느 하나에 해당하는 임금에 대하여는 최저임금에 산입하지 않도록 하고 있다.[9] 즉, (i) 매월 1회 이상 정기적으로 지급하는 임금 외의 임금으로서 고용노동부장관이 정하는 것, (ii) 「근로기준법」 제2조 제1항 제7호에 따른 소정(所定)근로시간 또는 소정의 근로일에 대하여 지급하는 임금 외의 임금으로서 고용노동부장관이 정하는 것, (iii) 그 밖에 최저임금액에 산입하는 것이 적당하지 아니하다고 인정하여 고용노동부장관이 따로 정하는 것이 바로 그것이다.

근로자의 임금이 최저임금에 미치지 못하는가 여부는 임금의 내용 결정에 관한 노동법 상의 본질적인 규제 사항이다. 아무리 근로자와 사용자 간의 진정한 의사로 합의한 임금이라 하더라도 최저임금에 미치지 않으면 이는 무효이다. 최저임금의 적용을 받는 근로자와 사용자 사이의 근로계약 중 최저임금액에 미치지 못하는 금액을 임금으로 정한 부분은 무효로 하며, 이 경우 무효로 된 부분은 이 법으로 정한 최저임금액과 동일한 임금을 지급하기로 한 것으로 본다(최저임금법 제6조 제3항). 결과적으로 사용자는 최저임금액 이상의 임금을 지급하여야 하는 셈이다. 더 나아가 사용자는 최저임금을 이유로 하여 종전의 임금 수준을 낮추어서도 안 된다.

그런데 정작 문제는 다른 데 있다. 과연 근로자의 임금이 최저임금에 미치지 않는 것인지 여부를 판단하는 대상범위가 어디까지인가 여부가 명확히 되어야 하기 때문이다. 이러한 문제를 두고 현행 최저임금법은 임금 가운데 최저임금에 산입되어서는 안 되는 것들을 열거해 놓고 있는 것이다. 그 중 예컨대 매월 1회 이상 정기적으로 지급하는 임금 외의 임금으로서

---

9) 다만 여객자동차 운수사업법 제3조 및 같은 법 시행령 제3조 제2호 다목에 따른 일반택시운송사업에서 운전업무에 종사하는 근로자의 최저임금에 산입되는 임금의 범위는 생산고에 따른 임금을 제외한 대통령령으로 정하는 임금으로 한다(최저임금법 제6조 제5항).

고용노동부장관이 정하는 것도 이에 해당되며, 「근로기준법」 제2조 제1항 제7호에 따른 소정(所定)근로시간 또는 소정의 근로일에 대하여 지급하는 임금 외의 임금으로서 고용노동부장관이 정하는 것도 이에 포함된다. 그 외에도 최저임금액에 산입하는 것이 적당하지 아니하다고 인정하여 고용노동부장관이 따로 정하는 것이라고 규정되어 있다. 그렇다면 과연 이러한 임금부분은 왜 최저임금 산정에서 제외시킨 것일까? 이점에 대하여 한번쯤 생각해 볼 필요가 있다. 만약 최저임금이 오로지 근로자의 생활안정만을 위한 것이라면 최저임금 여부에 대한 판단 대상이 되는 임금은 근로자의 근로제공에 따른 대가로서 얻어지는 모든 임금이 포함되어야 한다. 현행 최저임금법 제6조에서는 그 중 예컨대 (i) 매월 1회 이상 정기적으로 지급하는 임금 외의 임금과 (ii) 「근로기준법」 제2조 제1항 제7호에 따른 소정(所定)근로시간 또는 소정의 근로일에 대하여 지급하는 임금 외의 임금은 최저임금 산정에서 포함시키지 않도록 하고 있다.

Ⅳ. 임금의 내용규제('차별금지원칙과 최저임금제도') 대상으로서 '임금'의 '사전성'

1. 차별금지법리와 최저임금법리

앞서 임금의 내용결정에 관한 노동법적 규제에 대하여 설명하였다. 정리하자면, 임금의 결정은 노사 간의 합의에 따르도록 하되, 구체적으로 얼마의 임금으로 결정되는가 하는 데 대한 노동법적 규제는 원칙적으로 없다. 다만 임금차별이 있는 경우, 그 차별을 해소하여야 하고, 그 결과 당초의 임금에 관한 합의가 무효로 될 수는 있다. 다른 한편 최저임금제도가 헌법상 예정되어 있고, 하위 법령으로 구체화되어 있다. 따라서 최저임금법의 적용을 통해 노사 당사자 간의 임금에 관한 합의는 일정한 경우 무효가 된다. 즉, 최저임금에 달하지 아니하는 당사자 간의 합의는 처음부터 무효로 된다.

이렇게 최저임금법에 저촉되거나, 임금차별법리에 저촉되지 아니하는 한,

노사 당사자 간에 합의를 통해 결정된 임금의 내용은 존중된다.

2. 임금내용규제법률 상 임금개념의 '사전성'

임금의 내용결정에 대한 규제법률인 최저임금법과 임금차별금지를 규정한 근로기준법 상의 규정을 임금의 시간적 개념유형 차원에서 바라보면, 흥미로운 사실을 알 수 있다. 즉, 여기에서 알 수 있는 사실은 바로 임금내용규제법률에서 제시하고 있는 임금 개념이 사후적인 임금개념이 아니라 사전적 임금개념이라는 점이다.

(1) 최저 임금의 '사전성'

최저임금법 상 해당 근로자의 임금이 최저임금법에 저촉되는지 여부를 판단하는 데 그 대상이 되는 임금은 해당 근로자가 근로를 제공하고 난 이후 사후적으로 취하게 되는 임금이 아니다. 향후 제공될 근로의 대가로서 합의하고 책정하게 되는 사전적 임금이 그 규제의 대상이 된다. 앞서 언급한 바와 같이, 현행 최저임금법 제6조에서는 그 중 예컨대 (i) 매월 1회 이상 정기적으로 지급하는 임금 외의 임금과 (ii)「근로기준법」 제2조 제1항 제7호에 따른 소정(所定)근로시간 또는 소정의 근로일에 대하여 지급하는 임금 외의 임금은 최저임금 산정에서 포함시키지 않도록 하고 있다. 즉, 최저임금 위반 여부에 대한 평가는 당초 근로계약 상 반대급부로서 지급되어야 할 임금을 대상으로 하게 된다. 따라서 근로의 대가라고 할 수는 있지만, 사후적으로 지급받게 되는 야간근로나 연장근로에 따른 가산임금 부분은 최저임금 평가에서 제외된다. 임금의 수준으로서 최저임금을 상회하는 것인가 여부는 해당 근로자에게 '근로계약 체결과정에서 미리 지급이 예정된 임금과 소정근로시간이나 소정근로일에 대하여 지급하는 임금'을 대상으로 하여 이루어져야 한다.

예컨대 근로자가 주간 8시간 근로하는 걸로 하고, 월 90만원의 임금을 지급받기로 당사자 간 근로계약을 체결하였는데, 해당 근로자가 야간근로와 연장근로를 하여 결과적으로 월 150만원을 임금으로서 지급받은 경우, 여전히 해당 근로자와 사용자 간 근로계약은 임금에 관한 최저임금법 위반으로 무효가 된다. 여기에서 임금은, 당초 근로계약에서 사용자가 지급의무로서 부담하는 월 90만원과 실제 사후적으로 해당 근로자가 '임금으로서' 지급받은 월급 150만원은 둘다 - 근로의 대가인 - 임금에 해당하지만, 개념상으로는 구별되어야 한다. 전자는 근로계약이라는 쌍무계약 상 반대급부로서 지급되기로 의무화된 임금이고, 후자는 실제 근로의 대가로서 지급된 임금이기 때문이다. 요컨대 최저임금법 상의 최저임금 상회 여부는 바로 쌍무계약상 반대급부로서 지급되기로 사전적으로 계약상 의무화된 임금을 대상으로 하여 판단하게 된다.

(2) 차별금지원칙과 임금의 '사전성'

우리 헌법 제32조 제4항에서는 여성 근로자에 대한 임금에 있어 부당한 차별을 금지하고 있다. 그리고 현행 근로기준법 제6조에서는 사용자로 하여금 남녀의 성을 이유로 차별적 대우를 하지 못하고, 국적 · 신앙 또는 사회적 신분을 이유로 근로자에 대한 근로조건 상의 차별적 처우를 금지하고 있다. 근로조건 가운데 가장 중요한 것이 바로 근로의 대가로서 '임금'이다.

임금에 있어 성별을 이유로 한 차별이 있다고 하다면, 이때 차별의 판단에서 대상이 되는 임금은 사전적인 임금으로서의 속성을 가지는 것일까 아니면 사후적인 임금으로서의 속성을 가질까? 답은 간단하다. 전자이다. 즉, 여성근로자의 임금과 남성근로자의 임금에 차별이 있다고 하는 것은, 근로의 대가로서 예정해 놓은 임금이 그 산정방식 등이 다르게 설계되어 임금이 차별적으로 지급되도록 된 경우, 소위 임금의 차별금지원칙에 반한다고 평가하게 된다.

이러한 차별의 문제를 근로를 제공하고 난 이후 얻게 되는 사후적인 임금개념으로 평가할 수는 없다. 왜냐하면 여성근로자가 남성근로자에 비해 야간근로 등을 더 많이 하여 실제로 얻은 수입으로서의 임금은 얼마든지 남성근로자에 비해 더 많을 수 있기 때문이다. 차별이 문제되는 것은, 예컨대 야간근로를 하는 경우에도 같은 근로조건 하에서 다른 합리적 차별 이유가 없이 남성근로자의 할증률은 20%이고 여성근로자의 할증률은 10%로 설계해 놓은 경우이다.

3. 규범적 판단의 대상으로서 임금 개념과 '통상임금'

임금은 근로의 대가다. 임금을 근로의 대가 차원에서만 본다면, 이때 임금의 개념은 사후적인 개념에 해당한다. 따라서 평균임금의 개념은 바로 이러한 임금개념과 사실상 동일하다. 그러나 통상임금의 개념은 사전적인 것이다. 통상적인 근로의 제공이 있을 것은 미리 예정한 상황에서 지급이 확정된 금원을 통상임금이라고 한다.

앞서 최저임금법이나 근로기준법 상 차별금지원칙이 적용되는 임금의 개념은, 평균임금과 같은 사후적 개념으로 파악할 수 없다. 오히려 통상임금과 같은 '사전적' 개념의 임금이 바로 내용규제의 대상임을 알 수 있다.

V. 소결: 임금내용결정원리로서 '협약자치원칙'

임금의 수준(내용) 결정 메커니즘은 매우 단순해서, 당사자의 합의를 존중하는 구조이다. 즉, 임금에 대한 결정은 당사자 간의 합의를 통한 계약으로 이루어지므로 계약자유의 원칙이 우선한다.[10] 다만 최저한도의 임금수준에 대한 규제와 임금지급에 있어 차별금지원칙이 있을 뿐이다.

따라서 최저한도의 임금수준을 넘어서는 한, 임금의 구성항목이나 임금수준 등 구체적인 임금 내용에 대한 사항은, 원칙적으로 당사자 간의 협의로 자유롭게 정하여 운영할 수 있다.[11] 그리고 그러한 임금책정이 임금지급에 있어 불합리한 차별에 해당되어서는 안 된다. 이러한 내용규제가 있을 뿐, 임금이 구체적으로 얼마가 되어야 마땅하다는 식의 노동법적 규제는 없고, 또 있을 수도 없다.

예컨대 버스 운전업무를 수행하기 때문에, 임금이 얼마여야 한다는 당위성이 노동법적 규제로서 존재하지는 않는다. 만약 그러한 규제가 가능하다면, 해당 업종에 종사하는 근로자라면 소속 회사가 어디든지 상관없이 동일한 임금을 받아야 한다는 것으로 귀결된다. 현실성도 없고, 논리에도 부합

---

10) BAG 9.11.1971 AP Nr. 36 zu §242 BGB Gleichbehandlung; 23.8.1995 AP Nr. 134 zu §242 BGB Gleichbehandlung = NZA 96, 829.

11) 같은 취지로 하경효, 임금법제론, 2013, 16면 이하.

하지 않는다.

하물며 업무의 내용이나 근로여건에 따라 임금의 수준이 따로 결정되어야 할 법적 당위성은 없다. 예컨대 특정 근로자의 업무가 단순노무이기 때문에 구체적으로 월 150만원 이상이여야 한다는 등의 노동법적 규제도 있을 수 없다. 물론 현실적으로 고온에서 일을 해야 한다거나, 아니면 반대로 저온에서 일을 해야 하는 경우, 또는 습도가 높은 장소에서 계속 근로를 제공하여야 하는 업무의 경우, 그 근로자에게 더 많은 임금을 책정하고, 지급하는 것이 보편적인 일이기는 하지만, 그렇다고 하여 반드시 그러하여야 한다는 노동법적 규제는 없다. 기본적으로 분명히 해 두어야 할 것은, 근로계약을 체결하게 되는 양 당사자의 자유로운 합의를 바탕으로 하여 임금이 결정된다는 사실과 실제로 노동시장에서는 고유한 노동시장의 여건과 해당 기업의 사정에 따라 나름대로 임금이 정해지고 있다는 사실이다.

제2절 가산임금결정메커니즘과 노동법적 규제

Ⅰ. 논의의 방향: 근로조건이 갖는 임금법적 의미

근로여건이 좋지 않으면 근로에 따른 부담이 커지므로, 임금이 높아지는 것이 보통이다. 습도가 높은 근로장소에서 계속 일을 해야 하는 경우나, 해당 업무가 고도의 위험작업이라던가 아니면 고열을 견디면서 작업을 해야 하는 경우, 그 업무종사 근로자는 그러한 부담에 대응하여 높은 임금을 받게 된다. 하지만 이러한 임금지급구조가 항상 그러한 것은 아니며 또한 반드시 그러해야 한다는 의미도 아니다.

예컨대 고열작업을 해야 하는 업무종사자의 경우, 회사 측에서 구인하기가 쉽지 않으므로, 흔히 높은 임금을 제시함으로써 근로자를 사용하게 된다. 위험작업 인력의 경우도 마찬가지이다. 결국 근로여건이 열악하다고 하여 노동법상 임금을 더 많이 지급해야 한다는 당위적 명제는 성립하지 않는다. 노사 간 합의를 기본 틀로 하여, 노동시장의 공급수요메커니즘에 따르게 될 뿐이다.

야간근로를 하는 경우에, 현행 근로기준법은 가산임금을 지급하도록 규정하고 있다. 이러한 가산임금지급 의무규정은, 통상적으로 근로가 행하여지기로 약정하였던 '주간'근로에 비하여, 야간근로는 근로자에게 보다 큰 부담이 주어지기 때문에 그에 비례하여 가산된 임금을 지급하는 것이 타당하다는 노동법적 당위성에 근거한 것으로 보인다. 연장근로의 경우도 마찬가지이다. 이때 가산되는 임금의 계산 기준이 되는 것이 바로 통상임금이다. 통상적 근로상황에서의 근로가치를 통상임금으로 미리 산정해 두면, 이를 기준으로 하여 가중된 부담에 대한 대가를 가산하여 산정, 지급하게 되는 구조다.

마땅히 그러해야 할 것 같은 현행 근로기준법 상의 가산임금지급체계이지만, 여기에는 여전히 생각해 보아야 할 점들이 남아 있다. 통상임금을 기준으로 한 가산임금 산정방식은 '강제'되어 있다. 하지만 정작 통상임금의 항목이나 그 구체적인 결정액 수준은 노사 자치에 맡겨져 있다. 비록 열작업을 해야 하는 업무이지만, 노사가 근로계약을 체결하면서, 이러한 열작업을 수행함에 따른 고유한 보상적 대가를 처음부터 설정하지 아니할 수도 있다. 노동법 상 어디에도 열작업을 수행하기 때문에 지급되어야 할 추가적 임금에 대한 규정은 없다. 단지 노사 합의에 따를 뿐이다. 그런데 유독 야간근로와 연장근로에 대하여는 노동법적 차원에서의 강행적 개입이 예정되어 있다. 야간근로에 대한 임금을 법정 공식에 따라 지급하라는 것이다. 이는 엄밀하게 보면 임금내용에 대한 노동법적 규제다.

열작업이나 위험작업에 대한 추가적인 임금지급 여부에 대하여는 아무런 노동법적 규제를 하지 아니하면서, 굳이 야간근로나 연장근로에 대한 추가적 임금지급에 대하여는 강행적으로 규제하는 이유가 있을까? 추측컨대 업무의 내용과 종류에 상관없이 모든 근로자에 대하여 공통적으로 적용될 수 있는 추가적인 근로부담의 경우를 야간근로나 휴일근로 그리고 연장근로 등으로 보고, 이러한 가중적 부담을 지우는 근로에 대하여는 가산임금을 법정 공식에 따라 지급하도록 한 것으로 보인다.

근로의 부담과 근로의 가치 그리고 그 대가로서 지급될 임금 간의 관계를 생각해보면, 열작업을 하게 될 근로자에게 별도의 추가적인 열작업수당을 배정하여 지급할 것인가가 노사 간의 합의 영역에 놓여 있다는 점을 감안할 때, 과연 예컨대 야간근로를 한 경우에 대한 가산임금내용도 노사 간의 합의영역에 두는 것이 잘못인가에 대한 고민을 하게 된다. 이하에서 자세히 설명한다.

Ⅱ. '노동력의 가치(Arbeitswert)에 대한 보수'로서 '임금'

1. 임금에 대한 기대(Vergütungserwartung)

근로자는 자신의 근로에 대한 보수가 지급되어야 할 것이라는 기대(Vergütungserwartung)를 갖는다.[12] 이러한 보수기대는 실제로 근로자가 임금을 지급받았는가의 문제와는 차원을 달리 하는 것이다. 예컨대 기업 오너의 자식으로서 가업을 물려받을 요량으로 해당 기업에서 일을 하는 경우에, 비록 그 오너의 자녀가 임금을 실제 받고 있지 않았더라도 임금에 대한 보수기대는 존재하는 것으로 보아야 한다. 즉, 이러한 경우는 비록 임금의 지급을 받고 있지는 않지만, 근로에 대한 보수의 지급에 대한 기대가 법률상 존중되어야 하는 경우가 있다.[13]

또한 보수의 기대와 그 노무의 가치에 반하는 보수가 지급되는 경우도 있을 수 있다.

보수기대 없는 노무가 행하여지지 않거나 적어도 그 범위에서 행하여지지 않는다면, 그릇된 또는 가치이하인 급여지급과 기대 사이에 직접적인 관련이 존재한다.[14] 결국 이 구성요건표지에서는 노무에 대한 보수기대의 인과관계가 중요하다.

---

12) BAG 15.3.1960 AP Nr. 13 zu §612 BGB.
13) BAG 15.3.1960 AP Nr. 13 zu §612 BGB.
14) Vgl. LAG Köln 20.4.1990 LAGE §612 BGB Nr.4.

2. 근로의 '부담'과 근로의 '가치'

노무의 제공에 따른 보수는, 노무의 통상적인 가치에 부합하는 것이어야 한다. 이러한 노무의 통상적인 가치평가를 위해서는 여러 사정들이 고려될 수 있다.[15] 특히 노무제공자(Dienstgeber)의 수행능력이 중요한 고려대상이다. 그리고 이는 수행된 직무의 종합적 평가(Gesamtbewertung)를 통해서 구체화될 수 있다.[16]

근로자에게 부여되는 근로여건은 각 사업장 마다, 또 각각의 시기마다 다를 수 있다. 그리고 하나의 사업장 안에서도 근로자들의 근로조건은 다를 수 있다. 업무의 내용상 항상 저온에 시달려야 하는 냉장 설비 내 업무종사자도 있을 수 있고, 다른 한편 높은 습도를 가진 근로장소에서 근로를 하여야 하는 경우도 있다. 그리고 매우 위험한 장소 또는 설비를 다루어야 하는 근로자도 있다. 이렇듯 근로여건을 통상적인 경우보다 어렵게 만드는 요소는 고온, 다습, 저온 외에도 매우 다양하다.

하나의 사업장 안에는 근로자가 행정 사무를 담당하는 경우도 있고, 직접 생산공정에서 근로를 제공하는 경우도 있다. 그리고 생산직 근로자 가운데에는 특히 그 생산 공정 가운데 열작업을 담당하는 경우도 있다. 우리는 근로자의 근로부담을 판단할 때, 외견상 놓여진 근로여건을 살피게 된다. 우선 고열작업 수행 근로자의 근로여건이 가장 열악하며, 다음으로 생산직 근로자 그 다음으로 행정사무직 근로자를 꼽게 된다. 근로여건이 열악하다는 것은, 근로의 부담이 높다고 보게 된다.

사용자는 근로자를 개별 업무에 투입함에 있어, 적어도 근로여건이 쾌적하지 못하고, 위험을 수반하는 경우 등에 대하여 특별한 고려를 하게 된다. 예컨대 고열작업수당이나 냉장작업수당 등을 지급하는 방식으로 열악한 근로여건 하에서 업무를 수행하는 근로자에 대한 배려를 하게 된다. 이때 고열작업수당은, 같은 사업장 내에서 일하는 근로자 모두에게 지급되는 것은 아니다. 고열작업에 종사하는 근로자에게 지급된다. 근로를 제공하는 데 대한 가치를 평가함에 있어, 사용자가 고열작업에 따른 근로자의 가중적 부담

15) BAG 14.7.1966 AP Nr. 24 zu §612 BGB; 14.5.1969 AP Nr. 25 zu §612 BGB.
16) BAG 24.6.1965 AP Nr. 23 zu §612 BGB.

을 고려하게 된다. 즉, 사용자가 미리 사전적으로 해당 고열작업을 담당하는 근로자에게 산정해 놓은 금원이 바로 고열작업수당이고, 이러한 고열작업수당은 행정직 사무 근로자에게는 배정되어 있지 않다.

통상임금이 해당업무를 수행하는 근로자에게 미리 사전적으로 산정해 놓은 근로의 가치평가라고 본다면, 고열작업수당은 통상임금에 포함되는 것이 옳다. 왜냐하면 고열작업을 해야 하는 업무에 종사하는 근로자의 근로가치를 사전에 평가해 놓은 것이기 때문이다. 따라서 행정직 사무근로자와 통상임금의 산정 범위는 달라지게 된다. 업무의 내용이 다르니 그 업무수행에 대한 근로가치평가도 다를 수 있는 것은 너무나 당연한 것이다.

3. 가중된 근로여건과 임금의 결정 메커니즘

업무의 위험성이나 온도, 습도 등에 의해 다른 근로자에 비해 근로여건이 열악한 경우, 해당 업무 종사 근로자에 대한 특별한 추가수당이 예정되는 것은 노동현장에서 매우 보편적인 일이다. 그러므로 예컨대 같은 생산직 근로자라 하더라도 위험물을 다루어야 하는 근로자와 위험물을 다루지 아니하는 근로자 간에는 임금의 명목과 양이 달라지기 마련이다. 단순생산직 근로자와 위험물취급 근로자는 똑같은 임금이 지급되도록 미리 예정해 두되, 다만 위험물 취급근로자에게는 위험물취급수당 등을 추가로 배정해 두기 때문이다.

그런데 여기에서 곰곰이 생각해 보아야 할 것이 있다. 그것은 바로 가중된 열악한 근로여건과 임금이 추가적 배정 간에 반드시 비례적 관계가 있어야 한다고 단정할 수 있겠는가 하는 점이다. 다시 말하면, 다른 생산직 근로자와 달리, 특별히 위험물을 다루는 근로자에게 '반드시' 위험물취급수당을 추가수당조로 배정해 놓아야 하는 것인가?

결론부터 얘기하면 적어도 노동법상으로 그렇지는 않다. 임금결정의 메커니즘에서 국가의 역할은 매우 다양하게 존재하지만, 가장 중요한 것은 최저임금의 기준을 획정하는 일이다. 최저임금수준을 결정해 놓음으로써, 그 이하의 수준에서 임금이 정해지는 것은 국가가 강행법률로써 금지시킨다. 그 이상의 임금이라면 그 임금의 명목과 양은 노사의 자율적 계약 또는 협약메커니즘에 따르게 된다. 그렇다면 열작업을 해야 하는 근로자에게 고열작업수당을 추가로 배정하여 두거나, 위험물을 다루는 근로자의 경우에 대하여 위험작업수당을 배정하여 둠으로써, 실제 수령하게 되는 임금을 높이는 것은, 노동법상 결코 강행적으로 구현될 수 있는 속성의 것이 아니라는 점을 알 수 있다. 다시 말하면 사용자가 노동조합의 요구를 무시하고, 고열작업수당을 배정하지 않고, 단지 행정사무직 근로자와 동일하게 근로가치를 평가하여 같은 임금을 지급하도록 결정하였다고 하더라도 이를 당연히 무효라고 할 수는 없다. 최저임금수준을 넘는 이상, 국가의 임금양에 대한 규제는 더 이상 없기 때문이다.

현실적으로 고열작업이 힘들고 하기 때문에, 따로 고열작업수당을 배정해 두지 않고, 사용자가 사무직 근로자와 동일하게 임금을 지급하게 되면, 근로자는 고열작업에 배치될 경우, 회사를 사직할 개연성이 크다. 결국 인력시장의 고유한 수요공급메커니즘에 따르게 될 것이다. 또 이러한 메커니즘에 따라 결정되겠지만, 통상 고열작업근로자의 경우, 그 근로의 가치를 더 높게 평가하여 그 대가를 지급되도록 한다. 다만 분명한 것은, 단체협약으로 고열작업수당을 배정받는 데 실패하였다면, 사용자에게 이를 강제할 방법은 없다는 사실이다.

4. 가산임금에 관한 노동법적 규제의 의미 재검토

앞서 고열작업수당과 같이 해당 업무종사자의 근로가치를 평가해 놓은 임금항목의 경우는 통상임금을 산정함에 있어 이를 포함하도록 하고 있다. 따라서 야간근로 등 가산임금을 지급함에 있어 그 통상임금에다가 할증률을 곱하여 지급하게 된다. 유의해야 할 점이 있다. 통상임금에 포함되어야 할 각종 수당으로서 해당 업무의 특수성으로부터 도출되는 금원, 예컨대 위험작업수당이나 고열작업수당 등은 야간근로나 휴일근로 등 가산임금을 산정함에 있어 반드시 고려되어야 한다. 그리고 통상임금에다가 할증율 50%를 가산하도록 하는 것은 근로기준법 상에 규정된 바다.

생각해보면, 통상임금을 얼마로 할 것인가는 노사 간의 협약질서를 통해 결정된다. 다시 말하면 사용자와 근로자의 실력대결을 통해, 사용자는 아예 처음부터 열작업 근로자에 대하여 열작업수당을 지급하지 않을 수 있다. 원래부터 열작업수당을 지급할 것인가 여부는 노사 간 합의로 결정할 문제이기 때문에, 경우에 따라서는 아예 지급되지 않을 수 있다. 노사 간 합의로 열작업 근로자에게 열작업 수당을 지급하지 않기로 하였다면, 이러한 결정 역시 존중되어야 한다. 적어도 노사가 합의로써, 열작업 근로자의 근로가치를 사무행정직 근로자와 동일하게 평가한 것이므로, 이러한 평가는 존중되어야 하기 때문이다.

Ⅲ. 소결: 가중된 근로부담과 가산임금 지급 원리 간의 관계 재검토

1. 문제점

흥미롭게도 통상임금에 포함시킬 것인가 여부에 대한 노사 당사자 간의 약정에 대하여 효력이 없다는 것이 법원의 일관된 입장이다. 이러한 법원의 입장을 근거지우는 것은 간단하다. 통상임금에다가 할증률을 더하여 지급하도록 하는 근로기준법 상의 가산임금지급은 강행법적 요구이므로, 당사자 간의 합의에 우선하여야 한다는 것이다.

그런데 따지고 보면, 이러한 강행규정성에 대한 경직적 믿음은 다소 허무한 것이라고 할 수 있다. 왜냐하면 통상임금에 포섭될 수 있는 금원을 처음부터 '설정'해 둘 것인가(즉, 열작업수당을 고열작업자에게 특별히 배정해 둘 것인가?) 여부는 노사 자치에 맡겨져 있음을 인정하고 있기 때문이다. 그럼에도 불구하고 정작 통상임금에 포섭시킬 것인가(즉, 노사 당사자끼리 합의로 열작업수당을 통상임금산정에서 배제할 것인가?)에 대한 노사 당사자 간의 합의는 처음부터 무효로 하고 있다. 과연 이것이 논리적으로 타당한 것인가 하는 의문이 든다.

2. 평 가

노사가 열작업수당을 통상임금 산정에서 배제하기로 한 노사 간 합의와, 노사가 아예 열작업을 하는 근로자에게 처음부터 열작업수당항목을 배정하기 않기로 하는 노사 간 합의가 본질적으로 다른 것이라 볼 수 있겠는가? 우리 법원은 본질적으로 다르게 평가한다.

열작업을 수행하는 근로자에게 열작업수당을 별도로 지급하는 것에 대하여, 해당 업무 종사 근로자의 근로가치를 따로 평가한 것이므로, 이를 통상임금에 포함시키는 것은 타당하다. 하지만 통상임금과 가산임금법리를 현재 법원의 입장과도 같이 지나치게 경직적으로 파악하는 경우, 오히려 근로가치를 올바르게 평가하지 못함으로써 가산임금법리가 왜곡될 수도 있음에 유의해야 한다.

예컨대 노사가 처음부터 열작업수당을 지급하되, 이를 가산임금 산정의 기초가 되는 통상임금에는 반영하지 않기로 하는 합의를 하면서, 대신 열작업수당을 당초 사용자가 지급하려고 했던 20만원에다가 10만원을 더하여 총 30만원을 열작업수당으로 배정하는 경우가 있을 수 있다. 이러한 추가적인 금액 지불은, 열작업수당 지급여부나 가산임금지급의 양에 대하여 노사의 합의가 존중될 수 있다는 믿음을 전제함으로써 가능했을 것이다. 그런데 열작업수당의 지급 여부는 임금내용결정의 자유 차원에서 노사합의에 맡기고, 가산임금 범위에 대하여는 달리 취급하게 됨으로써, 현장에서는 혼란이 초래되고 만다. 결과적으로 가산임금에 대한 강행성을 강조하여, 열작업수당 전부를 통상임금에 포함시키면, 당초 근로의 가치를 올바르게 통상임금이 반영할 수 없는 문제가 생기게 되기 때문이다.

원칙으로 돌아가 보면, 열악한 근로조건 하에서 일을 하는 근로자에게 더 많은 임금이 지급되어야 한다는 원칙에는 동의할 수 있다. 상례가 또한 그렇다. 그러나 노동법적으로 반드시 그러하여야 한다는 규제는 없다. 사용자가 그러한 난해한 업무수행을 담당할 근로자를 노동시장에서 손쉽게 구하기 위해서 더 많은 임금을 제시하기 마련이기 때문에 결과적으로 더 높은 임금을 받게 되는 것 뿐이다. 시장원리가 작동하는 것이다. 설사 가산임금을 지급하도록 노동법적 규제가 가해지더라도, 이때 가산임금을 얼마 더 주어야 할 것인가는 일응 노사합의의 대상이 되어야 할 것으로 보인다. 가산임금을 구체적으로 얼마 더 지급하도록 할 것인가 하는 문제와 임금을 얼마로 정할 것인가는 본질적으로 같은 것이기 때문이다. 이하에서 자세히 살펴보기로 한다.

제3절 약정통상임금의 효력

Ⅰ. 근로의 내용과 근로조건의 사전적 합의

1. 임금액 결정에 관한 근로계약 상의 합의 내용

근로계약을 통해 근로제공의 대가로서 임금의 수준을 정하는 것은 매우 중요한 일이 아닐 수 없다. 다만 기본적으로 최저 임금수준을 상회하고 그것이 본질적으로 차별에 해당하는 것이 아닌 이상 임금수준을 구체적으로 정하는 것은 노사 간 합의에 의존하게 된다. 사용자가 근로계약을 체결함에 있어서는 근로자에 대하여 기본임금을 결정하고 이를 기초로 각종 수당을 가산하여 합산 지급하는 것이 원칙이다.[17)]

다른 한편 근로계약을 체결함에 있어 근로시간이나 임금, 휴일, 휴가 등 주요 근로조건에 대하여는 이를 명시하도록 하는 의무를 부여하고 있다. 그런데 근로계약의 체결에서 임금에 대한 합의부분은 특히 중요하기 때문에, 이에 관하여는 추가적인 형식규제를 가하고 있다. 즉, 사용자가 근로계약을 체결하면서, 그 노동력 제공자에게 지불하게 되는 보수 즉 임금에 대하여는 이를 반드시 근로계약 상 서면으로 기재하도록 하고 있다. 구체적으로는 사용자로 하여금 근로계약을 체결할 때에 근로자에게 특히 임금의 구성항목과 그 계산방법 그리고 임금의 지급방법에 대하여는 이를 반드시 서면으로 명시하고 나아가 근로자의 요구가 있으면 이를 그 근로자에게 교부하도록 의무화해 놓고 있다(근로기준법 제17조, 동시행령 제8조).

---

17) 대판 1998. 3. 24, 96다24699 참조.

예외적으로 기본임금을 미리 산정하지 아니한 채 각종 수당을 합한 금액을 월 급여액이나 일당임금으로 정하거나 기본임금을 정하고 매월 일정액을 각종 수당으로 지급하는 내용의 이른바 포괄임금제에 의한 임금지급계약 또는 단체협약이 체결되었다고 하더라도 그것이 근로기준법이 정한 기준에 미치지 못하는 근로조건을 포함하는 등 근로자에게 불이익하지 않으면 유효하다. 그런데 포괄임금제에 관한 약정이 성립하였는지는 근로시간, 근로형태와 업무의 성질, 임금 산정의 단위, 단체협약과 취업규칙의 내용, 동종 사업장의 실태 등 여러 사정을 전체적 · 종합적으로 고려하여 구체적으로 판단하여야 하고, 비록 개별 사안에서 근로형태나 업무의 성격상 연장 · 야간 · 휴일근로가 당연히 예상된다고 하더라도 기본급과는 별도로 연장 · 야간 · 휴일근로수당 등을 세부항목으로 명백히 나누어 지급하도록 단체협약이나 취업규칙, 급여규정 등에 정하고 있는 경우는 포괄임금제에 해당하지 아니하며, 단체협약 등에 일정 근로시간을 초과한 연장근로시간에 대한 합의가 있다거나 기본급에 수당을 포함한 금액을 기준으로 임금인상률을 정하였다는 사정 등을 들어 바로 위와 같은 포괄임금제에 관한 합의가 있다고 섣불리 단정할 수는 없다.[18]

2. 임금의 구성항목과 그 계산방법

(1) 의 의

앞서 언급한 바 대로 근로계약을 체결할 때에 임금의 구성항목과 그 계산방법 그리고 임금의 지급방법에 대하여는 이를 반드시 서면으로 명시하여야 한다. 따라서 근로계약을 체결하는 시점에서 근로자와 사용자는 상호간 임금의 구성항목과 그 계산방법에 관하여 합의를 하여야 한다. 그리고 이러한 합의내용에 대하여 명시함으로써 충분히 인식하게 된다.

(2) 사전적인 획정과 관련 문제점

한편 여기에서 간과해서는 안 되는 것이 있다. 그것은 바로 임금의 구성항목과 그 계산방법을 정하라는 것은, 임금이라는 개념이 일원적이지 않고,

---

18) 대판 2009. 12. 10, 2008다57852 참조.

복합적이며 다중적이라는 것을 암시해 주는 것이라는 사실이다. 즉, 근로의 대가가 임금이지만, 그 임금은 미리 당사자가 계약적 합의를 통해 그 액수를 미리 정하는 것도 가능하지만, 현실적으로는 그렇게 단순하지가 않다. 왜냐하면 근로관계가 지속되는 과정에서 예기치 못한 상황이 얼마든지 벌어질 수 있기 때문이다. 만약 근로자가 당초 근로계약에서는 근로시간을 오전 9시부터 오후 6시로 하고 있지만, 불가피하게 연장근로를 하여야 하는 상황이 흔히 발생하기 때문이다. 이러한 상황은 미리 예측하여 둘 수 없기 때문에 이러한 가변적인 근로제공에 대한 대가로서 임금은 사후적으로 정산하여 지급할 수밖에 없다.

임금에 대한 획정 이전에 일단 근무를 이행한 후에 비로소 보수로서 임금을 합의하여 확정하는 것도 가능하다. 예를 들어 이행될 수 있는 업무가 예상보다 광범위하다는 사실이 밝혀지면 계약자유를 근거로 보수로서 임금을 추후 상향시키는 것도 가능하다.[19] 물론 이러한 것은 당사자가 당초 임금에 대한 합의를 하면서 그 합의를 정지조건부로 하게 된다.

이와 관련하여 최저임금제도를 살피면서, 법정최저임금을 상회하는가 여부를 판단할 때에 그 법정최저임금과 비교대상이 되는 임금이 사후적으로 근로자가 받게 되는 임금총액이 아니라는 점을 언급한 바가 있다. 여기에서 짐작할 수 있는 바는, 임금의 개념이 사전적으로 근로계약에서 약정되는 반대급부로서의 임금과 사후적으로 근로의 대가로서 지급되어야 할 반대급부로서 임금이 있음을 알 수 있다.

Ⅱ. 비통상적 근로와 그에 대한 보수의 지급

1. 질적 초과이행(Mehrleistung)

근로자의 연장근로는 양적인 측면 이외에 질적 측면에서도 존재할 수 있다. 당초 근로자와 사용자가 근로계약의 체결과정에서 예정된 근로의 내용을 질적으로 초과하여 근로를 제공하게 되는 경우(Qualitative Mehrarbeit)가

---

19) BGH 15.3.1989 AP Nr. 40 zu §612 BGB.

있다. 노무제공의 가치 평가는 근로자의 초과이행에 대한 보수지급에 있어서도 필요하다. 그리고 이때 양적인 초과이행(연장 및 초과근무시간)뿐만 아니라 질적인 초과이행, 즉 고가치(höherwertig) 급부[20]를 포함한다.

만약 직무수행자가 계약으로 합의된 급부 범위[21]를 초과하여 수행한 경우, 이러한 초과 이행 부분에 대하여 만약 사용자가 그 이득을 수령한다면, 그에 따른 보수를 지급하여야 한다. 이때 보수는 그 노무의 가치에 대한 합리적인 평가를 전제로 하여 계산되어야 한다. 근로자가 자신의 고유한 지적재산에 해당하는 결과물을 활용하여 근로를 제공하게 되는 경우가 대표적인 예다.[22] 이러한 경우, 근로의 제공만이 아니라 근로자의 고유한 지적 재산 상의 이익이 회사에 귀속하게 된다. 따라서 회사는 지적 재산에 해당하는 근로자의 근로부분에 대하여 별도의 특별보수를 지급하여야 한다. 예를 들어 예술가의 급부가 녹음 및 TV 상연 시에 이용되는 것이 그 예다.[23] 근로자가 자회사에서 업무수행을 인수한 경우가 이에 해당된다.[24] 그러나 예컨대 일간지의 편집자(Redakteur)가 그 잡지에 사용하게 될 사진도 따로 제작하는 업무를 수행하였다고 하더라도 이는 당초 근로계약 당시 합의된 보수로 커버되는 것으로 보아야 한다. 왜냐하면 사진촬영은 오히려 계약으로 제시된 신문편집인의 활동에 속하기 때문이다.[25] 요컨대 계약 당시 합의된 보수 범위 내의 근로제공이라고 볼 수 있다. 그러므로 질적 연장근로에 대한 대가로서 특별급부가 고려될 여지는 없다고 보아야 한다.

다른 한편 관현악단(Kulturorchester)에 소속된 연주자가 자신과 악단 사이의 근로계약서 상에는 단지 트럼펫을 연주할 의무가 있는 것으로 정하고 있는 상황에서 악단측이 독일식 트럼펫이 아닌 미국식 재즈트럼펫을 연주하도록 요구한다고 하여, 추가적인 특별수당을 지급해야 할 것인가가 문제된 경우도 있었다. 이때 악단 측이 독일식 연주트럼펫과 미국식 재즈트럼펫

20) BAG 16.2.1978 AP Nr. 31 zu §612 BGB.
21) BAG 10.6.1959 AP Nr. 5 zu §7 AZO; 27.5.1993 AP Nr. 22 zu §611 BGB Musiker = NZA 94, 708; 27.6.2002 AP Nr. 18 zu §1 TVG Tarifverträge: Musiker.
22) Buchner, GRUR 85, 1.
23) Bühnenoberschiedsgericht Frankfurt 6.12.1962 AP Nr. 1 zu §612 BGB Leistungsschutz.
24) LG Essen 6.9.2000 NZA-RR 2001, 412.
25) BAG 29.1.2003 AP Nr. 66 zu §612 BGB.

모두를 연주하도록 요구하는 것은 근로계약 상의 트럼펫 연주 업무에 포함되는 것으로 보아야 한다. 그러므로 미국식 트럼펫의 연주를 두고, 독일식 트럼펫과 비교하여 연주자가 사용자에게 질적 연장근로로서의 속성을 주장하여, 부가적인 보수를 요구할 수 있다고 보아서는 안 된다고 판단하였다.[26)]

2. 연장근로와 가산임금의 지급

(1) 양적 초과 근로(=연장근로)

우선 연장근로(Mehrarbeit)는 법적인 근무시간을 넘어서 이행되는 근로를 말한다. 이때 초과시간(Überstunden)은 통상적으로 경영상 규격화된 근무시간 이외 시간으로 산정된다.[27)] 근로자가 근로계약 상 제시된 근로제공 범위를 넘어서 근로를 제공한 경우, 이 역시 실체적인 의미에서 '연장근로'로 평가할 수 있겠지만,[28)] 통상 연장근로는 법정 근로시간을 초과하여 근로를 제공한 것만을 의미한다. 문제는 연장근로에 대하여 보수가 지급되어야 하는지, 만약 그렇다면 어떠한 범위에서 그 보수가 지급되어야 하는 것인지에 놓여있다.

연장근로시간과 근무시간의 단순한 연기(Verschiebungen)는 구별되어야 한다.[29)] 당초 일정한 기일 내에 업무가 수행되어야 했는데, 근로자 자신의 사정으로 근로시간 중에는 업무를 수행할 수 없었고, 그렇기 때문에 야간에 근로를 수행하게 되었다면, 이는 단순한 근로시간의 연기에 불과하다고 보아야 한다. 따라서 이러한 경우 야간근로 차원에서 연장근로시간을 고려하는 것은 잘못이다. 다만 노무(Arbeitsleistung) 없는 기간이 그 외의 협약상의 급부에 대해 고려되어야 하는 경우가 있다면 그것은 특별한 협약상 또는 법률상의 규정을 전제로 하여서만 그러하다.[30)]

---

26) BAG 21.3.2002 AP Nr. 17 zu TVG §1 Tarifverträge: Musiker.
27) BAG 26.11.1992 AP Nr. 20 zu §17 BAT = NZA 93, 659; ErfK/*Preis* §611 Rn. 486.
28) BAG 29.1.2003 AP Nr. 66 zu §612 BGB = NZA 2003, 1168; 21.3.2002 AP Nr. 17 zu §1 TVG Tarifverträge: Musiker.
29) BAG 11.11.1997 AP Nr. 25 zu §611 BGB Mehrarbeitsvergütung = NZA 98, 1011; 6.8.1998 AP Nr. 1 zu §22 BMT-G Ⅱ; BAG 5.11.2003 AP Nr. 6 zu §4 TzBfG.
30) BAG 11.6.2008 AP Nr. 19 zu §1 TVG Tarifverträge: Bewachungsgewerbe.

(2) 가산 임금의 지급

초과시간수당(Überstundenvergütung)의 산정에 필요한 보수수준을 명시적으로 정해 놓은 법률상의 규정은 없다. 우리의 경우 통상임금의 개념을 예정하여 두고, 이를 노동법령에 명시하고 있지만, 독일의 경우는 그러하지 않다. 독일의 경우는 따라서 근로계약상 또는 단체협약상의 협정[31]이 기준이 된다.[32] 독일의 경우, 휴가를 대신하여 그 기간 동안 근로를 제공하는 경우 지급되는 유급휴가가산금 또는 휴가보상금(bezahlter Freizeitausgleich)도 근로계약이나 단체협약 상의 합의를 통해 미리 그 지급 기준을 합의해 놓게 된다.[33]

원칙적으로 초과시간의 수당을 청구한 근로자는 개별적으로 어느 날 어느 시간에 그가 통상의 근무시간을 초과하여 일하였는지를 증명하여야 한다는 것이 독일 연방노동법원의 입장이다.[34] 그에 덧붙여 그는 일반근무시간(Normalarbeitszeit)을 근거로 삼는다는 것과 실제로 근무하였다는 것을 설명하여야 한다.[35] 노무가 제공되었다는 것에 다툼이 있다면, 근로자는 어떠한 업무를 수행하였는지도 증명하여야 한다.[36]

다른 한편 사용자에게는 근로자의 입증을 반박할 의무가 있다. 이러한 의무는 예컨대 비록 사용자가 지사를 설치하여 인사부서가 기업 소재지에서 공간적으로 멀리 떨어져 있더라도 마찬가지이다.[37] 개인적인 규정상의 주당 근무시간이 35시간이고 이 근무시간이 취업규칙에 따라 불규칙하게 배치되면, 근로자는 절차상 초과근무시간이 문제가 됨을 증명하여야 한다.[38]

---

31) Vgl. BAG 17.12.1992 AP Nr. 1 zu §2 BAT SR 2 e II = NZA 93, 708; 21.9.1995 AP Nr. 8 zu §1 TVG Tarifverträge.

32) Ebenso Staudinger/*Richardi* §611 Rn. 603; ErfK/*Preis* §611 BGB Rn. 489.

33) BAG 13.10.2010 - 5 AZR 378/09; 17.3.2010 DB 2010, 1130; 19.3.2008 AP Nr. 1 zu §611 BGB Feiertagsvergütung = NZA 2008, 1135; 23.1.2001 AP Nr. 93 zu §615 BGB = NZA 2001, 597; 4.5.1994 AP Nr. 1 zu §1 TVG Tarifverträge: Arbeiterwohlfahrt = NZA 94, 1035; zu Tarifverträgen für die Metallindustrie: BAG 17.1.1995 NZA 95, 100; zu Tarifverträgen des Großhandels BAG 16.6.2004 AP Nr. 20 zu §1 TVG Tarifverträge: Großhandel.

34) BAG 3.11.2004 AP Nr. 49 zu §611 BGB Mehrarbeitsvergütung.

35) BAG 3.11.2004 AP Nr. 49 zu §611 BGB Mehrarbeitsvergütung.

36) BAG 25.5.2005 AP Nr. 17 zu §1 TVG Tarifverträge: Gebäudereinigung.

37) BAG 17.4.2002 AP Nr. 40 zu §611 BGB Mehrarbeitsvergütung = NZA 2002, 1340.

38) BAG 25.10.2000 AP Nr. 174 zu §1 TVG Tarifverträge: Metallindustrie.

구체적인 사실진술을 참작하여서야 법원은 어떤 사실이 다툼이 있는지를 확정할 수 있다. 근로자의 문제는 개별적으로 이행된 시간을 증명하는 것이다.[39]

3. 불리한 시간대 근로와 가산임금

(1) 휴일근로, 야간근로 등

불리한 근무시간대에 근로를 하는 경우로 독일의 경우는 교대시간 근로와 야간근로 그리고 일요일이나 휴일근고 그리고 성탄절 근로 등을 들고 있다. 이러한 경우에 추가적으로 (a) (순번)교대수당((Wechsel-)Schichtzuschläge),[40] (b) 야간근로수당(Nachtarbeitszuschläge) (§6 V ArbZG),[41] (c) 일요일 및 휴일수당(Sonn- und Feiertagszuschläge) 그리고 성탄절 및 섣달그믐 수당(Zuschläge an Heiligabend und Silvester)[42]이 지급된다(§105).[43]

독일의 경우 야간근무의 개념은 법규정이나 단체협약에서 정해지는데, 달리 단체협약에서 정해지지 아니하면, §2 ArbZG 에 따라 오후 23시부터 오전 6시까지를 의미하는 것으로 된다. 나아가 이때 야간근로는 적어도 야간에 2시간 이상을 포함하는 근로에서 유의미하게 평가된다. 독일에서는 실제 단체협약에서 다양하게 야간근로의 정의가 존재한다. 즉, 야간근로에 대하여 20시에서 오전 6시 사이의 시간을 가리키기도 한다. 이처럼 가산임금이 대상이 되는 야간근로 등 다양한 개념에 대하여 단체협약 상이 합의에 기초한 개념설정이 가능하다. 나아가 대체로 야간근로에서 실제 근로를 제공하지 아니하고 단지 근무대기(Arbeitsbereitschaft)를 하는 경우가 있는데 이러한 경우에는 야간근로를 제공한 경우보다는 적은 가산금이 지급된다.[44] 그리고 야간근무 시에 남자와 여자의 구별은 허용되지 않는다.[45]

---

39) BAG 29.5.2002 AP Nr. 27 zu §812 BGB = NZA 2002, 1328.
40) BAG 28.8.1996 AP Nr. 8 zu §36 BAT = NZA 97, 264; 9.12.1998 AP Nr. 15 zu §33 a BAT = NZA 99, 998.
41) Dazu BAG 27.5.2003 AP Nr. 5 zu §6 ArbZG.
42) BAG 13.12.2001 AP Nr. 7 zu §35 BAT = NZA 2002, 1221.
43) BAG 23.9.1992 AP Nr. 8 zu §1 TVG Tarifverträge: Großhandel = NZA 93, 469.
44) BAG 15.7.2009 AP Nr. 10 zu §6 ArbZG.
45) EuGH 3.2.1994 EuZW 94, 253; 4.12.1997 EuZW 98, 352.

(2) 가산임금의 지급

우리나라의 경우 불리한 시간대 근로에 야간근로와 휴일근로 등이 근로기준법에 열거되어 있다. 그리고 연장근로에 대하여도 연장근로수당을 지급하도록 하고 있다. 문제는 연장 또는 야간근로에 대한 대가 산정에 있어서는 노사 당사자 간의 합의를 존중하지 않고, 통상임금제도를 통하여 그 대가를 지급하도록 하고 있다는 점에서 독일과 구별된다. 즉, 독일은 불리한 시간대에 근로를 제공하는 경우에도 가산수당(Zuschläge)이 지급되는데, 이때 가산수당의 구체적인 액수는 단체협약이나 개별계약으로(kollektiv- oder einzelvertraglich) 정해진다. 나아가 불리한 근로조건에서 근무시간이 단축될 수 있는 규정 역시 허용된다.[46] 단체협약이 야간근로 및 일요일과 법정 공휴일에의 근로에 대한 수당을 허용하면, 이 수당은 야간, 일요일 및 휴일근로 중 휴게시간(Pausen)에 대해서는 발생하지 않는다. 그것은 사용자가 취업규칙을 근거로 휴게시간을 (협약상의) 기본보수로 지급한다고 하더라도 적용된다.[47]

(3) 가산 수당의 적절성

독일 근로시간보장법(ArbZG) 제6조 제5항에 따르면, 사용자는 야간근로자에게, 어떤 단체협약의 보상규정이 없는 한, 야간근무 동안 이행된 근무시간에 대해 '적절한' 수당을 제공하도록 하고 있는데, 이때 적절한 수당에 대하여 다른 단체협약 상의 규정이 없는 한, 유급휴일에 지급되는 세전임금(Bruttoarbeitsentgelt)을 기준으로 한다.[48] 나아가 단체협약을 통해 별도의 수당의 지급하지 아니하고 그에 상응하도록 기본급(Grundlohn)의 인상(Anhebung)을 고려할 수도 있다고 한다.[49]

46) BAG 28.11.1984 AP Nr. 2 zu §4 TVG Bestimmungsrecht = DB 85, 183.
47) BAG 18.11.2009 AP Nr. 2 zu §4 ArbZG.
48) BAG 15.7.2009 AP Nr. 10 zu §6 ArbZG.
49) BAG 31.8.2005 AP Nr. 8 zu §6 ArbZG = NZA 2006, 324.

Ⅲ. 가산임금 산정방식에 관한 원리 재검토

1. 개 요

현행 근로기준법 상에서는 기본적으로 가산임금의 지급원리는 통상임금의 50%를 가산한 금액을 추가로 지급하도록 하는 방식을 취하고 있다. 그렇다면 가산임금의 문제를 다룸에 있어, 통상임금의 구체적인 산정범위나 개념 요소를 찾는 것도 중요하지만, 그 이전에 통상임금이라는 제도가 도대체 무엇을 산정해 내기 위하여 제도설계된 것인가를 해명하는 것이 더욱 중요하다. 왜냐하면 통상임금에 산정되는 금품인가 여부를 판단하는 것은 결국 통상임금의 제도설계 이유와 맞닿아 있기 때문이다.

2. 가산임금 계산 방식에 관한 원리 분석

(1) '근로의 가치' 산정 필요성

근로자의 임금은 근로의 대가로서, 그 근로자 자신은 물론 그 가족의 생계유지 수단이 된다. 그런데 그 근로가 특수한 사정을 배경으로 하여 근로의 대가 지급이 가산되어야 할 경우가 있다. 이러한 가산임금의 지급이 법률상 예정된 경우란, 연장근로나 야간근로, 휴일근로 등이 있다. 말 그대로 통상의 소정근로시간을 넘어서서, 연장근로를 수행하게 되는 경우, 해당 근로자는 추가적인 수고를 감수하여야 한다. 밤에 수면이나 휴식을 취하지 못하고, 근로를 제공해야 하는 야간근로도 마찬가지이다.

문제는 그 가산임금을 어떻게 산정하여 지급할 것인가 하는 점이다. 합리적인 가산임금 산정방식이란, 해당 근로자의 근로가치에다가 이에 더하여 추가적 수고 부분에 대한 가치적 보상을 포함시키는 것을 말한다. 중요한 것은, 해당 근로자의 근로에 대한 가치를 금전으로 환산하는 일이 될 것이다. 물론 근로자의 근로가치는 당사자 간의 합의를 통해 정해질 수 있는 것이겠지만, 그러한 합의가 없다 하더라도, 통상의 근로조건 하에서 근로의 대가로 지급하기로 한 임금수준으로 가늠할 수 있다. 이러한 통상의 근로조건 하에서 근로의 대가가치는 업무의 특성을 반영하여 어느 정도 규격화될 수 있다.

예컨대 병원에서 일반병동근무 간호사와 수술실 간호사의 업무 영역은 다르고, 따라서 노동실무에서 수술실간호사인 경우, 수술 수당을 추가적으로 지급하는 수가 있다. 이때 수술 수당은 해당 업무에 종사하는 근로자에 대한 통상적 근로가치를 고려한 금품이라고 할 수 있다. 그렇다면 추가적인 근로제공이 있는 경우, 그 추가적인 근로제공에 대한 대가의 산정에 필요한 것은, 바로 합리적인 근로가치를 산정하는 일일 것이다. 예컨대 일반병동근무간호사의 경우는 일반병동근무간호사로서의 미리 통상근로조건을 전제로 하여 미리 정해 놓게 된다. 즉, 1일 8시간, 주 44시간 주간근무를 계약내용으로 하여 월 200만원을 지급하기로 한다면, 해당 업무종사자의 근로가치는 월 200만원 정도로 평가할 수 있게 된다.

다른 한편 수술실 간호사의 경우는, 일반병동근무간호사의 통상근로조건하에서의 임금인 월 200만원에다가 수술간호수당조로 월 20만원을 추가하여 받는다면, 수술간호업무 종사 근로자인 간호사의 근로가치는 월 220만원으로 평가된 셈이 된다.

이러한 기준이 마련되었다면, 가산임금조로 지급되어야 하는 임금의 양은 어느 정도 가늠할 수 있게 된다. 즉, 연장근로를 1일 2시간 추가로 하였다면, 일반병동간호사의 경우 월 200만원의 노동가치를 1시간으로 나누어 2시간 분을 지급기준으로 하되, 그 지급기준의 몇 배를 가산하여 줄 것인지는 노동입법자들의 재량에 놓이게 된다. 수술실 간호사의 경우는 월 220만원의 노동가치를 1시간 단위로 산정하여, 2시간 분을 지급기준으로 하게 된다. 그리고 그 지급기준을 가지고 실제 가산임금을 지급하면 된다. 결국 어느 정도 가산할 것인가는 사용자의 판단에 맡겨지겠지만, 그 가산지급의 기준이 되는 노동의 가치는 일반병동간호사와 수술실간호사는 다를 수 있다.

(2) 통상임금의 도구개념성과 그 제도적 의의

현행 근로기준법 시행령 제6조에서는 통상임금에 대하여 규정하여 두고 있다. 이러한 통상임금은, 주로 가산임금의 산정 기준이 된다. 즉, 야간근로를 하든, 연장근로를 하게 되는 경우든, 이에 대한 추가적인 근로자의 수고에 대한 가산임금을 지급하게 되는데, 이때 가산의 기준이 되는 임금이 바로 통상임금이다. 이러한 점에서 통상임금은 수단개념이라고 할 수 있다.

'통상임금'이란 가산임금 산정을 위해 비로소 필요한 '수단' 개념이다. 이와 동시에, 통상임금이란 해당 근로에 대한 근로가치를 의미한다. 이러한 근로가치는 선제적으로 정형화되고 규격화되어야 한다. 이에 따라 통상임금은 '통상적인 근로조건 하에서의 근로제공'에 대한 대가로 확인될 수 있다. 그리하여 통상임금이 시간당 3만원으로 확인되면, 이러한 통상임금을 기준으로 하여 가산율을 산정하고 그에 따른 금액을 가산임금으로 지급하면 된다.

통상의 소정근로시간을 넘어서, 추가로 근로를 제공한 경우에 그 추가적인 근로제공에 대하여는 당초 2시간 분의 근로가치에다가 소정근로시간 이후에 근로를 제공하여 준 점에 대한 추가적인 보상을 더하게 되는 것이다. 따라서 종사 업무의 내용에 따라서, 예컨대 고도기술업무종사 근로자의 경우 근로의 가치가 상대적으로 높을 것이고, 그러한 높은 가치의 근로를 추가로 2시간 더 했다면 그에 걸맞는 가산임금이 연장근로에 대한 대가로서 지급되어야 한다. 그리고 단순노무 종사 근로자의 경우 그 근로의 가치가 상대적으로 낮을 것이고, 그러한 낮은 근로의 가치를 가지는 근로가 2시간 추가로 행하여 진 경우라면 그 가치에 부합하는 가산임금을 지급하면 된다.

이렇듯 가산되어야 할 근로에 대한 대가 산정범위 계산에서, 이러한 노동력의 가치를 산정하는 일은 매우 합리적인 것이 아닐 수 없다. 실제 추가적으로 소요되는 근로의 수고와 그에 따라 얻게 되는 사용자의 이익은, 해당 업무 종사 근로자의 근로가치에 따라 좌우될 수밖에 없기 때문이다. 다만 현행 노동법상 추가적인 보상을 위해 현행 근로기준법은 통상임금의 50%를 가산하는 방식을 취한다. 이는 해당 업무 종사 근로자의 근로가치에다가 50%의 가치를 가산하여 지급하도록 한다는 것을 말한다.

결국 통상임금이 확정되면, 그러한 통상임금에 가산율 50%를 곱한 금액을 더하여, 가산임금을 지급하게 된다. 결국 통상임금은 해당 근로의 가치를 선제적으로 확정해 놓은 금액이라고 할 수 있다.

(3) 가산임금산정의 어려움과 포괄임금제

포괄임금제란 노사 간 에 기본임금을 미리 산정하지 않은 채 법정수당까지 포함된 금액을 월급이나 일급으로 정하거나, 기본급을 미리 산정하되 법정 제수당을 구분하지 아니한 채 일정액을 법정 제수당으로 정하여 이를 근로시간 수에 상관없이 지급하기로 정하는 내용의 임금지급약정을 말한다.

상시적으로 수행되고 근로시간 산정의 어려운(까다로운) 점 등을 고려하여 연장, 야간, 휴일근로 수당이 정액 등으로서 지급 임금에 포함된 것으로 하는 포괄임금제가 오래전부터 판례에 의해 유효하게 인정된다. 그러나 이 제도가 장시간근로 초래와 휴일 · 휴가 등을 무의미화 한다는 문제를 초래하여 개선론이 대두되고 있는 실정이다. 즉, 포괄임금제는 법령에 의해 설계되어 허용되는 것이 아니라, 판례를 통해 형성된 임금제도로서, 근로시간, 근로형태와 업무의 성질을 참작하여 계산의 편의와 직원의 근무의욕을 고취하기 위한 것이어야 하고, 근로자에게 불이익이 없고 제반사정에 비추어 보아 정당하다고 인정되어야 하는 것을 요건으로 허용되는 것으로 본다.[50)]

다만 포괄임금제도 정당한 연장수당 등의 지급을 축소하는 수단으로 활용되는 등, 근로자에데 불이익하게 활용될 위험도 있다. 이러한 위험성에도 불구하고, 종전의 판례는 근로자에게 불익하지 않아야 한다는 점과 관련하여 그에 관한 판단여부를 불명확하게 다루어 왔다. 하지만 최근 법원은 근로시간의 산정이 가능한 경우의 포괄임금제를 두고, 근로시간의 산정이 어려운 경우가 아니고, 근로기준법상의 근로시간 규율에 비추어 불이익하다면 포괄임금제의 효과를 인정할 수 없음을 분명히 하고 있다.[51)] 요컨대 포괄임금제는 실제근로시간의 정확한 산출이 이려운 경우와 같이 예외적으로 인정되는 제도로 보아야 한다.

3. 해당 업무 종사 근로자의 근로 가치와 통상임금

(1) 통상임금의 '사전적' 개념추상성

통상임금은 해당 급여가 임금으로서 속성을 가지는가 여부로 판단되는 개념이 아니다. 통상임금은, 가산임금 등 추가적인 급여 지급이 이루어져야 하는 상황에서 그 가산 방식의 기준으로 활용되는 도구개념이기 때문이다.

---

50) 대판 1992. 5. 28, 99다2881; 대판 2005. 8. 19, 2003다66523.
51) 대판 2010. 5. 13, 2008다6052.

그러므로 통상임금은 선행적으로 미리 확정되어야 하는 것이며, 이러한 선행적으로 확정되는 통상임금은 사실상 해당 업무 종사 근로자의 노동력 가치를 추상적으로 예정해 둔 것이라고 할 수 있다.

해당 급여가 과연 임금에 해당하는가 여부에 대한 논의는, 사실 평균임금에 포함될 것인가 여부에 대한 논의와 직접 관련이 있을 뿐이다. 왜냐하면 평균임금은, 과거 일정 기간 동안 임금으로서의 속성을 가지는 금품 모두를 포함하여, 산정하는 것이기 때문이다. 그러므로 평균임금의 계산에서 고려되어야 하는 금품은 모든 임금이 된다. 근로의 대가로서 임금이라면, 그 임금은 평균임금 산정에서 누락되어서는 안 된다.

이러한 점에서 보면 평균임금 역시도 일정한 노동법상의 수당 지급 방식의 기준으로서 도구개념인 것은 통상임금과 같지만, 사후적으로만 비로소 확정될 수 있는 속성의 것이라는 점에서 통상임금의 개념과는 본질적으로 구별된다. 그리고 해당 금품의 임금성 여부, 즉, 근로의 대가로서 지급받은 금품으로 볼 수 있겠는가의 문제는 평균임금 산정에서 문제될 수 있을 뿐, 통상임금의 문제와는 관련이 없다고 보아야 한다. 이러한 차원에서 법원이 특별성과금과 관련된 사안에서, 특별성과금이 계속적 · 정기적으로 지급되거나,[52] 개인포상금 등 성과금이 정기적 지급이 관례화되어 있으면 우발적이고 일시적인 급여가 아니므로 평균임금의 산정기초에 포함된다고 본 것은[53] 일응 타당한 것이라 할 수 있다. 같은 맥락에서 성과금이 근로제공과 직접 관련이 없이 지급의무의 발생이 개별근로자의 특수하고 우연한 사정에 의하여 좌우되는 경우에는 그 금품의 지급이 단체협약, 취업규칙, 근로계약 등이나 사용자의 방침 등에 의해 이루어진 것이라 하더라도 그 금품은 근로의 대가가 아니라는 대법원 판례도 타당하다.[54]

물론 통상임금도 근로의 대가로서 임금의 속성을 가지는 것이지만, 통상임금은 미리 사전적으로 확정되는 임금이라는 점에서 구별된다. 이때 사전적으로 확정되기 위해서는 반드시 일정한 규격화가 필요하다. 즉, 일정한 기간단위(임금지급단위)에서 매일 일정한 근로시간(소정근로시간)을 일정한

52) 대판 2002. 12. 10, 2002다54615.
53) 대판 2003. 2. 11, 2002다388.
54) 대판 2004. 5. 14, 2001다76328.

근로조건과 업무내용으로 근로하는 경우(소정근로)를 전제로 하여 미리 근로의 대가를 산정하여 둔 것이 바로 '통상임금'이다.

이러한 규격화된 근로의 대가를 기준으로 하여 둠으로써, 비로소 추가적인 근로의 제공이 있는 경우, 그러한 근로제공에 대한 대가를 합리적으로 산정할 수 있게 된다. 요컨대, 통상적인 1시간 근로제공이 5만원(통상임금)이라면, 이를 '야간에' 1시간 근로를 제공하였으므로, 통상적인 1시간의 근로제공에 대한 근로대가(5만원 = 통상임금)에다가 추가율을 곱하여 가산하는 방식을 취하게 되는 것이다.

통상임금이라는 개념 덕택에, 전문직인 고용의사의 연장근로와 일반행정병원직원의 연장근로 시 그 가산임금의 수준이 달라지게 된다. 그리고 이것은 합리적이라 할 수 있다. 왜냐하면 해당 근로자의 종사업무 내용을 기초하여 볼 때 각각 그 근로자의 근로가치로서 근로대가가 다르게 평가되기 때문이다. 이렇듯 통상임금은 가산임금의 산정이 합리적 타당성을 가질 수 있도록 하기 위해 형성된 도구개념에 해당한다. 그리고 그 개념은 규격화된 상황을 전제로 하여 미리 추상적으로 예정해 둔 근로의 가치라고 할 수 있다.

(2) 평 가

종래 우리 법원이 통상임금에 포함되는 금품인가 여부를 판단함에 있어, 해당 금품의 임금성 여부를 매우 중요하게 삼는 것은 설득력이 없다. 그리하여 통상임금에 해당되는 금품인가 여부가 문제된 사안에서, "상여금, 각종 연장근로수당과 같은 법정수당 등 단체협약 또는 취업규칙에서 근로조건의 하나로 전 근로자에게 일률적으로 지급토록 명시되거나 관례적으로 지급되는 현물, 상여금, 통근비, 식대, 가족수당 등 모두 임금(통상임금)에 포함된다."고 판시하는 것은 그다지 설득력이 없다. 임금 여부와 사전적으로 미리 획정된 추상적인 노동의 대가가치금액과는 다를 수 있기 때문이다. 실제로 근로를 제공하고, 그 제공된 근로의 양에 따라 지급되는 금품인 임금과, 규격화된 근로조건 하에서의 근로제공에 대한 대가인 통상임금은 그 차원이 다른 것이다.

그런데 종래 법원은 원칙적으로 지급사유가 불확정적이고 일시적으로 지급되는 상여는 임금이 아니지만, 상여금이 계속적 · 정기적으로 지급되고 지급액도 확정되어 있으면 근로의 대가로 임금이라고 하여 왔다.[55] 그리고 당해연도의 경영실적에 따라 지급되는 특별성과상여금이 단 1회 지급되었을 뿐 장래 계속 지급될지의 여부가 불확실하여 계속적 · 정기적으로 지급된다고 볼 수 없으면 임금이 아니라고 판단하여 왔다.[56] 공교롭게도 임금의 판단기준으로서 판례가 언급한 정기성과 계속성 요건은 근로기준법령상 통상임금의 개념 요소와 다르지 않다. 이러한 결과 통상임금 해당성 여부를 판단하는 문제를 두고 임금 여부의 문제와 동일한 선상에서 바라보게 되는 오류를 범하게 되었다. 이는 잘못이다. 엄밀하게 보면, 통상임금은 규격화된 통상의 근로를 전제로 하여 미리 예정되고 규격화된 임금조의 금품이기는 하지만, 이 금품은 사후적으로 근로의 대가로서 지급되는 임금이라기 보다는 사전적으로 획정된 해당 업무 종사자의 근로가치를 획정해 놓은 것이라 할 수 있다.

그러므로 임금 여부를 판단하는 지표가 고스란히 통상임금의 범위를 획정하는 요소로 활용되는 것은 문제를 해결하는 것이 아니라 문제를 더욱 복잡하게 만들고 만다.

사실 근로기준선진화 차원에서 2008년 제기된 바도 이러한 문제점을 염두에 둔 것을 보인다. 즉, 당시 평균임금 산정시 제외되는 "임시로 지급된 임금과 수당"을 보다 명확화하는 방안(시행령 제2조 제2항)이 제기되었다. 즉, 이에 따르면 ① 임시로 지급된 임금 및 수당, 즉 변동(성과)상여금, 결혼수당, 사상병 수당 등을 시행령에서 제외되는 임금으로 규정할 필요, ② 그리고 법률에 위임근거 규정 마련 필요성을 제시하여 놓았던 바 있다. 이상의 점을 염두에 둘 때, 통상임금에 포함되어야 하는 금품인가 여부의 판단에서 통상임금의 개념 요소인 정기성과 일률성, 고정성은 사전적인 노동력의 가치에 대한 평가인지 여부를 중심으로 하여 해석, 적용되어야 한다.

과거 대법원이 상여금에 대하여 정기성과 일률성을 기준으로 매년 1회 일정시기에 전 직원에게 지급되는 것을 두고 통상임금에 해당된다고 판시한 것은[57] 비판의 여지가 있다. 나아가 재직기간에 비례하여 상여금을 지

---

55) 대판 1977. 1. 11, 76다1408; 대판 1982. 10. 26, 82다카342 등.
56) 대판 1997. 1. 20, 97다18936 등.
57) 대판 1996. 2. 9, 95다19501.

급하겠다는 것은 근무성적 등에 따라 좌우되는 것이 아니므로 오히려 고정적인 것이어서 통상임금에 해당한다는 판례나,[58] 같은 맥락에서 예컨대 근무일 수에 따라 상여금을 지급하는 것은 실제 근무성적에 좌우되는 것이어서 고정적이지 않아 통상임금이 아니라고 한 판례 등도 좀더 면밀한 검토를 필요로 한다. 법원은 단순히 정기성과 일률성, 고정성 요소를 기계적으로 해석하여 통상임금 여부를 판단할 것이 아니라, 근로의 대가로서 그 가치를 선행적으로 획정하는 데 고려되어야 할 금품인가 여부에 대한 판단임을 먼저 전제로 한 뒤 그러한 요소를 해석 및 적용했어야 했다.[59]

Ⅳ. 소결 및 평가

노사 당사자 간의 임금 합의는 최저임금을 상회하는 한 유효하고 존중된다. 이는 협약자치질서의 핵심영역이기도 하다. 이때 임금의 합의는 (i) 사전적으로 확정되는 소정임금 외에 (ii) 할증율 등 가산임금지급방식이 주된 내용이 된다. 전자는 계약상 예정된 소정의 근로가 이루어진 경우에 지급될 임금으로서 사전에 확정이 가능하고, 후자는 미리 확정할 수 없는 상황에 이루어질 비통상적 근로에서 그 대가의 지급을 약정하는 방식이다.

우리 대법원은 과거 일관되게 약정통상임금의 유효성을 부인해 오고 있다. 노사 당사자가 합의로써 일부 임금 항목이나 수당을 통상임금 산정에서 제외하는 합의를 하더라도 이를 무효로 보고 있다. 그러나 이러한 점은 설득력이 없어 보인다.

가산임금 지급의 양에 대하여까지 노동법적 규제를 가하는 것은, 곧 임금 내용에 대한 노동법적 규제를 의미하는 것이기 때문이다.

노사 간 합의가 없다면, 시행령 상에 정해진 통상임금 개념에 따라 가산임금 산정시 고려하면 될 것이나, 만약 노사 당사자 간에 합의가 있다면, 이는 우선적으로 존중되어야 한다고 본다.

이러한 논리에 대하여, 종래 근로기준법 시행령의 강행규정성을 주장하

58) 대판 2012. 3. 29, 2010다91046.

59) 대판 1996. 2. 9, 94다1950; 대판 2007. 4. 12, 2006다81974 등.

여, 노사 간 합의의 유효성을 부인하여 왔다. 이 대목에서, 필자는 현행 근로기준법에서 통상임금에 관한 별도의 명문 규정을 두지 아니한 점에 대하여 매우 흥미롭게 생각하게 된다. 그 이유는 다음과 같다.

노사 간 단체협약은 신의칙에 반하거나 사회상규에 반하지 아니하는 한 존중됨이 협약자치질서다. 마침 현행 근로기준법 상에는 통상임금에 관한 명문규정이 없다. 단지 시행령 상에 이에 관한 규정을 두고 있다. 통상임금에 관한 노사 간 합의가 모법인 근로기준법도 아닌 시행령 상에 정해 놓은 규정에 의해 항상 무효화되는 것이 과연 타당한 것인지는 의문이 아닐 수 없다. 따라서 입법자가 근로기준법 상에 통상임금에 관한 개념규정을 두지 않은 것은, 노사 간 단체협약으로 가산임금의 기준이 되는 통상임금에 대하여 스스로 개념범위 설정의 가능성을 열어 놓은 것이라 해석할 여지도 얼마든지 있다.

판단컨대 노사 간 합의로써 통상임금의 범위를 정하여 가산임금 지급액에 대한 합의를 도출한 사실이 있다면, 이는 노사 간에 존중되는 것이 옳다. 오늘날 쟁점이 되고 있는 통상임금 분쟁들 중에 만약 이러한 합의와 상관없이 법원의 결정으로 통상임금이 새로 정해짐으로써 기업경영이 어려워졌다면, 이는 법현실과 법감정으로부터 한참 떨어진 결정으로 평가될 수밖에 없다.

제4절 요약 및 평가

1. 임금에 관한 노사 합의의 의미

앞서 언급한 바와 같이 사용자의 주된 의무는 합의를 통해 예정해 둔 근로계약 상 반대급부로서 임금을 지급하는 것이다. 임금은 당사자 간의 합의를 그 존재 근거로 한다. 다만 임금은 여러 가지 노동법적 규제를 받게 된다. 그 가운데 가장 중요한 규제는 최저임금제도에 관한 것이다. 당사자 간의 합의 여부와 상관없이 임금의 양적 규제가 이루어지게 된다. 그러한 최저 기준의 규제를 넘어서는 한 임금에 대한 양적 규제는 없다. 즉, 당사자 간의 합의에 따라 계약적으로 정해질 뿐이다. 예를 들면 다음과 같다. 특정 근로자와 근로계약을 체결하면서, 월 150만원을 임금으로서 지급하기로 미리 합의를 하게 된다. 다만 월 150만원이라는 임금지급액이 현행 최저임금법 상의 최저한도를 상회하는 것이므로, 노동법상 문제될 여지는 없다. 즉, 여기에서 왜 하필 150만원인가를 두고 별도의 노동법적 규제가 이루어질 여지는 없다는 점이다. 근로자의 종사 예정 업무의 내용상 월임금이 200만원은 되어야 한다는 노동법적 당위는 존재하지 않는다. 오로지 이는 계약원리에 의해 결정될 뿐이다. 만약 노동시장의 현상황에 비추어 볼 때 해당 업무의 내용상 월임금이 200만원에 이르러야 한다고 볼 수 있다 하더라도, 근로계약을 체결하는 양 당사자가 월 150만원에 합의한다면 이러한 합의는 전적으로 존중된다. 이처럼 임금에 대한 양적 규제는 최저 임금에 대한 규제를 제외하고는 당사자 간의 합의에 전적으로 의존하게 되며, 이러한 합의는 계약법상 존중되어야 한다. 만약 당사자의 진정한 의사로 월임금 150만원을 지급하는 것으로 합의를 하였다고 할 때, 약정 임금 월 150만원은 존중된다. 이때 약정 월급 150만원은 다른 구체적인 상황의 발생을 염두에 두지 않고, 가장 전형적인 월단위 근로의 제공에 따른 보수에 해당한다. 이는 다른 관점에서 보면, 근로계약에서 다른 변수의 발생(예컨대 일감 상승으로 연장근로를 한다거나, 야간근로를 하는 경우 등)을 배제한 상황에서 해당 업무 종사 근로자의 월 단위 노동력을 금품으로 산정한 것이라고 할 수 있다. 예컨대 일 8시간, 주 44시간 근로를 기준으로 하여, 월 150만원을 지급받기로 한 경우, 해당 근로자의 노동력 가치는 150만원으로 산정된 것이라 할 수 있다. 이때 과연 해당 업무 종사 근로자로서 그 노동력의 가치를 '합리적으로' 산정한 것이라 할 수 있는 것인가 하는 의문이 제기될 수 있다. 이러한 의문에 대한 명확한 해명은 민법 상의 원리에 따라 이루어질 수 있을 따름이다. 즉, 당사자 간의 착오나 협박 혹은 현저하게 공정성을 잃은 계약으로서, 그 계약의 유효성을 부인해야 할 정도에 이르는 경우에 비로소 노사 당사자 간 합의는 무효로 된다. 이러한 예외적인 경우를 제외하고는, 당사자 간 합의를 통해서 이루어진 근로의 대가 산정은 존중될 수밖에 없다.

2. 임금 계약에 대한 내용통제

기본적으로 근로계약당사자들은 근로보수의 책정(Bemessung der Arbeitsvergütung)을 자유롭게 합의할 수 있다. 다만 임금균등지급의 원칙(Grundsatz der Lohngleichheit)이나 관련 노동법상의 최저기준에 대한 제한과 단체협약상의 임금협정 내용이 그러한 자유의 한계로서 작동하게 된다. 즉, 이러한 범위에서 임금의 수준은 내용통제(Inhaltskontrolle)를 받는 것이다. 독일 노동법제에서는 연장근로시간에 대한 보수에 관해 어떠한 규정을 담고 있지 않다. 다만 연장근로시간에 대한 보수가 근로계약에 규정되어 있다면, 초과시간에 비례해서 보수를 산정하여 지급하게 될 것이다.[60)]

이와 달리 우리나라의 경우에는 통상임금의 산정을 통해, 가산임금 산출방식으로 그 근로의 대가가 지급되도록 하고 있다. 임금에 대한 규범적 내용통제가 독일에 비해 적극적이라고 할 수 있다. 그러나 가산임금 산정과 관련하여 단체협약질서를 부정하고 규범적 내용통제를 우선시하는 것은 지나친 것이 아닌가 하는 의문이 있다.[61)]

3. 임금의 사전적 획정과 추후적 획정

기본적으로 임금은 근로의 대가다. 이러한 임금의 획정은 사전적으로 이루어지게 된다. 그리고 이러한 임금 획정의 메커니즘은 기본적으로 당사자 간의 합의를 바탕으로 한다. 즉, 계약자유의 원칙에 따르게 된다. 다만 그 계약자유는 노동법적 규제와 단체협약의 틀 안에서 허용될 뿐이다. 따라서 노동법적 최저 기준과 단체협약을 통한 임금 지급 기준에 부합하는 한도 내에서 당사자 간의 자유로운 합의가 존중된다.

문제는 근로의 대가로서 임금이 반드시 사전적으로 확정될 수 없는 속성이 있다는 점에 있다. 즉, 임금의 지급이 미리 총액적으로 확정될 수 없고, 일단 근로의 제공이 이루어진 다음에 정산되고, 그 정산된 금액이 임금으로서 지급되는 경우가 있다. 흔히 근로가 당초 합의된 부분을 넘어서는 연장근로 형태로 이루어진 경우를 그 대표적인 예로 들 수 있다.

---

60) BAG 28.9.2005 AP Nr. 7 zu §307 BGB = NZA 2006, 149.

61) 이점에 대하여는 이후 다시 자세히 설명하기로 한다.

4. 단체협약(Tarifvertrag)상의 임금협정이 가지는 의미 – 임금산정 방식의 관점에서

추후적으로 이미 제공된 근로의 대가로서 임금이 지급되어야 할 경우, 그 임금의 구체적인 산정이 문제된다. 이때 양 당사자는 그 초과된 부분에 대하여 합리적으로 산정된 임금을 지급하여야 한다. 합리적으로 산정된 임금이란, 해당 노무에 대한 합리적 가치평가를 전제로 하는 것이다. 즉, 해당 노무의 가치를 평가하고, 그 가치에 부합하는 임금이 지급되어야 하는 것이다.

이와 관련하여 독일 임금법체계 상의 논의가 우리에게 시사하는 바가 크다. 그것은 바로 단체협약 상의 임금협정이 갖는 의미와 관련하여서이다. 즉, 독일 임금법 상에서는 단체협약의 적용을 받는 근로자인 경우, 단체협약에서 정해 놓은 임금 수준에 하향하는 근로계약당사자 간 임금합의는 무효이다. 단체협약의 적용을 받지 않는 근로자의 경우에도, 단체협약에서 정해 놓은 임금협정내용은 해당 업무 종사 근로자의 노동가치를 합리적으로 평가하는 지침으로서 기능한다고 평가할 수 있다고 본다. 요컨대 임금지급에 있어 해당 임금의 산정이 합리적인 수준에 이르지 않는 등 계약상의 공정성에 반하는가 여부를 민법 상 평가할 때(독일민법 제138조 제2항) 그러한 단체협약 상의 임금 규정 내용이 고려된다.

결국 노동의 가치를 합리적으로 평가하여 임금을 지급하는 일은 매우 중요한 의미를 지닌다. 다만 문제는 노동의 가치를 어떠한 방식으로 산정하여 지급하는 것이 합리적인가를 확정하는 데 있다.

5. 통상임금에 관한 노사 합의의 유효성

노사 당사자 간의 임금 합의는 최저임금을 상회하는 한 유효하고 존중됨이 원칙이다. 그러나 우리 대법원은 노사 당사자 간의 약정통상임금에 관한 합의를 무효로 보고 있다. 이는 동의하기 어렵다. 왜냐하면 임금 내용에 대한 통제를 의미하기 때문이다.

마치 임금의 액수를 노사가 협약을 통해 자율적으로 정할 수 있듯이 가산임금의 액수도 노사가 자율적으로 정할 수 있어야 한다. 임금은 자율영역이고, 가산임금은 규범적 규제영역으로 두는 것은 앞뒤가 안 맞다. 노사 간 합의가 없다면, 시행령 상에 정해진 통상임금 개념에 따라 가산임금 산정시 고려하면 될 것이나, 만약 노사 당사자 간에 합의가 있다면, 이는 우선적으로 존중되어야 한다고 본다. 특히 종래 법원이 약정통상임금의 효력을 부인하는 입장은, 법이론적 관점에서 보면 다음과 같은 점에서 더욱 문제될 수 있다. 즉, 근로기준법 상이 아닌 시행령 상에 통상임금 규정을 두고 있는데, 과연 노사 간 단체협약으로 정한 내용과 시행령 상의 규정 내용 중 어느 것이 우월한 것인가를 판단해 볼 필요가 있기 때문이다.

적어도 선량한 풍속 기타 사회질서에 반하는 것이 아닌 이상, - 임금의 구체적 내용이 협약으로 정해지듯이 - 가산임금의 양을 정하는 것 역시 합의가 우선적으로 존중되는 것이 옳다. 어쩌면 입법자가 근로기준법 상에 통상임금에 관한 개념규정을 두지 않은 것은, 노사 간 단체협약으로 가산임금의 기준이 되는 통상임금에 대하여 스스로 개념범위 설정의 가능성을 열어 놓은 것이라 볼 수도 있다.

통상임금에 관한 분쟁에서 특이한 점은 노사 간 통상임금 범위에 관한 합의와 상관없이 뒤늦게 통상임금의 오계산 문제를 들고 나오게 되었다는 것이다. 어느 일방 분쟁당사자로서는 금반언원칙을 운운하지 않을 수 없게 된 것이며, 일응 이러한 입장은 충분히 납득이 된다.

제 7 장
통상임금제도에 관한 입법정책론적 제언

제1절 통상임금관련 분쟁해결을 위한 방향성

통상임금에 관한 논쟁은 단순한 논쟁에 그치지 않는다. 이것이 가져 올 사회적, 경제적 파장은 엄청나다. 통상임금은 가산임금의 산정 기준인데, 야간근로나 연장근로가 대단히 보편적으로 이루어지고 있는 우리나라 노동현장에서의 모습을 감안해 보면, 통상임금의 오계산은 근로자들에 대한 임금지급이 잘못 계산된 것이 되기 때문이다.

통상임금에 관한 논쟁은 두 가지 평면적 구조를 가진다. 첫 번째는 이미 오계산되어 지급된 과거 통상임금에 관한 문제이고 두 번째는 향후 통상임금제도를 어떻게 합리적으로 제도화할 것인가에 관한 미래의 문제이다.

Ⅰ. 과거 미지급 임금의 추급문제

과거의 문제 그러니까 통상임금의 계산이 잘못 되었으며 따라서 미지급된 임금을 되돌려 달라는 법적 분쟁도 매우 복잡한 셈법을 가진다.

첫 번째로, 통상임금의 오계산에 따른 문제가 주로 야간근로나 연장근로가 빈번하게 발생하는 중·대기업 근로자에 관한 것이라는 점이다. 소규모 영세사업장에 근로하는 다수의 근로자에게는 사실상 통상임금에 관한 법적 분쟁이 무의미해 보인다. 소규모 영세사업장 근로자로서는 사용자의 형편을 뻔히 알기 때문에 이를 법적 절차를 통해 청구하기가 사실상 어렵기 때문이다. 통상임금에 관한 법적 분쟁이 자칫 고임금 대기업 근로자와 저임금 영세사업장 근로자 간의 격차를 더욱 벌어지게 할 우려가 있다.

두 번째로는, 과거 오랜 동안 관행적으로 지급하여 오던 통상임금이 잘못 산정된 것이라면, 근로자로서는 미지급된 임금을 되돌려 받아야 마땅하겠지만, 사용자로서는 당초 경영예산을 마련하면서 전혀 예측할 수 없었던 인건비(=회사경영적 측면에서는 '비용')가 추가적으로 발생하게 된 셈이 된다.

결과적으로 당해 연도에는 인건비 과다 지출로 불가피하게 그 만큼 손해가 더 발생하는 것이 되겠지만, 그 다음 해부터 임금협상에서 과거 추가지출부분에 대한 것을 고려하여 임금상승을 최대한 억제하거나 낮추려 할 개연성이 높다. 결국 통상임금에 관한 법률분쟁은, 노사 간 마음만 상하게 할 뿐, 실질적인 이익은 노사 모두에게서 찾아보기 어렵게 된다. 이익은 오로지 그 소송을 담당하는 법률가에게만 돌아가는 셈이 된다.

세 번째로는, 통상임금에 관한 수많은 법률분쟁들이 사법적 판단결과에 대한 예측이 현저히 어렵다는 점이다. 이와 관련하여 우선 언급되어야 할 바는, 정기상여금이나 업적상여금 또는 추석상여금이나 체력단련비 등 그 수당의 명칭을 기준으로 하여, 법원의 입장을 변경되었다는 등으로 평가하는 일은 잘못이라는 점이다.[1] 어느 하나의 사례에서 예컨대 '정기상여금'이 통상임금에 포함되어야 한다는 취지로 법원이 판시한 경우라도, 다른 기업 사례에서의 '정기상여금'도 마찬가지로 보아야 한다는 취지로 이해되어서는 안 된다. 법원은 문제된 사건 정기상여금은 '어떠하기 때문에' 통상임금으로 본 것이고, 다른 회사 사례에서의 정기상여금은 '어떠하기 때문에' 통상임금에 포함되어서는 안 된다고 보는 것이다. 사실 법원이 제시한 근거와 이유는 형식적인 논리정합성은 갖추었는지 모르지만 현실적 법감정에는 부합하지 않는 경우가 있고, 나아가 기업현장에서의 회계 실무가들이 일일이 판단하기 어려울 만큼 복잡하다. 나아가 통상임금 해당성 판단 기준들간에도 서로 중첩되거나 모순될 수 있는 경우가 있다. 결국 통상임금소송은 - 마치 해고소송과도 같이 - 그 사법적 판단에 대한 예측가능성이 떨어져서 '로또'처럼 보여질 위험이 있고 실제로 그렇다. 이러한 점은 유감이 아닐 수 없다.

1) 최근 대법원 판결이 이루어진 금아리무진사건에 대하여 "정기상여금은 통상임금이다"라고 평가하는 것은 잘못이며, 오히려 "근속수당과 유사한 정기상여금에 대하여 통상임금이라고 본 것"이라고 평가하는 것이 보다 정확한 지적이라고 한다. 나아가 정기상여금의 통상임금성 인정은 자칫 일률성과 고정성을 갖지 못한 상여금까지 통상임금화 시킬 수 있다는 문제가 있음을 지적하는 견해(이정, "통상임금에 대한 판례법리의 재검토", 노동법학, 2012. 9 참고)도 있다.

Ⅱ. 통상임금제도의 규범화 문제

미래의 문제 그러니까 향후 통상임금제도를 어떻게 합리적 규범화에 나설 것인가에 관한 방안을 찾는 것도 간단한 문제는 아니다. 그러나 그 방향성은 어느 정도 명확하게 드러나 있다.

첫 번째는 통상임금의 개념을 명확히 근로기준법에 규범적으로 정의해 두는 일이다. 모법의 명시적 위임도 없이 시행령에서 그 개념을 명시한 것이나, 그러한 개념명시와는 별개로 법원이 법관법 형성을 통해 그 개념을 보충해 나가고 있는 현실을 그대로 방치해 둘 수는 없다.

두 번째는 통상임금의 개념을 정해 두는 경우에도, 그 개념은 매우 간명한 것이어야 한다. 통상임금에 대해 '사전적으로 확정해 둔 근로의 가치'로서 개념화하는 방식도 있을 수 있겠지만, 오히려 산술적 계산 공식처럼 개념규정화하는 방식도 고려될 수 있다고 본다. 이는 마치 평균임금의 개념에 대하여 우리 입법자가 '근로자의 실질적인 생활수준을 가늠할 수 있도록 하는 생활임금'이 아니라, 최종 3개월 간 얻은 총 임금을 일수로 나눈 금액과 같이 계산공식으로 개념화해 둔 것과 같다. 평균임금이나 통상임금은 소위 '도구개념'이기 때문에 그렇다.

세 번째는 통상임금제도에 있어 노사 간의 합의여지를 봉쇄하는 것은 잘못이므로, 이를 개선할 필요가 있다는 점이 지적되어야 한다. 근로자의 임금을 얼마로 책정할 것인가는 - 최저임금제도나 차별제도에 반하지 아니하는 한 - 노동시장의 메커니즘에 기반하여 노사 합의로 정해지는 것이므로, 기본적으로 임금에 대한 내용통제는 허용될 수 없다. 열작업 근로자에게 얼마의 임금을 책정할 것인가의 문제와 열작업 근로자가 야간근로를 하는 경우 얼마의 가산임금을 지급할 것인가의 문제는 실상 그 본질에 있어 전혀 다르지 않다. 노사 합의의 여지를 열어두는 것이 옳다.[2)]

네 번째는 통상임금제도의 입법화 과정에서 가산임금이 갖는 이중적 성격을 충분히 고려할 필요가 있다는 점을 분명히 하여야 한다. 가산임금은

2) 같은 취지로 박지순, "통상임금에 관한 최근 대법원 판결의 의미와 쟁점", 노동리뷰, 2013; 이정, "통상임금에 대한 판례법리의 재검토", 노동법학, 2012. 9 참고.

근로계약체결 당시에 전형적으로 예정해 둔 소위 통상근로의 경우를 벗어난 경우, 즉 비통상적 근로에 대한 대가의 지급에서 할증을 해 주는 경우를 말한다. 따라서 가산임금은 비통상적 근로에 대한 대가이다. 비통상적 근로는 원칙적인 근로의 모습은 아니다. 가산임금에 대한 할증률이 높아지면, 근로자는 임금을 많이 받게 되므로 이익이 된다. 하지만 반드시 그러한 것은 아니다. 근로자는 비통상적 근로에 대한 유혹을 이기기가 어려워진다. 근로자가 사실상 휴일이나 연장, 야간근로에 투입됨으로써 인간다운 생활과는 멀어지게 된다. 일과 가정의 양립을 위해서도 바람직하지 않다. 나아가 추가적인 일자리 창출에도 도움이 되지 않는다. 그러나 분명한 사실은, 현재 우리나라의 가산임금할증률 50%는 세계적으로도 유래를 찾기 어려울 정도로 높은 수치이고, 대다수의 근로자가 야간근로나 연장근로에 투입되어 일을 더 하고자 하는 바램을 가지고 있다는 사실이다.[3)]

이상의 관점을 중심으로 하여 통상임금 분쟁의 의미를 되짚어 보고, 향후 통상임금제도의 입법화와 관련한 방안과 관련하여서는 외국의 가산임금관련 입법례과 비교해 봄으로써, 나름대로의 대안을 제시해 보고자 한다.

제2절 비교법적 검토 및 시사점

Ⅰ. 독 일

1. 임금, 가산임금, 그리고 상여금

독일의 경우, 임금 또는 평균임금 나아가 통상임금에 관한 명문 규정을 두고 있지는 않다. 근로의 대가로서 지급되는 보수 즉, 임금은 그 지급의 방식과 종류, 그리고 그 지급시기와 지급액 등이 단체협약을 통해 결정된

3) 필자가 노동위원회에 제기된 부당노동행위 구제심판 사건에 참여하였던 적이 있었는데, 이때 구제신청자가 조합원인 자신에게 사용자가 행한 불이익처우의 내용에 관하여, 야근이나 휴일 특근을 배정하지 않는다는 사실을 적시하고 있었다. 그만큼 비통상적 근로가 보편적으로 행해지고 있고, 이것을 근로자가 원하고 있다는 것을 보여주는 예라고 할 수 있을 것이다.

다.[4)]

대체로 근로의 대가로서 보수 즉, 임금(Arbeitsentgelt)은, 임금산정단위기간 동안 제공된 근로의 대가로서 지급되는 것이고, 이때 구체적인 산정방식이 되는 단위기간은 근로한 시간에 따라 지급하는 시간급(Zeitlohn)이나 근로자가 수행한 성과에 따라 지급하게 되는 업적급(Akkordlohn)으로 대별된다. 근로한 시간에 따라 지급하게 되는 시간급 형태에서, 초과근로나 휴일 및 야간근로에 대한 추가적 반대급부(Zulage)의 지급이 문제된다. 소위 근로자에게 부담이 가중되는 불리한 시간대에 근로를 제공한 데 대하여, 할증률을 더하여 보수를 지급하게 된다. 예컨대 초과근로를 제공한 데 대한 보수로서 초과근로수당(Überstundenzuschläge)이 지급되는데, 이러한 수당이 반드시 정기성을 충족할 필요는 없고, 단체협약에서 그 산정방식이나 가산율, 지급시기를 정하게 된다.

나아가 임금은 해당 근로자의 생계유지를 위한 것이므로, 계획적 생활유지수단으로서의 본질에 의거, 정기적 보수지급성을 기본요구로 하게 된다. 하지만 수시로 불특정한 기회에 불리한 시간대에 근로를 제공하게 된 데 대한 보수의 지급은 반드시 일정한 기일을 정하여 지급되도록 할 당위성은 없다. 따라서 정기적 지급의 대상이 되는 임금은 사전적으로 확정되어 있는 통상적인 근로제공을 전제로 한 기본급(Grundvergütung)이 주가 되고, 부분적으로 매 단위기간 동안의 성과를 평가하여 그에 따른 보수를 가감하는 구조에서는, 결과적으로 이러한 성과급성격의 임금(Prämie)도 - 평가단위기간에 의거 - 정기성을 띄게 된다.

독일 임금체계에서, 상여금(Gratifikationen)은 특별급여로서 성격을 가진다. 이러한 상여금은 정기적으로 지급되는 금원이 아니다. 다만 횟수로 정하는 것은 가능하고, 그 구체적인 지급은 일정한 동기를 가지는 것이 일반적이다.

---

4) 박지순, 이상익, 통상임금의 이해, 2013, 39면 이하.

2. 불리한 시간대 근로와 가산 할증률

(1) 초과근로의 개념

독일에서 초과근로(Überstunden)에 대한 개념은 우리의 경우와 다르다. 우리의 경우는 연장근로의 개념이 법정 근로시간(1일 8시간, 1주 40시간)을 초과하는 경우를 의미한다. 하지만 독일의 경우는 단체협약에서 노사가 협약으로 정해 놓은 소정근로시간을 초과하는 경우를 말한다. 사실상 단체협약이 근로기준관련 노동법규의 특별법적 지위에 있는 셈이다.

(2) 가산임금의 지급

독일에서는 초과근로 시 그 대가 지급에 대하여 아무런 규정을 두고 있지 않다. 이는 다분히 입법자의 의도에 기인한 것으로 보아야 한다. 사실상 입법자는 그에 관한 규율을 의도적으로 근로계약, 사업장협정(Betriebsvereinbarung) 또는 단체협약에 맡겨두고자 한 것이다.[5)]

(3) 가산임금 할증률과 단체협약

초과근로를 비롯하여 불리한 시간대에 근로를 제공하게 된 경우에 대해 임금이 지급되어야 하지만, 이러한 임금이 반드시 가산임금 형태로 지급되어야 할 법적 의무가 있는 것은 아니다. 말 그대로 단체협약에서 정해 놓은 바에 따른다. 개별 기업 단위에서는 사업장협약에서 구체적이고 세밀하게 정하는데, 이러한 사업장협약은 단체협약의 범위 내에서 정해진다. 실무상으로 보면, 불리한 시간대에 근로를 제공하는 경우나 초과근로에 대하여는 가산임금이 지급되도록 함이 보편적이다.

다만 그 가산율을 우리나라의 경우와 같이 법적 강제화하지는 않는다. 따라서 원칙적으로 단체협약이나 사업장협정에 달리 규정한 바가 없다면 사용자는 그와 같은 가산수당 지급의무가 없다고 보아야 한다.[6)]

---

5) 박지순, 이상익, 통상임금의 이해, 2013, 39면 이하.

6) Scharb/Linck, ArbR-Hdb, §69 Rn. 11(박지순, 이상익, 통상임금의 이해, 2013, 39면 이하 재인용).

3. 기업 내부 질서 사항으로서의 임금지급체계와 구조

실무에서는 초과근로에 대하여 단체협약이나 사업장협정 등의 명시적 규정이나 경영관행에 따라 해당 시간에 대해 정해진 기본급에 추가하여 일정한 초과근로수당이 지급된다. 우리나라의 할증임금에 해당하는 가산수당을 의미한다.

독일 종업원평의회에서 주로 개별 기업단위에서의 임금지급방식과 시기 등을 사용자 측과의 공동결정절차를 통해 확정하게 된다(§87 I Nr. 10 BetrVG). 나아가 사용자를 통한 기존의 임금지급원칙의 변경 역시 공동결정의무가 있다. 이러한 임금관련 공동결정제도(Beteiligungsrecht)는 기업경영에 있어 임금지급 체계를 투명하게 하고 경영상의 임금 및 분배정의(Lohn- und Verteilungsgerechtigkeit)를 구현하기 위한 것이다. 이러한 기업내부의 임금지급관련 경영사정에 국가가 직접 개입할 수는 없다는 원칙이 확고하다.

Ⅱ. 프랑스

1. 임금의 개념

프랑스 노동법에서 임금은 근로자의 노동력 임대가격으로 표현된다.[7] 그러나 프랑스 노동법전 상 임금에 관한 일반적 정의 규정을 두고 있지는 않다. 다만 보수(rémunération)의 가장 넓은 개념은 남녀 간 동일노동 동일임금원칙에 관한 사항을 규정하고 있는 장에서 나타나고 있다.[8] 즉 이러한 개념 정의에 의하면 보수(rémunération)는 "직접 혹은 간접으로, 현금 혹은 현물로, 사용자에 의하여 노동자에게 그 고용을 이유로 지급되는, 최저 또는 최소의 일반적인 임금(basic salaire)과 처우(traitement) 및 다른 모든 혜택(avantage)과 기타 부가적인 급여(accessoires)를 포함"한다고 규정하고 있다.[9] 노동법전 전반에서는 '노동의 보수(rémunération du travail)'와 '임금

7) Alain Supiot/박제성(역), 프랑스 노동법, 2011, 106면.
8) 박지순, 이상익, 통상임금의 이해, 2013, 43면 이하.
9) 박지순, 이상익, 통상임금의 이해, 2013, 44면.

(salaire)'을 거의 같은 의미로 사용하고 있는 바, 통상적으로는 당해 보수 개념을 노동법전 일반의 임금개념으로 이해하고 있다.[10]

2. 임금의 구조와 임금의 내용 결정

임금의 내용결정 메커니즘을 살펴보면, 프랑스 역시 근로계약이나 단체협약으로 노사가 정하게 되는 구조이다.[11] 다만 임금내용과 관련한 노동법적 규제는 - 우리나라와 마찬가지로 - 최저임금을 상회하여야 한다는 것이 있다. 최저임금은 소비자의 물가지수의 변동과 평균적인 임금수준을 받는 자의 구매력 증가 상황을 고려하게 되는데, 매년 7월 1일 프랑스 정부에 의하여 정해진다. 최저임금결정은 모든 근로계약을 구속하는 강행규정으로서의 효력이 있다.[12] 그 외에도 임금을 일반적 물가수준이나 최저임금수준에 연동하는 조항을 금지하는 것과 임금차별금지원칙 차원에서의 임금내용결정에 대한 규제가 인정된다.[13]

프랑스에서 임금은 기본급, 시간외수당, 기타 수당으로 구성되어 있다. 기본급(basic salary)은 사용자가 근로자에게 근로의 대가로서 지급해야 하는 고정된 보수이다. 당사자들은 먼저 이를 어떻게 지급하고 받을 것인가에 대하여 결정하여야 한다.[14] 기본급은 시간을 기준으로 한 급여와 성과를 기준으로 한 급여로 나누어질 수 있다. 그 외에 비용보상적 측면에서, 숙식, 난방, 피복 등에 관한 비용을 임금(salary)의 일부분으로 구성하여 지급하기도 한다.[15] 나아가 체제비수당과 출장수당, 시설수당, 교통수당, 식대비 등도 비용보상적 수당이다. 하지만 만약 이러한 비용보상 차원에서의 수당이 이후 상환해야 할 의무가 있는 경우에는 임금에 포함시킬 수 없다.[16] 그 외에도 사용자의 호의(bénévole)에 따라 지급되는 순수한 상여금적 수당이 있다.[17] 하지만 해당 근로자에 대한 업무성과를 격려하기 위한 성과급 또는

---

10) 박지순, 이상익, 통상임금의 이해, 2013, 44면 주2).
11) Alain Supiot/박제성(역), 프랑스 노동법, 2011, 107면.
12) Alain Supiot/박제성(역), 프랑스 노동법, 2011, 107면. 나아가 프랑스에서 최저임금준수의무는 공공부문에서도 인정된다고 한다.
13) Alain Supiot/박제성(역), 프랑스 노동법, 2011, 107면.
14) 박지순, 이상익, 통상임금의 이해, 2013, 44면 주2).
15) 박지순, 이상익, 통상임금의 이해, 2013, 45면 이하.
16) 이달휴, "프랑스의 임금의 개념과 임금채권보장", 239면.

개근 수당도 지급될 수 있으나, 이러한 수당이 단체협약이나 취업규칙에 명문으로 규정되어 있다면 이는 임금에 해당하는 것으로 보게 된다.[18)]

3. 가산임금[19)]

프랑스에서도 독일과 마찬가지로 가산임금지급을 위한 기준으로서 우리와 같은 통상임금제도는 존재하지 않는다. 다만, 연장근로에 따른 가산임금 산정에 있어서 그 할증률은 비교할 수 있다. 프랑스에서 '법정(기준)근로시간(durée légale du travail)'은 주당 35시간으로 정해져 있다(L. 3121-10조). 나아가 프랑스에서는 1일 근로시간이 10시간을 넘을 수 없도록 규정되어 있다(L.3121-34). 시행령에 의하면 사용자는 '일시적인 업무의 증가시' 근로감독관의 승인을 얻어 1일 근로시간 10시간을 초과할 수 있고,[20)] 단체협약에 의할 경우에는 1일 12시간까지 근로하게 할 수 있다(D. 3121-19). 연장근로시간이 사업별(기업별) 단체협약 혹은 사업별 단체협약이 없는 경우에는 산업별 단체협약에 의하여 정해진 연간 최대 연장근로의 허용범위를 초과하지 않는 범위 내에서 사용자는 '연장근로시간'을 자유롭게 사용할 수 있다. 근로자는 그 대가로 할증임금이나 보상휴가를 취득한다(L. 3121-22조 이하).

연장근로시간에 대해 지급되는 할증임금의 법정요율은 법정근로시간인 주 35시간을 넘은 처음 8시간(43시간까지)은 임금의 25%, 8시간을 초과하는 연장근로에 대해서는 임금의 50%를 추가지급하여야 한다(L. 3121-22). 다만 기업 단위 또는 산별 단위 협약에서 이와 다른 가산요율을 정할 수 있는데, 이 경우에도 10% 이하로는 정하지 못하도록 하였다(L. 3121-22).[21)] 한편 연

---

17) 박지순, 이상익, 통상임금의 이해, 2013, 45면 이하.

18) 이달휴, "프랑스의 임금의 개념과 임금채권보장", 240면.

19) 이하는 박지순, 이상익, 통상임금의 이해, 2013, 47면 이하에서 인용함.

20) D. 3121-15(종전 D. 212-12)에서는 근로감독관에게 1일 10시간을 초과하는 근로를 승인받을 수 있는 경우로서, 첫째 근로의 성질상 또는 사업체에 부과되는 부담으로 인해 또는 사업체가 체결한 약정으로 인해 정해진 기간 내에 수행되어야 하는 근로, 둘째 계절적 근로, 셋째 주·월 또는 연간의 며칠 동안 발생되는 업무의 처리를 위한 근로로 인하여 "일시적 업무의 증가가 발생된 경우"로 한정하고 있다.

21) L.3121-22조(L.212-5조 제1항 및 Ⅰ): L.3121-10조(L.212-1조)에서 정한 주당 법정근로시간을 초과하여 수행된 연장근로나 이에 준한 것으로 인정되는 근로는 가산임금을 발생시키며, 그 요율은 첫 8시간에 대하여는 25% 가산요율을 적용한다. 8시간을 넘는

장근로시간에 대해 할증임금이 아닌 보상휴가(reposcompensateur)를 부여할 수 있는데(L. 3121-24), 그 실행여부는 노사 당사자의 합의에 달려있다.

Ⅲ. 일　　본[22)]

일본의 임금체계는 우리의 그것과 매우 유사하다. 평균임금과 통상임금의 개념도 일본에서 유사하게 발견된다. 그 제도적 목적과 규범적 의의도 거의 동일하다.

1. 평균임금과 통상임금

일본 노동법 상 해고예고수당(노기법 제20조), 휴업수당(노기법 제26조), 연차유급휴가 중의 임금(노기법 제39조 제6항), 산업재해보상(노기법 제76조) 등의 산정에서 그 기준이 되는 임금으로서 평균임금개념을 사용하고 있다. 이러한 평균임금은 일본 노동기준법 제12조에서 명문화되어 있다. 이에 따르면 "평균임금이란 이를 산정하여야 할 사유가 발생한 날 이전 3개월 동안[23)]에 근로자에게 지급된 임금의 총액[24)]을 그 기간의 총일수로 나눈 금액을 말

부분에 대하여는 50%의 가산요율을 적용한다. 구속력이 확장된 단체협약이나 협정 및 기업 또는 사업장 협약이나 협정에 의하여 제1항과 다른 요율을 정할 수 있다. 그 요율은 10% 미만이어서는 아니된다.

22) 송강직, "한국과 일본의 통상임금 법리", 동아법학, 2012. 8 참고.

23) 3개월간의 기간은 임금마감일이 있는 경우에는 직전 임금마감일로부터 기산하며(제12조 제2항), 그 기간 중에 다음의 일수 및 그 기간 중의 임금은 기간 및 임금총액으로부터 공제하는데(제12조 제3항 본문), 업무상 부상 또는 질병에 의한 요양을 위하여 휴업한 기간(제12조 제3항 1호), 산전산후의 여성 휴업기간(제12조 제3항 2호), 사용자의 귀책사유에 의한 휴업기간(제12조 제3항 3호), 육아휴업·개호휴업기간(제12조 제3항 4호), 시용기간(제12조 제3항 5호)는 제외된다(이정, "일본의 임금제도", 노동과 법, 제6호, 2006, 350-357면).

24) 임금의 총액에는 임시로 지급되는 임금, 3개월을 초과하는 기간별로 지급되는 임금, 통화 이외의 것으로 지급되는 임금으로 일정한 범위에 속하지 않는 것을 제외하며(동조 제4항), 임금이 통화 이외의 것으로 지급되는 경우에 후생노동성령으로 정하도록 하고 있고(동조 제6항), 고용 후 3개월에 이르지 않은 경우에는 3개월의 기간은 고용 후의 기간으로 하며(동조 제6항), 일용직 근로자의 경우에는 당해 사업 또는 직업에 관하여 후생노동성령으로 정하는 금액을(동조 제7항), 위에서 규정에 의하여 산정할 수 없는 경우의 평균임금은 후생노동성령이 정하는 바에 의하도록 하고 있다(동조 제8항). 시용기간 중에 평균임금을 산정하여야 할 사유가 발생한 경우에는, 동법 제12조

한다" 그리고 "그 금액이 일정한 금액[25]을 하회하여서는 아니된다"고 규정하고 있다. 이는 사실상 현행 근로기준법 상의 평균임금 개념과 동일하다.

통상임금에 대하여 일본에서도 연장근로나 야간근로 등에 대한 가산임금의 산정 기초로 활용하고 있다. 일본에서 통상임금은 따라서 통상의 근로시간에 대한 임금계산액이라고 평가된다. 통상임금의 개념이 주로 근로시간을 중심으로 한 개념으로 파악하고 있는 것이다.

2. 가산임금제도

일본에서는 연장근로나 휴일근로에 대하여 통상의 근로시간 또는 근로일의 임금 계산액의 2할 5푼 이상 최대 5할 이내의 범위 내에서 정령으로 정하도록 하고 있다.[26] 즉, 가산임금을 정령에서 규정하고 있는 것이다.[27] 2008년 일본에서는 노동기준법 개정을 통해 1개월 60시간을 초과하는 시간외 근로에 대하여는 통상의 근로시간에 대한 임금 계산액의 5할의 가산금을 지급하도록 하고 있다(노기법 제37조 제1항 단서).[28] 다른 한편 시간외 근로에 대하여 행정지도를 통한 시간외 근로에 대한 한도설정 및 가산금 지급 등에 대한 해석지침 등이 마련되었다.[29] 그리고 시간외 근로와 심야근

제3항의 규정에도 불구하고, 그 기간 중의 일수 및 그 기간 중의 임금은 위 동법 제12조 제1항 및 제2항의 기간과 임금의 총액에 산입한다(이정, "일본의 임금제도", 노동과 법, 제6호, 2006, 350-357면).

25) 이때 일정한 금액이란, 임금이 근로한 날 또는 시간에 따라 산정되거나 성과급제 기타 도급제에 의하여 정하지는 경우에는 임금총액을 그 기간 중에 근로한 일수로 나눈 금액의 100분의 60(일본 노기법 제12조 제1항 1호), 임금의 일부가 월, 주, 기타 일정한 기간에 의하여 정하여진 경우는 그 부분의 총액을 그 기간의 총일수로 나눈 금액과 전항의 금액을 합산한 금액을 말한다(일본 노기법 제12조 제1항 2호). 이에 대하여 자세히는 이정, "일본의 임금제도", 노동과 법, 제6호, 2006, 350-357면 참고.

26) 송강직, "한국과 일본의 통상임금 법리", 동아법학, 2012. 8 참고.

27) 현행 1994년 1월 4일 정령 5호에 의하면, 시간외 근로에 대하여는 2할 5푼, 휴일근로에 대하여는 3할 5푼으로 정하고 있다고 한다(송강직, "한국과 일본의 통상임금 법리", 동아법학, 2012. 8 참고).

28) 다만 중소사업주(자본금 또는 출자금 총액이 3억엔(소매사업 또는 서비스업을 주로 영위하는 사업주는 5천만엔, 도매사업을 주로 영위하는 사업주는 1억엔) 이하의 사업주 및 상시 근로자 수가 3백명(소매사업의 사업주는 50명, 도매사업의 사업주는 100명) 이하의 경우 당분간 본 단서규정을 적용하지 않는다(동법 부칙 제138조).

29) 노동기준법 제36조는, 근로자대표(과반수 노동조합 또는 근로자 과반수 대표하는 자)와의 사면협정, 행정관청 시고에 의하여 법문상 제한없는 시간외 근로 또는 휴일근로가 가능하도록 하였다. 동 협정에 의하여 개별근로자의 시간외 근로 또는 휴일근로

로 등이 중복하는 경우에는 각각의 가산금을 합산한 금액을 지급하여야 한다.[30]

3. 가산금 계산의 대상 범위

일본의 경우, 시간외 근로 등에 대한 가산금을 계산함에 있어서 그 산정의 기초가 되는 '통상의 근로시간의 임금계산액'(소정근로시간에 대한 임금임)에 대하여 명문으로 규정하면서, 여기에서 제외되어야 할 수당들에 대하여도 열거하여 규정하고 있다.[31] 요컨대 일본 노동기준법 제37조 제5항은, "가산임금의 기초가 되는 임금에는 가족수당,[32] 통근수당[33] 기타 후생노동

의무가 발생하는가에 대하여, 최고재판소는(日立製作所武蔵工場事件, 1991. 11. 28, 最高裁判所民事判例集, 45巻 8号, 1270면), 서면협정이 존재하고, 행정관청에 신소한 경우로서, 취업규칙에 위 협정 범위 내에서 일정한 업무상의 사유가 있는 경우에 시간외 근로를 시킬 수 있다고 규정하고 있는 경우, 당해 취업규칙의 규정이 합리적인 경우에 한하여, 이는 구체적인 계약내용으로 되어, 근로자는 개별적 동의없이도 시간외 근로의 의무를 부담한다고 하였다. 행정지도는 1982년 시간외 근로 적정화지침을 통하여 시간외 근로의 상한에 관하여 최대한의 시간을 정하였으나, 이러한 행정지도의 법률적 근거가 없어, 1998년 노동기준법 개정에서 현행 제36조 제2항-제4항을 신설하여 행정지도의 근거규정을 두었다 . 그 후 노동기준법 제36조 제1항의 협정으로 정하는 근로시간의 연장의 한도 등에 관한 기준을 규정하여, 1주간 15시간, 2주간 27시간, 4주간 43시간, 1개월 45시간, 2개월 81시간, 3개월 120시간, 1년간 360시간의 시간외 근로의 상한을 설정하였다(휴일근로는 위 상한에 포함되지 않음). 동 기준에 의하면 서면협정의 시간외 근로를 정함에 있어서 위 한도기준을 지키도록 하지 않으면 아니된다고 하고, 위 한도기준을 초과하는 시간외 근로의 명령의 효력여부의 판단에 있어서 한도를 초과한 사정은 시간외 근로의무에 관한 취업규칙의 합리성판단이나 시간외 근로명령의 권리남용의 고려요소가 될 수 있을 것이다. 나아가 시간외 근로의 한도에 대하여는 특별한 사정이 있는 경우 서면협정에 의하여 특별연장이 허용되며, 이에 대한 남용이 있자 특별한 사정에 대한 해석기준을(2004년 4월 1일) 만들어 특별한 사정이란 임시적인 것에 한정하였다. 그리고 위 특별한 사정에 의한 시간외 근로한도의 초과에 대하여는 2할 5푼의 가산금을 설정하도록 하는 노력의무가 도입되었다(2009년 후생노동성고시 316호, 시행은 2010년 4월 1일). 이상 荒木尚志, 『労働法』, 有斐閣, 2009, 142-144면을 요약.

30) 荒木尚志, *労働法*, 有斐閣, 2009, 147면(송강직, "한국과 일본의 통상임금 법리", 동아법학, 2012.8에서 재인용).

31) 송강직, "한국과 일본의 통상임금 법리", 동아법학, 2012. 8 참고.

32) 가족수당이란 부양가족 또는 이것을 기초로 하는 가족수당액을 기준으로 산출한 수당을 말하며, 그 명칭이 물가수당, 생활수당이든가, 아니면 부양가족수 또는 가족수당액을 기초로 산출한 부분을 포함하는 경우에는 그 수당 또는 그 부분은 가족수당으로 취급된다.

33) 통근수당은 근로자의 통근거리 또는 통근에 필요한 실비에 따라 산정된 금액을 의미하며, 근로자 개인별 통근거리나 그 비용 등을 고려하여 실질적으로 결정된다. 그러나

성령으로 정하는 임금은 산입하지 않는다"라고 명시해 두고 있다.[34] 동 조항에 의한 후생노동성령에서는, 별거수당, 자녀교육수당, 주택수당,[35] 임시로 지급되는 임금,[36] 1개월을 초과하는 기간별로 지급되는 임금[37]으로 규정하고 있다.[38]

4. 입법론적 평가

일본의 '통상의 근로시간의 임금계산액' 산정에 있어서, 위에서 본 바와 같이 노동기준법 및 동법 시행규칙에서 직접적으로 제외되는 수당 및 임금을 명문으로 규정하고 있다. 이러한 명문화는 통상임금의 산정에 있어 편리성을 염두에 둔 것으로 평가된다. 회계 담당자로서는 수시로 가산임금을 계산하여 지급하여야 하는데, 이에 대한 산정이 복잡하고, 애매할 경우 불필요하고 소모적인 법률분쟁이 발생할 수 있기 때문이다. 이러한 필요에 따라 통상임금의 범위를 열거적으로 명문화할 수 있었던 것은, 결국 통상임금이 도구적 개념성 때문이다. 통상임금은 마치 평균임금이 그러하듯이 가산수당을 지급하기 위해 창출된 개념이므로, 마치 계산공식처럼 정형화할 수 있는 것이다.

이에 비해 우리나라는 통상임금의 산정에 있어서 사용자의 은혜적인 금품 또는 실비변상적인 임금과 같이 본질적으로 근로의 대가로서 인정되기

그것이 통근거리에 관계없이 지급되는 일정액인 경우 제외되지 않는다.

34) 이하의 설명은, 道幸哲也・開本英幸・浅野高宏(編), 『変貌する労働時間法理』, 法律文化社, 2009, 117-118면을 참고로 요약한 것으로서, 송강직, "한국과 일본의 통상임금 법리", 동아법학, 2012. 8에서 재인용하였음.

35) 주택수당이란 주택에 필요한 비용을 기준으로 산정한 수당으로서, 주택임차료, 주택을 구입 또는 임차하기 위하여 대출을 받은 경우 대출액의 일정 비율을 지급하는 경우, 임차료액 또는 대부금 월액수가 단계적으로 증가함에 따라 그 증가액을 지급하는 것 등이 여기에 해당한다. 따라서 실제로 주택임차 등에 필요로 하는 비용과 관계없이, 일정액을 지급하는 것은 이에 해당하지 않는다.

36) 이는 임시적으로 돌발적 사유에 기인하여 지급되는 것과, 결혼수당지급조건은 사전에 정하여져 있지만 지급사유의 발생이 불확실하고 매우 드물게 발생하는 것을 말하는 것으로 이해되고 있다.

37) 상여금 및 이에 준하는 금품이 주된 내용인데, 1개월을 초과하는 일정기간의 근속근무에 대하여 지급하는 근속수당, 1개월을 초과하는 기간에 걸친 사유에 의하여 산정된 장려금 또는 능률수당 등이 이에 해당한다.

38) 송강직, "한국과 일본의 통상임금 법리", 동아법학, 2012. 8 참고.

어려운 금품을 제외하고는, 구체적으로, 정기적, 일률적, 고정적인 요건들을 갖고 판단함으로써 사적 자치원리에서 도출된 다양한 수당 또는 급여의 법적 성격이 모호하게 되었다. 이러한 점에서 일본의 '통상의 근로시간에 대한 임금계산액'이라는 입법형식은 상대적으로 명확성이 돋보인다고 할 수 있다.

다만 문제는 여전히 남아 있다. 예컨대 일본의 경우도 명칭만으로 해당 여부를 판단하는 것이 과연 타당한 것인가 여부가 문제다. 명칭에 따른 내용이 항상 모든 기업이나 사실관계에서 항상 동일할 수는 없기 때문이다. 그러나 이러한 문제도 사실은 중요하지 않다. 왜냐하면 노동현장에서 노사가 임금을 구체적으로 결정하는 과정에서 가산임금에 대한 계산방식까지도 합의하게 될 것이므로, 자연스럽게 시장원리에 따라 해당 명칭을 사용하거나 사용하지 아니하는 수당이 결정될 것이기 때문이다.

결과론적으로 볼 때 일본에서의 통상임금모델은 현재 진행되고 있는 우리나라에서의 통상임금관련 입법정책과정에 시사하는 바가 크다고 생각한다.

Ⅳ. 기　타

1. 영　국[39)]

영국에서 말하는 임금은 고용과 관련하여 사용자가 근로자에게 지급하는 모든 금액을 포함하는 개념, 즉 보수와 동일시되고 있다. 1996년 고용권리법 제27조 제1항은 임금을 단지 근로관계와 연관되어 지불해야 하는 모든 액수라고 매우 추상적으로 정의하고 있다. 그렇지만 고용권리법 제27조 제1항 각 호에서는 임금(wages)에 포함되는 항목을 비교적 상세하게 기술하고 있다. 여기에는 보너스, 성과상여금, 휴일수당, 법정 질병수당, 법정 육아휴직수당, 보장급여, 근로시간 면제 시의 임금, 의료적 이유에 의한 정직 시 급여 등이 모두 임금에 포함되어야 하는 것으로 규정하고 있다. 영국에서는 주당 평균 48시간이라는 법정근로시간의 제한이 있으며,[40)] 근로자들은 일

39) 이하는 박지순, 이상익, 통상임금의 이해, 2013, 47면 이하에서 요약, 재인용함.
40) http://www.direct.gov.uk/en/Employment/Employees/WorkingHoutsAndTime

반적으로 17주의 정산기간을 평균하여 1주에 48시간을 초과하여 근무할 수 없다. 연장근로란 1주에 평균 48시간을 초과하는 근로시간을 말한다. 다만 우리 근로기준법과는 달리 연장근로 및 연장근로수당(할증임금)에 대한 법적 기준을 정해놓고 있지 않다. 아울러 연장근로에 대한 임금을 지불하는 대신에 근로자와 사용자 간의 합의를 통해 대체휴가를 제공할 수도 있다.

2. 미 국[41)]

미국의 임금제도는 기본급, 초과근로수당 등으로 구성되는데, 공정근로기준법 제7조(a)(1)에서는 근로자의 통상임금의 1.5배 이상인 비율로 임금을 지급하지 않는 경우에는 주 40시간을 초과하여 근로자를 사용할 수 없다. 다시 말하자면 사용자는 주 40시간을 초과한 근로에 대해서는 기본급(regular rate of pay)보다 50% 할증된 초과근로수당(overtime pay)을 근로자에게 지급해야 한다. 그리고 수 주간의 평균근로시간이 1주 40시간을 초과하지 않는 경우에도 어느 1주의 근로시간이 40시간을 초과하는 경우에는 당해 주에 대하여 초과근로수당을 지급하여야 한다. 다만 모든 근로자에게 초과근로수당이 적용되는 것은 아니고 일부 근로자는 초과근로수당이 적용되지 않는다. 예를 들어 공공철도운전 종사자, 비행기사업 종사자, 선원, 아나운서, 농업 종사자, 가사사용인 등은 초과근로수당이 적용되지 않는다고 한다.

미국의 경우에 있어서도 초과근로수당을 계산하지 위한 계산은 상당히 복잡한 문제이다. 시간급으로 약정된 임금 외에 지급되는 것이 없는 경우에는 간단한 문제이지만, 부수적으로 지급된 수당 등이 있는 경우(wage augment) 이를 통상임금에 포함시켜야 하는지 여부에 대하여 많은 법적 분쟁들이 발생하고 있다. 특히, 근속수당(longevity pay)이나 교육비 지원(educational stipends) 등의 산입 여부가 주로 법적 분쟁의 대상이 되고 있다.[42)]

공정근로기준법은 제7조(e)에서 다음 항목들을 초과근로수당에서 제외되는 것으로 규정되어 있다. ① 크리스마스 선물 등 증여 성격의 선물(gifts),

---

Off/DG_10029426

41) 이하는 박지순, 이상익, 통상임금의 이해, 2013, 47면 이하에서 요약, 재인용함.

42) 자세한 내용은 김영문 외, 「임금개념과 평균임금·통상임금의 산정범위」, 303~319면 참고.

② 휴가, 휴일, 병가 또는 사용자가 충분한 작업량을 제공하지 못하거나 유사한 원인으로 인해 작업이 수행되지 못한 기간의 임금(idle-time payment), ③ 사용자의 이익을 증진하기 위하여 지출된 비용의 정산(reimbursement of expenses), ④ 사용자의 재량적인 판단에 따라 지급액 및 지급액수가 결정되는 상여금(discretionary bonuses), ⑤ 일정 요건에 해당하는 라디오나 TV 프로그램의 아나운서 및 연기자들에게 지급되는 출연료(talent fees), ⑥ 일정 요건에 해당하는 이윤배당제(profit sharing), 신탁제도(trustees), 저축제도(saving-plan), 주식매입선택권(stock options)의 운영결과에 따른 지급금, ⑦ 노후·퇴직 등을 대비한 제도나 생명, 사고, 건강 보험 등을 위하여 지급한 보험금(contributions), ⑧ 1일 8시간 초과근로, 변형근로시간제의 최대 주당근로시간을 초과한 근로, 휴일근로 등에 대하여 할증률(premium rate)에 의하여 지급한 추가임금 등이 바로 그것이다.

V. 평가 및 시사점

1. 노사 간 자율적 임금결정 메커니즘 존중 필요성

통상임금제도에 관한 논의는 기실 가산임금에 관한 법제도에 관한 논의다. 통상임금은 가산임금을 지급하는 방식을 정하는 과정에서 창출된 수단개념이기 때문이다. 외국의 입법례를 살펴보면 공통된 방향성을 확인할 수 있다. 그것은 바로 노사 간의 합의를 통한 가산임금 산정방식 설정 가능성을 열어 놓고 있다는 사실이다. 이러한 노사 간의 합의 여지는 어쩌면 당연한 것인지도 모른다. 그 이유는 다음과 같다.

해당 업무 종사 근로자에 대한 임금을 얼마로 정할 것인가는 최저임금제도 등의 규제를 침해하지 않는 이상 노사 당사자 간의 합의원리에 따르게 된다. 국가는 임금의 내용에 대한 통제를 하지 않는 것이 원칙이다. 그래서 동일 업종의 모든 기업이 다 동일한 임금체계와 내용을 가지지 않는 것이다.

예컨대 야간근로를 한 경우에 어느 정도의 가산임금을 지급하는 것이 타당할 것인가 하는 문제도 실은 해당 업무 종사자의 임금을 정하는 문제이다. 임금을 결정한다는 것은, 사전적으로 통상적 근로를 행하였을 경우 지급되어야 할 금액(사전적 임금)과 수시로 이루어지게 될 가변적인 비통상적 근로 시에 지급될 임금산정의 방식 등이 주된 내용이다. 이러한 두 가지 사항은 임금협상에서 가장 중요한 사항이다. 그런데 통상임금제도 하에서 할증률을 강제하는 법률을 둔다는 것은, 임금협상의 일부를 국가가 개입하고 있는 것에 다름 아니다. 임금액수에 대한 결정에 노동법적 규제가 가해지고 있는 셈이다. 따라서 원칙적으로 가산임금의 산정방식과 그 내용에 대하여, 노사 간의 합의가 있다면 이는 존중되어야 마땅하다.

2. 가산임금할증률에 대한 강행성이 갖는 문제점

독일이나 프랑스 등과 같이 산별노조 형태를 가지는 국가의 경우, 노사의 단체협약은 사실상 규범과도 같이 기능하여도 무방하다. 노사 간 실질적인 대등성이 담보되어 있기 때문이다. 하지만 우리나라와 일본과 같이 기업별 노동조합이 일반적인 형태인 국가에서는 아직 노사 간의 실질적 대등성을 이야기하기는 어렵다. 이러한 점은 이미 우리 노동법제에서도 드러난다. 예컨대 부당노동행위제도는 약체로서의 노동조합을 전제로 한 국가의 보호기능을 규정해 놓은 것이라고 할 수 있다. 이러한 상황에서 노사 간의 합의를 전적으로 존중하는 것은 한계가 있을 수도 있다는 관점 하에서 보면, 우리나라나 일본의 경우처럼 가산임금에 관한 할증률을 규범적으로 확정해 놓는 것이 입법정책적으로 가능할 수도 있다 할 것이다.

그러나 다음과 같은 점이 고려되어야 한다. 현대 노동법에서 통상의 근로가 아닌 비통상적 근로형태, 즉 야간근로나 연장근로처럼 가산임금 지급의 대상이 되는 근로형태는 최소화되도록 하는 것이 옳다. 그래야만 일자리도 늘어날 수 있고, 근로자의 인간존엄과 일, 직장 양립이라는 선진산업복지국가이념에도 부합하게 된다. 가산임금할증률을 높인다는 것은, 임금상승의 폭이 높아진다는 것을 뜻한다. 이는 결국 근로자로 하여금 연장, 야간근로에 투입하는 것을 권장하는 것을 뜻하게 되기도 한다.

결국 노사의 합의가 가산임금에서 존중되는 것이 옳다. 해당 기업의 구체적 사정과 근로의 내용 등을 가장 잘 아는 것은 노사 당사자이기 때문이다.

제3절 통상임금 및 가산임금제도의 입법정책적 개선 방향

Ⅰ. 서 설

우리나라의 노동현실은 다음과 같이 연쇄적인 악순환의 고리를 끊어야 한다. 즉, 추가근로에 따른 가산임금비중이 높은 상황이다보니 가산할증률이 중요하고, 가산할증률이 중요하다보니 가산할증률이 지나치게 높게 되고, 가산할증률이 높다보니, 이를 회피하는 차원에서 다른 명목의 수당을 지급하는 등 우회로를 찾게 되고, 그 우회로를 찾다보니, 궁극적으로 오늘날과 같은 복잡한 임금체계가 나타나게 되고 이러한 복잡한 임금체계에서 가산할증률 산정의 기준이 되는 통상임금의 개념을 명확히 하는 것은 처음부터 매우 난해할 수밖에 없고, 이에 따라 통상임금산정에 관한 법적 분쟁이 유발되고, 노사 양 당사자는 이 분쟁에서 승리하기 위해 매우 치열하게 다투게 되고, 그 결과 산업현장에서의 혼란과 경제적 부담은 가중된다. 이러한 악순환의 고리는 임금체계의 선진화를 위해서 반드시 깨야 한다.

그렇다면 선진화된 임금체계 구축을 위해 필요한 것은 과연 무엇일까? 판단컨대 기본급 중심의 임금체계를 구축하는 일과 노사자율적 가산임금산정 합의를 존중하는 메커니즘을 마련하는 일이라 생각된다.

Ⅱ. 과제1 - 기본급 중심의 임금체계구축필요성: “기본급은 높이고, 가산할증률은 낮추고”

1. 임금체계의 기본급 중심주의

임금은 많을수록 좋다. 그러나 무작정 많이 지급될 수는 없다. 기업경영이익을 고려한 사용자의 여력과 근로자의 단결권과 단체교섭권 행사를 통해 합리적으로 결정되는 것이다. 다만 어떠한 경우라도 최저임금을 하회할 수는 없다. 최저임금을 상회하는 범위에서 교섭질서를 통해 노사 간 합의로써 최적의 임금이 결정된다. 이것이 현행 노동법 체계에서의 임금결정원리고, 이러한 한도에서 임금체계는 글로벌스탠더드에 부합하는 것이라 볼 수 있다.

고도의 산업성장 과정을 거쳐 온 우리나라의 경우, 근로의 통상적 양태를 벗어나 야간 또는 연장근로 등 추가적인 근로가 많이 이루어져 왔고 그 과정에서 추가근로에 대한 가산임금비중이 기본급 비중과 유사하거나 오히려 더 크게 되어 버린 현실에서, 통상임금에 대한 논란은 노사 모두에게 대단히 소모적이면서도 법적 불안정성을 초래하고 있다. 결국 임금체계의 복잡성은 가산임금의 기준이 되는 통상임금제도와 밀접한 관련이 있으며, 임금체계의 선진화를 위한 핵심키도 바로 통상임금제도 개편에 있다고 볼 수 있다.

2. 가산임금할증률과 근로자의 인간존엄성

(1) 가산임금 지급의 당위성과 할증률의 저하 필요성

근로자의 추가근로에 대하여 할증하여 가산임금을 지급하는 것은 당연해 보인다. 통상적인 근로보다 훨씬 큰 부담이 근로자에게 부과되는 것으로 보는 것이 타당하기 때문이다. 그리고 일견 이러한 우리 노동현실에서 가산임금 산정 시 그 할증률을 높이는 것이 근로자에게 이익이 되는 것처럼 보인다. 하지만 그러한 판단은 지나친 단견이며 따라서 동의하기 어렵다. 오히려 현재와 같이 가산할증률을 통상임금의 최저 50%로 하는 것은 바람직하지 않고 당사자 간의 합의를 통해 정하도록 하되, 이를 통해 그 할증률을 낮출 수 있어야 한다고 본다. 그 이유는 추가근로에 종사하는 것을 가능한 한 자제시키는 것이 근로자의 건강권과 휴식권 그리고 근로조건의 인간존엄성에 부합하기 때문이다.

가산임금의 할증률이 높으면 높을수록 근로자들은 야간근로나 연장근로를 더욱 선호하게 되고, 이에 따라 헌법 상 요구되는 소위 '인간존엄성에 부합하는 근로조건 구축'은 점점 더 어렵게 되고 말 것이다. 그러므로 추가

근로에 대한 높은 가산임금할증률 적용이 곧 근로자의 이익이라는 공식은 더 이상 유효하지 않다. 오히려 근로자의 휴식권을 보장하고, 가족들과의 교류를 강화하는 면에서도 야간근로나 연장근로는 최소한도로 축소되는 것이 옳다.

(2) 비통상적 근로의 최소화 필요성

통상의 근로형태가 정상적인 것이고, 추가적인 근로는 말 그대로 예외적인 것이어야 한다. 그런데 우리의 노동현실은 그 반대다. 높은 할증률은 야간근로나 연장근로에 투입되고자 하는 근로자들의 의욕을 높이고 있다. 그래서 하물며 사용자가 특정 근로자의 연장근로 또는 야간근로 투입을 배제하면, 이를 두고 사용자의 불이익취급으로 평가하는 일까지 빈번하게 발생하고 있는 것이 엄연한 우리의 노동현실이다.

높은 할증률 적용은 높은 임금 지급을 가져오겠지만, 이는 궁극적으로 근로자의 보호라는 노동법적 가치와는 상반되는 모순을 불러일으키고 만다. 선진국에서 적어도 가산할증률에 관하여 국가의 법적 규제를 최소화하고, 가능한 한 노사 당사자의 합의를 존중하고자 한 이유도 실은 바로 여기에 있다.

요컨대 현재와 같은 임금의 구조와 체계를 선진적으로 개선하고자 한다면, 가장 시급하게 서둘러야 하는 점은 바로 '기본급 중심의 임금체계'를 구축하는 일이라고 할 수 있다. 추가근로에 대한 할증률을 낮춤으로써 근로자의 추가근로에 대한 매력을 떨어뜨리는 것이 옳다. 그리하여 근로자들이 추가근로를 지나치게 선호하는 것을 미리 예방함으로써, 기본급이 아닌 가산수당 중심의 임금체계는 개편되어야 한다.

Ⅲ. 과제2 – 임금결정 메커니즘의 단순화 필요성

1. 노동법적 규제의 한계와 임금결정 메커니즘 간의 관계

가산임금할증률에 대한 노동법적 규제는 비교법적으로 볼 때 매우 이례적이라고 할 수 있다. 최저임금에 대한 규제는 흔히 발견되지만, 가산임금 할증률과 같이 - 최저임금을 상회하는 상태에서 - 구체적인 임금의 다과를 규제대상으로 삼는 일은 거의 없기 때문이다.

구체적으로 어느 정도의 가산할증률이 적정한가에 대한 논의는 국가의 법적 규제를 통해 결정될 속성의 것이 아니다. 가산할증률을 국가가 법적 규제를 통해 정해 놓으면, 결국 최저임금규제 이외에 임금의 내용에 대한 규제가 되는 바, 이는 단체교섭질서라는 협약자율질서에 국가가 지나치게 개입하는 것이라고 볼 수 있다. 나아가 그러한 국가의 할증률 규제는 결국 근로자의 휴식권 향유를 포기하게 만드는 결과를 가져오고 만다. 돈의 유혹을 이길 수 있는 근로자는 많지 않다. 방법이 있다면 그것은 기본급이 높아야 한다는 것 정도다. 하지만 이 또한 쉽지 않을 거다. 이러한 점을 감안할 때 기본급의 수준을 임단협에서 노사가 합의(협약)를 통해 결정하듯이, 가산임금에 대한 할증률 역시도 결국 노사의 합의에서 찾아야 한다. 그리고 현실적으로 선진국의 노동조합은 임금과 관련한 단체교섭에서 기본급 상승에 주력하고, 추가근로에 대한 가산할증률에는 그다지 중점을 두지 아니한다.

2. 할증률에 대한 노사 간 합의의 존중 필요성

가산임금에 대한 할증률을 정하는 것 역시 임금의 액수를 결정하는 것이고, 따라서 임금결정 메커니즘을 그대로 따르는 것이 글로벌스탠다드라고 할 수 있다. 즉 노사 당사자 간의 협약을 통한 합의가 존중되는 것이 옳다. 따라서 향후 통상임금제도에 대한 법개정이 이루어져야 하되, 이때 노사 당사자의 협약을 통한 자율적인 가산임금 산정 가능성을 보장할 수 있도록 하는 것이 필요해 보인다.

Ⅳ. 평가 및 시사점

다른 선진제국과 비교할 때 우리나라의 근로자들의 근로조건이 갖는 특징을 언급한다면, 그것은 바로 '장시간 근로'이다. 또한 장시간 근로는 고용의 기회를 줄이고 있다. 즉, 현직 근로자가 추가근로를 하는 바람에, 구직자에게 기회가 닿지 않고 있다. 이처럼 현직 근로자의 장시간 근로에 대해 보다 많은 가산할증률을 적용해서 많은 임금을 지급하도록 하는 것은, 결코 현재와 같은 장시간 근로관행과 낮은 고용률의 문제를 극복할 수 없다.

통상의 근로형태가 말 그대로 통상의 근로모습이 되고, 추가적인 근로는 예외적인 근로양태가 되어야 한다. 만약 추가적인 근로가 필요하고 그것이 현재의 우리 노동현실과 마찬가지로 매우 상시적인 것이라면, 가능한 한 일자리를 늘리는 것이 옳다. 장시간 근로의 폐해를 막고, 고용률을 높일 수 있기 때문이다. 하지만 이러한 정책적 목표를 어렵게 만드는 것이 바로 추가근로에 대한 가산할증률이다.

곰곰이 되짚어 보아야 할 것은, 과연 통상임금의 산정범위를 넓히고, 가산할증률을 높이는 것이 노동법의 근로자 보호이념에 충실한 것인지 여부다. 이러한 점에서 현재 판례의 입장처럼 노사 당사자의 합의를 배제하고 강행적인 통상임금제도를 인정하는 것은, 장시간 근로를 부추기는 것에 다름 아니다. 노사 당사자가 기본급의 인상폭을 스스로 단결하여 교섭을 통하여 확정하라고 하고 국가는 중립적 지위에서 단체교섭자치질서를 존중하도록 하면서, 굳이 가산임금의 산정에 관하여서만은 국가가 나서서 규제하여야 할 당위성은 어디에 있는지, 나아가 노사 당사자의 합의까지도 무효로 만들어야 하는 것인지에 대하여 법원은 노사 당사자에게 대답해 주어야 한다.

그리고 오계산된 통상임금을 다시 산정하여 지급해 달라는 소송이 계속되고 있고, 앞으로도 당분간 그럴 것 같다. 이러한 것이 반드시 근로자 측에게 반가운 일만은 아닐 것이다. 사용자 측으로서는 생각지도 못한 임금(회사 경영 측면에서는 '비용')이 지출된 이상, 이를 향후 다음 임금협상과정에서 반영하려고 할 것이 분명하기 때문이다.[43] 결국 이러한 소송은 노사 당사자에게 실무상의 혼란과 불필요한 분쟁비용만 남기게 될 뿐, 노사 모두에게 그다지 큰 도움이 될 것 같지 않다. 통상임금에 관한 줄소송이 반가운 것은 오로지 변호사들뿐인지도 모른다.

---

43) 법원의 판결이 근로자에게 '생각지도 못한 돈'을 지급하도록 하는 결과를 가져 온다면 이는 잘못된 판결이라고 본다. 통상임금 소송에서 판결은 근로자로 하여금 '마땅히 근로의 대가로서 받아야 하는데 받지 못한 임금'을 지급받도록 하는 것이어야 한다. 혹여나 최근의 통상임금소송이 '정당하게 받을 줄 알았던 임금'을 받아내는 소송이라면 다행이지만, '생각지도 못한 돈'을 받아낼 수 있다는 식이라면 유감이 아닐 수 없다. 근로자로서는 '생각지도 못한 돈'이 생기게 되어 당장은 좋을지 모르지만, 결과적으로 사용자로서는 당초 노사단체협약 등을 통한 임금 산정에서 미리 예상할 수 없었던 추가부담분을 지출하였으니, 향후 임금액 결정에서는 이러한 부분을 미리 반영, 그 금액을 보전하려고 할 개연성이 높다. 사용자로서는 경영상 임금조로 예정해 놓은 비용의 한도가 미리 정해져 있기 마련이다. 이런 점을 고려하면, 통상임금 산정의 오류로 가산임금 미지급분을 받아내는 것이 고스란히 근로자의 이익으로 귀결된다고 생각하기는 어렵다. 요컨대 근로자에게 있어 과연 '생각지도 못한 돈'인지, 아니면 '원래 받았어야 했는데 받지 못했던 임금'인지를 판단하는 데 있어 중요한 것은 아마도 당초 임금단체협약 체결 당시 노사 당사자의 의도와 생각일 것이다.

제 8 장
결　론

Ⅰ. 통상임금논쟁의 사회적 의의

1. 최근 1임금지급기를 초과하여 지급되는 정기상여금도 통상임금에 포함되어야 한다는 취지의 판례가 나오면서 노동현장이 통상임금관련 소송으로 몸살을 앓고 있다. 경영계는 정기상여금을 통상임금에 포함할 경우, 기업이 추가적으로 부담해야 할 금액이 수십조에 달할 만큼 크다는 우려를 나타내고 있다. 하지만 근로자측은 자신들이 마땅히 받았어야 할 임금을 되돌려 받는 것이므로 당연한 결과라는 입장이다. 통상임금에 관한 산정이 잘못되어, 소위 야간근로나 연장근로에 따른 가산수당의 지급이 오계산되어 지급되었다면, 그 금액이 많든 적든 당연히 바로 잡아야 한다. 그런데 최근의 상황은 여러 가지로 혼란스러워 보인다. 통상임금에 관한 최근 일련의 법원 판결을 두고, 정기상여금은 당연히 통상임금에 해당한다는 것처럼 이야기 하곤 하지만, 사실 그 명칭만을 가지고 일반화하는 것은 잘못이다. 판결의 내용은, 정기상여금이라는 명칭만 가지면 통상임금에 당연히 포함되어야 하는 것이 아니라 사건의 대상인 사업장에서 지급한 정기상여금의 경우 통상임금 산정에 포함되는 것이 옳다는 취지이기 때문이다. 따라서 지급된 정기상여금이 어떤 속성의 것일 때에 비로소 통상임금에 포함되어야 하는가를 면밀히 따져 보지 아니하면, 노사 당사자에게 쓸데없는 혼란과 소모적인 분쟁만 초래할 수 있다. 자칫 괜한 분쟁이 노사간 감정적 대립으로 이어지지 말란 법도 없다.

2. 비록 정기상여금이 계기가 되기는 했지만, 사실 너무나도 다양한 수당들이 존재하는 노동현장에서 통상임금논쟁은 결코 쉽게 가라앉을 것 같지 않다. 임금체계가 임금, 비용보전수당, 그리고 상여금으로 간명하게 구성되어 있었더라면 처음부터 생겨나지 아니하였을 문제였다. 이번 기회에 통상임금은 물론 임금체계 전반에 관한 법적 제도화에 나서야 한다. 그러나 향후 임금제도를 어떻게 합리적으로 개선하든지 상관없이, 여전히 과거에 지급된 수당들의 법적 성격을 규명하는 일은 남아 있다. 이 문제를 해명하는 데에는 결국 무엇이 통상임금인가를 명확히 하는 것이 선행되어야 한다. 통

상임금의 제도적 의의나 개념적 속성을 분명히 하여야만 비로소 금원들의 통상임금 해당성 여부를 밝힐 수 있기 때문이다.

3. 통상임금의 산정에 오류가 있다면, 이를 바로 잡는 것 그 자체를 가지고 문제삼을 수는 없다. 다만 이와 관련하여 근로자는 근로자대로 사용자는 사용자대로 마음이 불편한 것은 사실이다. 대체로 두 가지 점에 기인된다. 첫 번째는 통상임금논쟁의 금반언적 속성이다. 노사가 단체협약을 체결하면서, 가산임금에 관한 부분에 대하여 인식을 같이 하면서, 각종 수당을 새롭게 늘이는 등의 과정을 거쳤다. 그런데 이후 이러한 공통된 인식을 무시하고, 새삼스레 각종 수당을 통상임금에 포함하여 가산임금을 산정하였어야 한다는 주장이 통상임금논쟁으로 되고 말았다. 이러한 점 때문에 사용자는 물론 근로자 측으로서도 통상임금논쟁이 불편하다. 두 번째는 통상임금논쟁에 따른 이익향유의 단기성문제이다. 어찌하였던 생각하지도 못한 통상임금 오계산 문제로 근로자들에게 가산임금이 재산정하여 지급된다면, 사용자로서는 비용이 추가로 발생한 셈이 된다. 그렇다면 이를 보전하기 위한 방책으로, 다음번 임금협상과정에서 이러한 추가적 비용 부분을 보전받기 위해 애쓸 것이다. 결과적으로 통상임금 분쟁이 근로자의 이득으로만 이어질 것인지를 섣불리 판단하기 어렵게 된다. 세 번째는 통상임금논쟁의 이익향유 주체성 문제이다. 통상임금의 산정이 잘못되었으므로 바로 잡아달라는 요구가 유의미하게 작동할 수 있는 근로자들은 대기업 위주의 호황산업 종사 근로자들이다. 하지만 영세한 소규모사업장 소속의 근로자들은 정작 통상임금의 오계산에 따른 추가금원 지급을 요구하기가 사실상 어렵다. 회사나 사용자의 경영사정을 근로자들이 잘 알고 있기 때문이다. 통상임금논쟁은 열악한 근로조건에 놓은 근로자일수록 그 이익향유로부터 멀어지는 특성이 있다.

오늘날 통상임금논쟁은 노사 모두에게 그다지 큰 이익을 초래하게 될 것 같지 않다. 오히려 노사 당사자에게 실무상의 혼란과 불필요한 분쟁비용만을 남기게 될 가능성이 높다. 어쩌면 통상임금에 관한 혼란이 반가운 것은 변호사뿐일 수 있다.

Ⅱ. 통상임금의 개념과 제도적 본질

1. 각종 명목을 가진 개별 수당들이 과연 통상임금에 포함될 것인가를 판단하는 문제와 관련하여 중요한 것은 통상임금의 제도적 의의다. 즉, 통상임금은 가산임금 등을 지급하기 위해 마련해 놓은 개념으로서, 통상임금은 결국 해당 업무종사 근로자의 '근로'가치(Arbeitswert)를 징표하게 된다. 야간근로나 연장근로 등 근로자에게 추가적인 부담이 가해지는 근로가 이루어지면, 사용자는 해당 업무 근로에 대한 가치평가액에다가 '할증률'을 곱하여 지급함으로써 추가적 근로부담에 대한 보상을 하게 된다.

2. 통상임금은 '통상근로'의 대가다. 임금은 근로의 대가이므로, 통상임금은 통상근로의 대가인 것이다. 이때 '통상근로'란 무엇을 뜻하는 것일까? 판단컨대 통상근로란, 야간근로나 휴일근로 그리고 연장근로가 아닌 근로를 말한다. 다시 말하면 법정가산임금의 지급대상이 아닌 근로를 말한다고 할 수 있다. 이러한 개념해석은, 통상임금의 제도적 기능에 바탕한 것이다. 통상임금은 가산임금을 산정하기 위한 개념도구이므로, 가산임금의 대상이 되지 않는 근로를 상정하여 그 대가로서 지급하기로 한 임금으로 보아야 하기 때문이다. 따라서 야간근로나 연장근로 등은 '비통상근로'라 할 수 있다. 비통상근로에 대하여는 그 대가로서 가산임금분을 지급하는 것이다. 즉, 비통상적 근로(연장근로나 불리한 시간대의 근로 등)에 대한 추가적 근로부담은, 통상적 근로대가에다가 '일정비율을 가산한 금액'을 추가지급하는 방식으로 보상되도록 한 것이다.

3. 통상임금은 결국 해당 업무 종사 근로자의 (통상)근로에 대하여 지급하기로 한 임금이므로, 결과적으로 통상임금은 해당 업무종사 근로자의 통상근로에 대한 금전적 가치평가액인 셈이다. 통상근로에 대한 금전적 가치평가액인지 여부를 판단함에 있어 종래 판례와 법령은, (i) 소정근로대가성, (ii) 정기성, (iii) 일률성, (iv) 고정성을 개념 요소로 제시해 놓고 있다. 이러한 개념 요소의 해석과 적용에 있어 유념하여야 할 점이 있다. 바로 통상임금이 가산임금을 지급하기 위한 도구개념이라는 사실이다. 통상임금이 도구개념인 이상, 그 해석과 적용에 있어서는, 본래 지급되어야 할 법정 수

당의 본래 목적과 취지를 잘 살릴 수 있도록 해야 한다. 형식적으로 각종 세부 개념 요소 충족여부를 판단하여서는 안 된다. 이러한 점은 평균임금개념의 해석에서도 마찬가지이다. 지급되어야 할 수당의 성격상 그것이 근로의 가치를 평가해 놓은 금액을 기준으로 산정하는 것이 옳은지, 생활임금수준을 반영하는 것이 옳은 지를 잘 살펴서, 통상임금 또는 평균임금의 개념범위를 해석상 확정하도록 하여야 한다. 예컨대 평균임금을 계산하면서, 최종 3개월치 임금이 지나치게 높다면, 그 전 3개월치 임금을 가지고 평균임금을 산정해야 한다는 판례도 실은 도구개념의 해석론에 기반한 것이다. 이러한 도구개념해석론에 충실하지 못하게 되면, 당초 제도목적과 현실적 정당성이 서로 조화되지 못하고, 괴리되고 만다.

Ⅲ. 통상임금에 관한 판례의 해석론과 그 평가

1. 1임금지급기 내의 정기적 지급 금원만이 통상임금에 포섭될 수 있는 것인지 여부가 통상임금의 정기성 논쟁의 핵심이다. 이와 관련하여 일각에서는 대법원의 입장이 90년대 중후반 이후로 변경되었다는 지적을 하고 있다. 요컨대 과거에는 법원이 1임금지급기 내의 정기성으로 해석하였으나, 근래에 들어 임금지급기와 상관없이 '정기적'인 지급이기만 하면 정기성 요건이 충족된 것으로 본다는 것이다. 만약 그렇다면, - 그들의 주장대로 - 대법원 전원합의체판결의 형식을 취하였어야 했다는 비판은 설득력이 있다. 그러나 결론부터 말하자면 이러한 지적에는 동의하기 어렵다. 법원의 입장은, 1임금지급기를 넘어 지급되는 정기적 금품에 대하여 모두 정기성을 인정하는 것이 아니다. 오히려 그 '실질'이 본래 매 임금지급기를 단위로 하여 나누어 지급하여야 할 것인데도, 형식적으로만 이를 합산하여 연 1회 또는 분기별 1회 등으로 일괄지급하는 경우에 통상임금의 정기성을 긍정하고 있을 뿐이다. 굳이 얘기하자면 정기성에 대한 해석을 함에 있어 형식적으로가 아니라 실질을 살펴 판단하여야 한다는 입장에 있을 뿐이다. 따라서 법원은 1임금지급기를 초과하여 정기적으로 지급되는 금원이더라도 이를 1임금지급기(1개월)로 분할하여 그 '분할액'에 대하여만 통상임금으로 본다.

이는 통상임금개념이 1임금지급기(최대 1개월)와 본질적으로 견연된 개념임을 암시하고 있다.

2. 현행 근로기준법 상 임금은 매우 독특하게 취급된다. 그 가운데 정기불의 원칙이 있다. 임금은 적어도 1개월 이내에 1회 이상 정기적으로 임금이 지급되어야 한다는 취지다. 이러한 정기불 원칙은 생계유지 수단인 임금이 1개월 이내에 정기적으로 지급되도록 함으로써 근로자로 하여금 계획적인 생활유지를 가능하도록 하는 데 그 제도적 의의가 있다. 판단컨대 근로기준법 상 명시된 정기불원칙은 통상임금의 경우에 가장 전형적으로 적용된다. 통상의 근로가 향후 제공된다면 '정기적'으로 지급하게 될 임금이 바로 통상임금이기 때문이다. 만약 야간근로나 연장근로는 예정된 바 없이 수시로 이루어지게 된다. 이때 실제로 이루어진 야간 또는 연장근로의 대가로서 임금은 반드시 정기에 지급될 필요가 없다. 근로 그 자체가 수시로 이루어지는 이상, 그 대가로서 임금도 '수시'로 이루어지더라도 상관없기 때문이다. 적어도 통상의 근로에 대한 대가인 통상임금 부분은 정기적으로 지급되기만 하면 된다.

3. 통상임금은 일률적 지급성을 그 개념 요소로 한다. '일률성'이란, 비록 사업장 내 모든 근로자에게 일률적으로 지급되는 것은 아니더라도, 고정적 조건 또는 기준에 달한 모든 근로자에게 지급되는 것이면 충족된 것으로 본다. 통상임금의 개념은, 일률성이라는 개념으로 말미암아 개별 근로자의 개인적 고유노동가치가 아니라, 해당 업무 또는 해당 사업장에 종사하는 근로자 모두에게 적용되는 공통적인 근로가치를 반영하는 것이어야 함을 알 수 있다. 다만 일률성을 판단하는 고정적 조건성이 통상임금의 고정성 요건의 해석과의 명확한 구별이 쉽지 않다는 문제가 있다.

4. 통상임금의 '고정성'은 적어도 근로기준법 시행령 상에 명시되어 있지 않다. 하지만 법원은 이미 시행령 이전부터 해석을 통해서 통상임금의 고정성을 긍정해 오고 있다. 고정성이란, 실제 근로여부나 근무성적에 따라 지급되는 금원의 액수가 달라지지 않는 것을 말한다. 통상임금이 통상근로의 대가로서 사전적으로 확정되는 임금으로서의 성격을 가진다는 점을 염두에 둔다면, 통상임금 개념 요소로서 고정성은 인정됨이 옳다. 그러나 최근 금아리무진 사건 대법원 판결에서 보듯이 특정 금원에 대한 고정성 판단이

혼란을 심화시키고 있다. 정기상여금의 계산방식, 그러니까 '재직기간'을 기준으로 하여 월할계산하여 지급하는 방식을 취하고 있느냐, 아니면 근로일수를 기준으로 일할계산하여 지급하는 방식을 취하느냐에 따라 고정성 판단이 달라지고, 그 결과 정기상여금의 본질이 전혀 다른 것으로 되어버리는 것은 지나친 형식논리라고 판단된다. 종래 정기상여금에 대해 고정성을 부인하고 그래서 통상임금에 포함시키지 아니한 법원의 입장과 최근 금아리무진 사건에서의 법원의 입장과 도대체 뭐가 다른 것인지조차 기업은 알기 어려울 정도다. 이쯤되면, 노동현실과 규범적 형식논리성 사이의 거리는 한참 멀어진 셈이다.

5. 대법원의 입장 중 가장 납득할 수 없는 것은, 소위 약정통상임금을 부인하는 부분이다. 법원은 노사가 가산임금 산정의 기준이 되는 통상임금에 대하여, 특정 수당이나 정기상여금에 대하여 여기에 포함시키지 않기로 합의한 것으로 두고, 그 합의의 효력을 일관되게 부인하고 있다. 그 근거는 간단하다. 통상임금은 근로기준법이라는 강행규정 상의 내용이고, 통상임금의 개념에 대하여도 동시행령 상에 명시되어 있기 때문이라는 것이다. 노사간 합의를 배경으로 한 협약이 모법인 근로기준법도 아니고, 모법의 위임도 없이 규정된 시행령에 의해 배제되는 것이 과연 타당한 것인지는 의문이 아닐 수 없다.[1)] 최저임금제도라는 법적 규제 이외에 가산임금의 기준이 되는 통상임금을 얼마로 정하고, 이를 기준으로 하여 궁극적으로 야간근로의 대가를 얼마 지급할 것인가에 대해 노사가 협약으로 정하였다면 이는 존중되어야 마땅하다. 굳이 가산임금에 관하여만 규제해야 할 근거가 없다. 어쩌면 모법인 근로기준법에서 통상임금에 관한 명문의 규정을 두지 아니한 것을 두고, 통상임금에 관한 당사자 간의 합의를 통한 개념형성의 가능성을 열어두기 위한 것이라 볼 수도 있다. 비교법적 관점에서 보더라도, 가산임금에 관한 강행적 규제를 통해 노사 간 합의를 부인하는 경우는 거의 없다.

---

1) 이러한 점에서 현행 근로기준법에 통상임금의 개념정의가 없는 것은 상당히 중요한 의미가 있다고 본다.

Ⅳ. 입법정책론적 개선 방향

1. 입법정책론적으로 보면, 통상임금에 포함되어야 할 금원의 내용을 간명하게 규정해 둘 필요가 있다. 이와 관련하여 평균임금에 관한 현행 근로기준법 상의 정의규정 내용은 중요한 시사점을 주고 있다. 평균임금은 비록 근로자의 생활수준을 가늠하도록 하는 속성을 가진 도구개념이다. 하지만 근로기준법의 입법자는 평균임금에 대해, - 수학공식과도 같은 - 산정방식을 정의로서 규정해 놓고 있을 뿐이다. 그렇다면 통상임금도 '근로의 가치를 가늠하게 하는 본래적 제도기능'으로 직접 개념정의되어야 할 필요성이 없다. 따라서 - 평균임금의 개념정의와 마찬가지로 - 그러한 통상임금제도의 의의를 내포하되, 구체적인 산정공식을 명확히 제시해 두는 방식도 가능하다.[2] 이러한 산정공식형 개념정의 방식은, 노동현장에서 실무자가 손쉽게 계산할 수 있도록 하는 데 도움이 될 것이다. 이는 법정 수당 특히 가산임금을 지급하는 방식으로 고안해 놓은 도구개념으로서 통상임금의 개념본질과도 일맥상통한다.

현재와 같이 통상임금의 개념이 모호한 상태에서라면 현재의 대법원 입장대로 1임금지급기에 형식적으로 국한되지 말고 그 실질을 따져 보도록 하는 요구가 일견 설득력이 있다고 할 수 있다. 하지만 입법론적으로는 1임금지급기 내의 지급금원인지 여부를 형식적으로 따져 통상임금 여부를 판단할 수 있도록 해 주는 것이 타당하다. 그래야만 노동현장에서의 회계실무자는 보다 명확하고 간편하게 가산임금을 지급할 수 있게 되기 때문이다. 현행 근로기준법 상의 평균임금 개념규정과 마찬가지로 도구개념에 불과한 통상임금은, 그 제도적 의의를 서술하기 보다는 산정방식을 제시해 두는 방식의 개념정의가 더 낫다고 볼 수 있다.

일각에서는, 향후 통상임금을 1임금지급기를 단위로 하여 정기적으로 지급되는 금품으로 법률상 명시하게 되면 결과적으로 통상임금이 줄어들게

---

2) 물론 이것은 평균임금개념과 통상임금개념이 일원화될 수 있다는 것을 뜻하는 것은 아니다. 앞서 언급하였지만 양자는 제도적 의의에서 명확히 구별되어야 한다. 필자가 주목하는 것은, 평균임금의 개념정의 내용 서술 '방식'이다.

되어 근로자에게 불이익한 것이라는 주장이 있다. 하지만 이러한 평가는 지나치게 성급한 것이다. 노동시장은 그러한 입법적 변화에 다시 적응하여, 통상임금에 해당한다면, 1개월을 초과하여 지급되던 각종수당들을 노사 합의를 통해 매 1개월 단위로 '분할'하여 '정기' 지급되도록 할 것이기 때문이다. 이러한 점에서 최근 일본이 1임금지급기 내에서의 정기성을 명문으로 고수하게 된 것도 노동실무자의 '계산상의 편의' 때문이었다는 점은 여러 가지로 우리의 입법론 상에 시사하는 바가 크다.

2. 다른 선진제국과 비교할 때 우리나라의 근로자들의 근로조건이 갖는 특징을 언급한다면, 그것은 바로 '장시간 근로'이다. 장시간 근로는 고용의 기회를 줄이고 있다. 현직 근로자가 추가근로를 하는 바람에, 구직자에게 기회가 닿지 않고 있다. 장시간 근로 관행과 낮은 고용률의 문제를 해결하는 것은 매우 중요한 노동정책적 과제다. 이러한 현실에서 현직 근로자의 장시간 근로에 대해 보다 많은 가산할증률을 적용해서 많은 임금을 지급하도록 하는 것은 그리 바람직하게만 볼 수 없다. 왜냐하면 가산임금의 유혹에 근로자는 휴식을 포기할 가능성이 높기 때문이다. 그렇다면 여기에서 곰곰이 되짚어 보아야 할 것은, 과연 통상임금의 산정범위를 넓히고, 가산할증률을 높이는 것이 노동법의 근로자 보호이념에 충실한 것인지 여부다.

통상의 근로형태는 말 그대로 통상의 근로모습이 되어야 한다. 야간근로나 연장근로 등 비통상적 근로는 예외적인 근로형태로 남아야 한다. 만약 추가적인 근로가 필요하고 그것이 현재의 우리 노동현실과 마찬가지로 매우 상시적인 것이라면, 가능한 한 일자리를 늘리는 것이 옳다.

3. 현재 판례의 입장처럼 노사 당사자의 합의를 배제하고 강행적인 통상임금제도를 인정하는 것은, 장시간 근로를 부추기는 것에 다름 아니다. 노사 당사자가 임금의 인상폭을 자율적 교섭을 통하여 확정하라고 하도록 함이 원칙이다. 이러한 단체교섭질서에서 국가는 중립적 지위에 있게 된다. 그래서 습기가 많은 장소에서 일을 하게 되는 근로자나 고열작업장에서 일을 하게 되는 근로자에게 얼마의 임금을 지급하도록 할 것인가도 - 최저임금법에 저촉되지 아니하는 범위에서 - 노사의 단체협약(합의)으로 정하게 된다.[3] 그런데 굳이 비통상근로(연장, 야간근로 등) 시 가산임금의 산정에 관하여서만은 국가가 나서서 강행적으로 규제하여야 할 당위성은 어디에 있

는 것일까? 더 나아가 모법도 아닌 시행령 상의 규정 내용이 노사 간 단체 협약 상의 내용을 당연히 무효로 만들 수 있는 것인지에 대하여도 이제 법원은 노사 당사자에게 대답해 주어야 한다.

3) 노동현장에서 일반적으로 다습한 장소나 고열작업수행자에게 더 많은 임금을 주는 것이 일반적이다. 하지만 다습한 장소나 고열작업수행 근로자이기 때문에 가산임금을 지급하여야 한다는 노동법적 강제는 없다. 이는 반대로 얘기하면, 다습한 장소 근로이기 때문에 혹은 고열작업이기 때문에 추가로 임금을 책정해 놓는 것 그 자체는 노사 당사자의 합의에 따를 뿐이다. 우리 현행 노동관계법 상 가산임금 지급이 강제된 것은 연장근로나 야간근로 등의 경우이다. 통상근로란, 바로 연장, 야간근로 등 법정 가산임금지급의 대상이 되는 근로가 아닌 경우를 말한다는 것은 이미 앞서 설명한 바가 있다. 엄밀하게 보면, 통상근로에 대한 대가를 얼마로 산정할 것인가 역시 노사 합의에 달려 있다. 이 말은 가산임금을 산정함에 있어 그 가산율이나 통상임금의 수준을 노사가 합의로써 정할 수 있다는 것과 일맥상통한다. 특히나 통상임금의 개념범위에 대한 근로기준법 상의 규정 내용이 없다는 점에서 노사 합의의 여지는 여전히 남아 있다고 보아야 한다.

참고문헌

국내문헌

1. 단행본

고용노동부, 「최저임금제도 업무처리지침」, 2006.

김영문 · 이상윤 · 이정, 「임금개념과 평균임금 · 통상임금의 산정범위」, 법문사, 2004.

김재훈 · 박우성, 「연봉제 관련 근로기준법상 제문제 검토」, 한국노동연구원, 2000.

김지형, 「근로기준법 해설」(제5판), 청림출판, 2000.

김형배, 「근로기준법」(제6판), 박영사, 1998.

김형배, 「노동법」(제22판), 박영사, 2013.

노동법실무연구회, 「근로기준법 주해 I」, 박영사, 2010.

노사관계개역위원회, 「제2차 노사관계개혁안」, 1997. 11.

노사관계제도선진화연구위원회, 「노사관계법 · 제도 선진화 방안」, 한국노동연구원, 2003. 11.

문무기 · 윤문희 · 이철수 · 박은정, 「임금제도 개편을 위한 노동법적 과제」, 한국노동연구원, 2006.

박제성 · 강성태 · 김홍영 · 도재형 · 박귀천 · 이철수 · 최석환 · 배규식, 「장시간 노동과 노동시간 단축(II) - 장시간 노동과 노동법제-」, 한국노동연구원, 2011.

배무기, 「노동경제학」, 경문사, 2003.

사법연수원, 「해고와 임금」, 2012.

유성재, 「판례노동법」, 법문사, 2008.

이병태, 「노동법의 법리」, 법원사, 1989.

이철수, 김인재, 강성태, 김홍영, 조용만, 「로스쿨 노동법」, 오래, 2011.

임종률, 「노동법」(제11판), 박영사, 2013.

임종률 · 하경효 · 하갑래 · 이철수 · 박종희 · 이정 · 김재훈 · 김홍영, 「근로기준법제의 중장기적 개선방안 연구」, 고용노동부 연구용역보고서, 2007. 11.

최영기 · 전광석 · 이철수, 「한국의 노동법 개정과 노사관계」, 한국노동연구원, 2000. 1.

하갑래, 「근로기준법」(제24판), 중앙경제사, 2012.

하경효, 「임금법제론」, 신조사, 2013.

2. 논문

강성태, "근로기준법상 임금제도의 개선방향에 관한 연구", 「노동법연구」(제10호), 서울대학교노동법연구회, 2001.

강성태, “포괄임금제 성립 여부의 판단기준 및 노사합의에 의한 통상임금 변경의 효력”, 「노동법학」(제33호), 한국노동법학회, 2010.

김기덕, “통상임금의 법리에 관한 재검토”, 「노동과 법」(제6호), 금속법률원, 2006.

김기덕, “통상임금의 개념요소로서의 고정성”, 「노동과 법」(제6호), 금속법률원, 2006.

김기덕, “통상임금의 개념요소로서의 일률성”, 「노동과 법」(제6호), 금속법률원, 2006.

김기덕, “주휴일 임금과 통상임금의 산성”, 「노동과 법」(제6호), 금속법률원, 2006.

김기덕, “통상임금 제도의 개선방안에 관한 검토”, 「노동과 법」(제6호), 금속법률원, 2006.

김기덕, “최근 판례를 통한 통상임금 법리에 관한 검토”, 「노동법포럼」(제1호), 노동법이론실무학회, 2006.

김기덕, “통상임금의 본질과 통상임금의 개념 · 산정범위 -상여금 등에 관한 최근 판례 법리를 중심으로-”, 「통상임금의 쟁점과 과제」, 한국노동법학회 · 노동법이론실무학회 추계학술대회, 2012. 9.

김기선, “노동판례 리뷰: 통상임금과 평균임금(대법원 2011. 9. 8. 선고 2011다22061 판결)”, 「노동법학」(제40호), 한국노동법학회, 2011.

김기우, “정기상여금의 통상임금 편입에 관한 판결(대판 2012. 3. 29., 2010다91046)의 의의 및 노동조합의 역할”, 「노동저널」, 한국노총 중앙연구원, 2012. 6.

김상호, “프랑스의 근로시간법제에 관한 비교연구 -연장 근로특례를 중심으로-”, 「노동정책연구」(제8권 제2호), 한국노동연구원, 2008.

김상호, “계속되는 차별적 처우와 시정대상기간”, 「노동법률」, 중앙경제, 2012. 2.

김소영, “판례법리에 의한 통상임금 판단기준의 경향과 변화”, 「노동법논총」(제25집), 한국비교노동법학회, 2012.

김영문, “임금개념과 평균임금 · 통상임금의 산정범위”, 「기업별연구」(제18권 제2호), 한국기업법학회, 2004.

김영문, “금원의 통상임금해당성 판단에 관한 기준의 비판적 고찰”, 「노동법학」(제43호), 한국노동법학회, 2012. 9.

김재훈, “포괄임금계약과 퇴직금의 지급 등”, 「1998 노동판례비평」, 민주사회를 위한 변호사모임, 1999.

김재훈, “근로환경 변화에 따른 통상임금 관련 법리의 재구성”, 「성균관법학」(제20권 제3호), 성균관대학교 법학연구소, 2008.

김형진, “일정 직급 이상의 근로자에게 차량 보유 · 운전을 조건으로 지급한 자가운전보조비가 임금에 해당하는지 여부”, 「대법원판례해설」(제23호), 법원도서관, 1995.

김홍영, “지난 20년간 임금 법제의 해석과 입법의 동향”, 「노동법연구」(제26호), 서울대노동법연구회, 2009.

김홍영, "정기상여금을 통상임금에 포함", 「노동법학」(제42호), 한국노동법학회, 2012.

김홍영, 「통상임금의 쟁점과 과제」에 대한 토론문, 한국노동법학회 · 노동법이론실무학회 추계학술대회, 2012. 9.

김희성 · 한광수, "정기상여금의 통상임금 해당성 연구", 「노동법논총」(제25집), 한국비교노동법학회, 2012.

노상헌, "일본의 평균 · 통상임금 법리", 「노동법포럼」(제3호), 노동법이론실무학회, 2009.

도재형, "통상임금의 범위", 「노동법연구」(제7호), 서울대노동연구회, 1998.

도재형, "통상임금의 의의와 범위에 관한 법적 검토", 「노동과 법」(제6호), 금속법률원, 2006.

박수근, "연봉제의 실시에 있어 몇 가지 문제점", 「노동법학」(제13호), 한국노동법학회, 2001.

박순영, "근로기준법상 근로시간의 규제와 포괄임금제", 「대법원판례해설」(제83호), 법원도서관, 2010.

박지순, "통상임금에 관한 최근 대법원 판결의 의미와 쟁점", 「노동리뷰」(제92호), 한국노동연구원, 2012. 11.

송강직, "한국과 일본의 통상임금 법리", 「동아법학」(제56호), 동아대학교 법학연구소, 2012.

오계택, "통상임금 산입범위 확대에 따른 인사관리의 변화", 「노동리뷰」(제92호), 한국노동연구원, 2012. 11.

오문완, "임금행태 변화의 법률문제", 「산업관계연구」(제6권), 한국노사관계학회, 1996.

오문완, "임금체계 개편 방향 -기준임금 단일화를 중심으로-", 「임금연구」(제8권 제4호), 경총 노동경제연구원, 2000. 가을.

유성재 · 임서정, "상여금의 통상임금성", 「노동법포럼」(제9호), 노동법이론실무학회, 2012.

이달휴, "프랑스의 임금의 개념과 임금채권보장", 「법학논집」, 청주대학교 법학연구소, 1998.

이승길, "연봉제 운영에 관한 실무상 쟁점", 「노동법포럼」(제3호), 노동법이론실무학회, 2009.

이승길, "상여금의 통상임금에 관한 판례법리의 소고", 「가천법학」(제5권 제2호), 가천대학교 법학연구소, 2012.

이승길 · 우창수, "통상임금의 개념 및 산정기준과 관련한 법적 판단에 대한 소고", 「아주법학」(제5권 제2호), 아주대학교 법학연구소, 2011.

이원재, “포괄임금제에 의한 임금계약의 효력”, 「1997 노동판례비평」, 민주사회를 위한 변호사모임, 1998.

이 정, “임금의 법적 성질에 관한 고찰”, 「외법논집」, 한국외국어대학교 법학연구소, 2004.

이준희, “평균임금 · 통상임금 법리에 대한 재검토”, 「임금연구」(2009 가을호), 경총 노동경제연구원, 2009.

이철수, “통상임금에 관한 판례법리의 변화”, 「노동법연구」(제17호), 서울대노동연구회, 2004.

이철수, “최저임금의 적용대상이 되는 임금의 범위와 통상임금”, 「2007 노동판례비평」, 민주사회를 위한 변호사모임, 2008.

이철수, “최저임금법상의 비교대상임금에 대한 비판적 분석”, 「노동법연구」(제28호), 서울대노동법연구회, 2010.

전윤구, “가산수당을 합산한 포괄임금제의 효력요건”, 「조정과 심판」(제43호), 중앙노동위원회, 2010.

정인섭, “최저임금법상 비교대상임금과 통상임금”, 「노동법연구」(제23호), 서울대노동법연구회, 2007.

조용만, “근무성적에 따른 차등 지급된 업적연봉의 통상임금 여부”, 「노동법학」(제41호), 한국노동법학회, 2012.

최창귀, “통상임금 여부의 판단 기준”, 「인권과 정의」(통권 제404호), 대한변호사협회, 2010.

하갑래, “통상임금과 평균임금에 포함되는 임금의 판단”, 「법학논총」(제31권 제1호), 단국대학교 법학연구소, 2007.

하갑래, “포괄임금제의 내용과 한계”, 「노동법학」(제29호), 한국노동학회, 2009.

하갑래, “통상임금제도의 변화와 과제”, 「노동법학」(제44호), 한국노동법학회, 2012. 2.

하경효, “객실 남승무원의 연월차휴가청구권 및 비행수당 등의 통상임금 인정 여부”, 「경영계」(제227호), 한국경영자총협회, 1997. 1.

한인상, “최저임금 적용을 위한 산업임금의 범위조정에 관한 법률적 검토”, 「성균관법학」(제21권 제2호), 성균관대학교 법학연구소, 2009.

▣ 영문문헌

Alain Supoit(박제성 역), 「프랑스 노동법」, 오래, 2011.

Edzard Clifton-Dey · Constanze Hewson · Elizabeth Irving · Federico Strada, Employment Law in Europe, Tottel, 2008.

ILO, 「Protection of Wages」, 2003.

Michel Despax and Jacques Rojot, "France", International Encyclopaedia for Labour Law and Industrial Relations, Kluwer Law International, 1987.

Preis, Arbeitsrecht, Individualarbeitsrecht, 4.Aufl., 2012, Verlag Dr.Otto Schmidt.

Schaub(hrsg.), Arbeitsrechts-Handbuch, 14.Aufl., 2011, Verlag C.H. Beck.

Stephen Hardy, Labour Law and Industrial Realtions in Great Britain, Kluwer, 2007.

Susan Mayne · Susan Maiyon, Employment Law in Europe, Butterworths, 2001.

[저자약력]

■ 권 혁

고려대학교 법과대학 법학과(법학사)
동 대학원 법학과(법학석사)
독일 Marburg 대학교 법과대학(법학박사)

현) 부산대학교 법학전문대학원 교수
부산지방노동위원회 공익위원(심판담당)

통상임금논쟁의 허와 실

2013년 10월 25일 초판 인쇄
2013년 10월 30일 초판 1쇄 발행

저 자 권 혁
발행인 배 효 선
발행처 도서출판 法 文 社
주 소 413-120 경기도 파주시 회동길 37-29
등 록 1957년 12월 12일/제2-76호(윤)
전 화 (031)955-6500~6 FAX (031)955-6525
E-mail (영업) bms@bobmunsa.co.kr
(편집) edit66@bobmunsa.co.kr
홈페이지 http://www.bobmunsa.co.kr
조 판 법 문 사 전 산 실

정가 32,000원 ISBN 978-89-18-08950-8